広野彩子 編・著

# 世界最高峰の経営教室

日経BP

# 本書を読むにあたってのガイダンス

入山章栄
早稲田大学大学院、早稲田大学ビジネススクール教授

　本書は、私の旧知の仕事仲間であり、最も信頼している経済ジャーナリストである日経ビジネス副編集長の広野彩子氏が、2019年春から約1年半、欧米のトップビジネススクールの教授を中心に、経営学や経済学における世界トップクラスの研究者に最新の知見を尋ねてきた取材成果をまとめたものだ。合計17人の研究者のビジネス、経営、経済、テクノロジーなどに関する最先端かつ骨太な知見がまとめられている。

## 1 なぜ本書を読むことに価値があるのか

　私はこの本をビジネスパーソンや研究者・学生など多くの方々に、ぜひ手にとってほしいと考えている。それはこの本がそれだけ希有な本であり、今後もこのような本が出る可能性は低いからだ。

　その最大の理由は、なんと言っても、本書に出てくる17人の世界的な経営学者・経済学者の豪華さだ。まさにドリームチーム！ よくぞ、これだけのメンバーを集めたものだ。「世界最高峰」という書名に恥じない、現代の必読書ではないか――。本書の第一稿を読み、私が最初に抱いた率直な感想だ。

　現代のビジネス環境は変化が激しく、またネットメディアなどを通じて様々な情報や視点・意見が行き交う。逆に言えば、その中で「本物の知見」だけを選んで、しかも経営学、経済学、ファイナンス、テクノロジーなど様々な領域を超えてその知を学んでいくことは至難の業だ。特に、アカデミ

ア（学問の世界）と実務を往復している経営学者・経済学者は、一般のビジネスパーソンからは遠い存在にも感じられ、その知見を学んでみたいものの、誰が「本物」なのかは分かりにくい。

　加えて言えば、研究者が著した本で取り上げる内容は、多くの場合はその研究者の専門分野に限定される。それだけ深い知見は得られるが、ビジネスに必要な知見の全体像を、様々な領域をまたいで1冊で網羅するのは、かなり難しい。

　しかし本書は、広範に経営学者・経済学者と付き合ってきた「ジャーナリスト」である広野氏だからこその視点で、ビジネスに示唆のある最高峰かつ最先端の論考を、研究領域の垣根を超え、大御所か気鋭か、アカデック寄りか実務寄りかといった違いにまったく忖度することなく、1冊にまとめて網羅してしまったのだ。

　このような本は、世界を見渡しても他には恐らくない。唯一無二の1冊だ。登場する17人の人選は、「ビジネスに示唆のある最先端の知見を持つ、最高の研究者をノンジャンルで集めた」という意味において、まさにドリームチームだ。だからこそ、ビジネスに携わるあらゆる人に、ぜひ読んでほしい1冊なのだ。


　繰り返しになるが、本書の最大の特徴は17人の大物学者の人選であり、その目利きである。この目利きを様々な領域を超えて行うことは、想像以上に難しい。しかも英語でこれら多様な大御所にそれぞれの専門的知見のインタビューをするわけだから、そのハードルの高さは皆さんも想像がつくだろう。そして私はまさに広野氏だからこそ、この仕事ができたと理解している。

　広野氏は、実は経済学分野を中心に、日本の若手研究者からの敬意と感謝を集める存在である。

　広野氏は朝日新聞社を経て、日経BPで「日経ビジネス」記者として活躍しながら、米プリンストン大学大学院（（Princeton School of Public and International Affairs）に私費留学し、公共政策修士号を取得した2005年以降、アカデミックな研究の情報発信に力を入れてきた。

特に、2009年から2016年まで「日経ビジネス」および「日経ビジネスオンライン」で連載されたコラム「気鋭の論点」の編集担当者として、経済学の若手研究者を多く起用し、認知度を高めてきた。その代表は、大阪大学大学院経済学研究科准教授の安田洋祐氏（当時は政策研究大学院大学助教授）であり、また東京大学大学院経済学研究科の渡辺安虎教授（当時はノースウエスタン大学ケロッグ経営大学院助教授、その後、アマゾンジャパン経済学部門長などをへて現職）などだ。

　欧米の学界を中心に実績を残しながら、日本のメディアではなかなか注目されにくかった若手に、積極的に情報発信の場を提供したのだ。その人選も、しっかりとした業績の審査に裏打ちされた納得のいくものであり、結果として、日本中の気鋭の実力派研究者、なかでも若手経済学者から喝采をもって迎えられたのだ。


　かく言う私自身も、「広野氏に発掘してもらった一人」と言えるかもしれない（私は経営学者だが）。2012年、米ニューヨーク州立大学バッファロー校ビジネススクールでアシスタント・プロフェッサーを務めていた私は、1冊目の著書となる『世界の経営学者はいま何を考えているのか』（英治出版）の刊行を準備していた。その本の担当編集者が刊行前の原稿の査読を依頼した識者の中に広野氏がいて、読み終えた彼女からある日突然、米国にいる私に電話がかかってきた。

　「これはいい！ 連載をしましょう。本の宣伝にもなりますよ！」──こうして2012年末、1冊目の本を刊行してから始まった日経ビジネスオンラインでの連載は、2015年11月に私の2冊目の本である『ビジネススクールでは学べない世界最先端の経営学』（日経BP）として結実した。もちろん編集は広野氏である。同書は5万部を超えるベストセラーとなり、「ハーバード・ビジネス・レビュー読者が選ぶベスト経営書2016」の1位にも選ばれた。広野氏はこの本を提案・編集した成果で、勤務先の日経BPから社長賞を受賞している。


　このように、広野氏は「現代の日本における経済学・経営学の目利きの達

人」であり、しかもその視点は世界で活躍できる日本の有力若手研究者から、海外の大御所や気鋭まで目が届いている。言うまでもなく英語での専門知見の取材力もある。繰り返しになるが、このような方は日本の経済ジャーナリストの中にも、そうはいない。その人脈と、洞察力と、好奇心の広さにはいつも驚かされる。その広野氏が選ぶ世界のトップ研究者17人の論考をまとめた本だからこそ、信頼できるし、私も強く推薦できるのである。

## ❷ 17人のスター研究者の紹介・位置づけ

さて、このように広野氏の目利きによる超豪華メンバーの知見がまとめられた本書だが、他方で、その領域は多岐に渡り、また各研究者に個性があるのも事実だ。

そこでここからは、私・入山章栄の独断で、各研究者の研究領域（①）と、立ち位置（②）を整理させていただこう。各研究者に確認をとったわけではないし、もしかしたら私の整理に異論がある専門家もいるかもしれない。しかし、多くの読者が本書を読み進めていくうえでのガイダンスとして有用と考えるので、あえてこのような整理をする非礼をご容赦いただきたい。

### ① 研究領域による整理

言うまでもなく、経営・ビジネスと関わりのある研究分野は、多様である。その代表は経営学かもしれないが、その中身も多様である。加えて、そもそもはより広範な「経済」を扱っていた経済学でも、近年はビジネスに示唆のある理論や研究成果が多く出てきている。マーケティングも同様だし、ファイナンス分野はそもそも経済学の影響が非常に色濃い。

本書は、そのような「ビジネス、経営、ビジネス関連の経済学、マーケティング、ファイナンスなどに関する研究分野」の様々な領域全体から、できるだけ広範に、トップ研究者を選び抜いているのが特徴である。あえて本書における17人を領域別に分けると、以下のようになるはずだ。

［経営学］経営者・リーダーの視点
マイケル・ポーター（CEO論／第1講）
ナラヤン・パント（リーダーシップの経営心理学／第9講）

［経営学］戦略の視点
デビッド・ティース（ダイナミック・ケーパビリティ／第2講）
チャールズ・オライリー（両利きの経営／第3講）
ヘンリー・チェスブロウ（オープンイノベーション／第4講）

［経営学］テクノロジーの視点
デビッド・ヨフィー（ネットワーク効果で読み解くプラットフォーマー／第11講）
マイケル・ウェイド（デジタルトランスフォーメーション（DX）／第12講）
マイケル・クスマノ（日本のイノベーション力／第15講）

［経営学］新時代の経営への視点
ジャズジット・シン（社会的インパクト投資／第6講）
ヘンリー・ミンツバーグ（資本主義論／第17講）

［経済学］経済学からビジネスを解き明かす視点
スコット・コミナーズ（マーケットデザインで読み解く起業マネジメント／第10講）
スーザン・エイシー（AIとアルゴリズムの進化論／第14講）

［マーケティング］
フィリップ・コトラー（ニューノーマルのマーケティング論／第5講）
ドミニク・テュルパン（デジタルマーケティング／第16講）

［ファイナンス］
ロバート・ポーゼン（ステークホルダー理論／第7講）

コリン・メイヤー（パーパス経営／第8講）

[**AI・機械学習**]
マイケル・オズボーン（AIと雇用の未来／第13講）

　これだけを見ても、この本一冊でいかに多様な領域がカバーされており、いかに豪華メンバーであるかが分かるだろう。

## ② 各研究者の現在の立ち位置による整理

　さて、もう一つの整理は各研究者の立ち位置だ。筆者はアカデミアにいるので事情が分かっているつもりだが、経営・ビジネスの研究者や経済学者と言っても、その立ち位置は人によって異なる。実は今回の17人も、学界におけるその個性や立ち位置は異なっており、そのような背景を理解したうえで本書を読んでいただくことで、本書の醍醐味をより深く味わえるのではないかと考える。こちらは①以上に、私感が強いかもしれないが、ご容赦いただきたい。

　私としては、以下の二つの軸でこの17人を整理すると皆さんに分かりやすいのではないかと考える。

[第1の軸] **アカデミア vs. 実務**

　経営・ビジネスに関わる研究者には2つの相反する方向性がある。
　第1は、アカデミア・学界への貢献を重視する方向性だ。理論を磨き、統計分析などの手法も駆使しながらそれを検証し、質の高い学術論文を一流の学術誌に投稿し、掲載されることを目指す人たちだ。自身の知的好奇心を満たし、学界で注目を浴びて成功を目指すパターンだ。とはいえこういう研究者の知見も長い目で見れば、やがて多くの研究者・実務家から多く引用・参照されるようになり、社会によいインパクトを与えることもあるだろう。

もう1つの方向性は、実務への直接的な貢献を重視する方向性だ。例えば、ビジネススクールの教壇に立ち、実業界の未来を担うエグゼクティブを教育する。実務に使えそうなフレームワークを提供したり、企業におけるケースを分析して書く。あるいは、民間企業に助言やコンサルティングをすることで、現実のビジネスをよりよいものに変えていくことを目指すスタンスの方々だ。

　両方とも価値ある貢献だが、1人の研究者がこの2つを両立させることは、現実には非常に難しい。私の場合、米国の大学に所属していた2013年まではきわめてアカデミア寄りだったが、日本に帰国してからこの7年はかなり実務寄りにシフトしてきた。その経験からも、アカデミアへの貢献と実務貢献のバランスをとる難しさは痛感するところだ。

　逆に言えば、いかなる知の巨人といえども、基本的には「アカデミアへの貢献」と「実務への貢献」のどちらかに比重を置くことになる。研究者の言説に触れるとき、どちら寄りの立ち位置にいるかを念頭に置くことは、少なからず理解の助けとなるはずだ。


### 第2の軸 大御所 vs. 気鋭

　昔からその名を知られた大物学者か、あるいは、最近になって注目を集めるようになった、比較的若い気鋭の研究者か。本書は、その両方によく目配りした人選がなされている。そのなかで見逃せないのは、本書が取り上げるのが「ただの大御所」「ただの気鋭」ではない、ということだ。

　本書の特徴の一つは、大御所ならば誰でもいいというわけではなく、「アップデートを続ける大御所」に絞りこんでいるところだ。

　大御所というと、何か「終わった人」のようなイメージを抱く人もいるかもしれない。そのような大御所も現実にはいることを私は否定しない。しかし、本書におけるマイケル・ポーター教授、フィリップ・コトラー教授、ヘンリー・ミンツバーグ教授などの論考を読めば、その考えは一変するはずだ。時代の変化を鋭く捉え、既に高い評価を得ている自らの理論をアップデートし、現代でも知的刺激と実践に役立つ示唆に満ちた論考を提供する。

そのダイナミックな知のあり方には、興奮と尊敬の念を覚える。

　一方の「気鋭」も単なる若手ではなく、「真の実力者」を厳選しているのが本書のすごみといえる。誤解を恐れずに言えば、気鋭の研究者は「有象無象」の世界だ。実力を伴わないうちに、ちょっとした偶然から注目を集めてしまう若手もいるかもしれない。そのような混沌とした中から、アカデミアの世界でしっかりとした実績を残している研究者、あるいは実務の世界で本当に評価されている若手を選んできているところは、「さすが広野さん」と私もうなるところだ。

　ゆえに本書を理解する軸としては、「大御所 vs. 新進気鋭」というだけでは言葉が足りない。ここでは「アップデートを続ける大御所 vs. 気鋭の実力者」と表現したい。

　さて、この2軸を基に本書に登場する17人をマッピングしたのが、右ページのマトリクスだ。このマトリクスに17人の研究者が満遍なく配置されることから、本書が非常にバランスよく構成されていることが分かる。本書の読者にはこのマトリクスを地図のように使いながら、本書で知の巨人たちが導く世界を探索してほしい。

　参考までに、4象限に分けて、17人を再度一覧してみよう。

**［大御所］×［アカデミア］**
デビッド・ティース（ダイナミック・ケーパビリティ／第2講）
チャールズ・オライリー（両利きの経営／第3講）
コリン・メイヤー（パーパス経営／第8講）

※ アカデミアでも、やや実務寄りの大御所
マイケル・ポーター（CEO論／第1講）
フィリップ・コトラー（ニューノーマルのマーケティング論／第5講）
マイケル・クスマノ（日本のイノベーション力／第15講）
ヘンリー・ミンツバーグ（資本主義論／第17講）

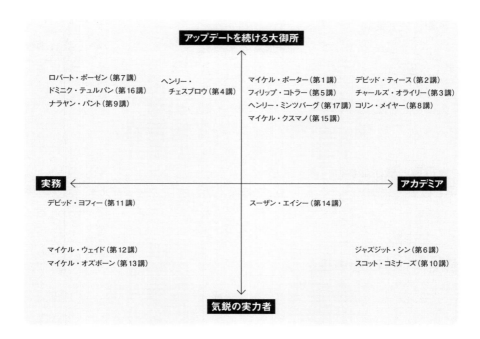

**アップデートを続ける大御所**

ロバート・ポーゼン（第7講）　　ヘンリー・　　マイケル・ポーター（第1講）　デビッド・ティース（第2講）
ドミニク・テュルパン（第16講）　チェスブロウ（第4講）　フィリップ・コトラー（第5講）　チャールズ・オライリー（第3講）
ナラヤン・パント（第9講）　　　　　　　　　　　ヘンリー・ミンツバーグ（第17講）コリン・メイヤー（第8講）
　　　　　　　　　　　　　　　　　　　　　　　　マイケル・クスマノ（第15講）

**実務** ← → **アカデミア**

デビッド・ヨフィー（第11講）　　　　　　　　　スーザン・エイシー（第14講）

マイケル・ウェイド（第12講）　　　　　　　　　　　　　　　　　　ジャズジット・シン（第6講）
マイケル・オズボーン（第13講）　　　　　　　　　　　　　　　　　スコット・コミナーズ（第10講）

**気鋭の実力者**

［**大御所**］×［**実務**］
ロバート・ポーゼン（ステークホルダー理論／第7講）
ナラヤン・パント（リーダーシップの経営心理学／第9講）
ドミニク・テュルパン（デジタルマーケティング／第16講）

※ 実務でも、ややアカデミア寄りの大御所
ヘンリー・チェスブロウ（オープンイノベーション／第4講）

［**気鋭**］×［**アカデミア**］
ジャズジット・シン（社会的インパクト投資／第6講）
スコット・コミナーズ（マーケットデザインで読み解く起業マネジメント／
第10講）

［気鋭］×［実務］
マイケル・ウェイド（デジタルトランスフォーメーション（DX）／第12講）
マイケル・オズボーン（AIと雇用の未来／第13講）

［大御所と気鋭の中間］×［アカデミアと実務の中間］
スーザン・エイシー（AIとアルゴリズムの進化論／第14講）

［大御所と気鋭の中間］×［実務］
デビッド・ヨフィー（ネットワーク効果で読み解くプラットフォーマー／第11講）

## ❸ 各講・各研究者の紹介

　最後に、本書の「ドリームチーム」を構成する17人のスター研究者について、私なりの解説を簡単に加えておこう。本書は各講の冒頭で、広野氏が書く「教授の横顔」という部分があり、そこで彼女から見た教授たちの素顔が記されていて面白い。そちらはそちらで楽しんでいただくとして、ここでは私から見たそれぞれの教授の立ち位置と、各講の論考の読みどころを駆け足で紹介したい。本書はどこから読んでもいい構成になっているので、以下をざっと読んで、興味があるところから読み始めるためのきっかけにしていただきたい。

### 第❶講　マイケル・ポーター　米ハーバード大学教授

経営戦略の神様。1980年代から競争戦略論を切り開いてきた、世界で最も高名な経営学の教授とさえ呼べる。その功績で注目すべきは、SCP（構造-遂行-業績：structure-conduct-performance)という経済学の理論を経営学に応用し、学術的な知見を実戦への示唆があるように提示していったことにある。マイケル・ポーター教授はSCP理論を前提として、ファイブフォースなどの競争戦略論のフレームワークを提示したのだ。最近では、CSV（共有

価値の創造：Creating Shared Value）など、社会の変容を踏まえて新しい視点を提示しているのもすごい。まさにアップデートする大御所の代表である。今回は、「CEOの時間の使い方」という、これまた新しく興味深いテーマで実践的な視点を提示している。

## 第❷講　デビッド・ティース　米カリフォルニア大学バークレー校経営大学院教授

1980 ～ 90年代の経営学の黎明期に、その基礎を打ち立てた重鎮の一人。日本のビジネスパーソンの間での知名度は分からないが、経営学のアカデミアでは、誰もが知る"巨人"である。なかでも、1997年に「ストラテジック・マネジメント・ジャーナル」誌で初めて提示した「ダイナミック・ケーパビリティ」という考え方は、今も世界の経営学における最重要な視点の一つである。ダイナミック・ケーパビリティは、現代でもますます重要な視点である一方で、抽象的で実践化が難しいとも言われる。しかし実は、デビッド・ティース教授自身が、この考え方をどんどんアップデートさせているのだ。この第2講では、そのような現代における必須の経営視点の提唱者による、最先端のダイナミック・ケーパビリティ論を紹介する。

## 第❸講　チャールズ・オライリー　米スタンフォード大学経営大学院教授

今、日本で最も注目されている経営学の用語は、「両利きの経営」ではないだろうか（余談になるが、これはそもそも英語で「Ambidexterity」と表現される学術用語であり、「両利きの経営」という言葉は私が2012年に出版した先の本で初めてそう翻訳したものだ）。この理論の精緻化と実践化を推し進めた世界的な第一人者がチャールズ・オライリー教授である。実は日本通でもあるオライリー教授が、日本でも話題の著書『両利きの経営』（東洋経済新報社）の内容を超え、日本企業の事例を交えながら、「両利きの経営」の最新論を語ってくれる。イノベーションが求められるこれからの時代に不可欠な両利きの経営の最新視点を、その第一人者から得たい。

### 第❹講　ヘンリー・チェスブロウ　米カリフォルニア大学バークレー校経営大学院特任教授

日本でも定着してきたオープンイノベーション。その概念を初めて提示した、世界的に著名な教授である。様々なオープンイノベーションの事例を見てきた第一人者であり、「オープンイノベーションの権化」とも呼ぶべき存在だろう。本書では、「オープンイノベーションが、なぜつまずきやすいのか」から説き起こし、日本企業が成功するための示唆を示す。オープンイノベーションに取り組みながらも、悩む企業は今、日本に多い。それだけに実例を熟知する提唱者による論考は、一読の価値があるだろう。


### 第❺講　フィリップ・コトラー　米ノースウエスタン大学ケロッグ経営大学院名誉教授

言わずと知れた「マーケティングの神様」。ただ、フィリップ・コトラー教授のすごさとは、常に自身の考えを、最先端の現実を踏まえて、アップデートしていることでもある。私もコトラー教授とは何度かご一緒しているが、その度にアップデートされている最新知見にはただただ驚くばかりだ。結果、教授のマーケティング理論は現在、「4.0」までバージョンアップされている。「神様」が語るポストコロナのマーケティング論、貴重な論考である。


### 第❻講　ジャズジット・シン　仏インシアード経営大学院戦略教授

世界の経営学では、研究者間の激しい研究競争があり、結果としてアカデミックな世界と実務への関わりを両立することは難しい。しかしながら、今、気鋭の若手からは、学術的な実績を上げつつも実務にも影響を与える実力者たちが台頭している。その代表格の一人がジャズジット・シン教授だ。特に同教授の専門の一つは、いま日本でも注目されているESG投資（環境や社会、統治を重視する投資）である。世界では注目されているものの、日本ではまだ深く語られない社会的インパクト投資について、最新の知見を交えて語る。

## 第❼講　ロバート・ポーゼン　米マサチューセッツ工科大学（MIT）経営大学院上級講師

ファイナンス界、ガバナンス界の超大物。先の「アカデミア vs.実務」の軸でいえば、ポーゼン氏は実務を極めた大御所だ。米証券取引委員会（SEC）顧問や、フィデリティ投信社長を歴任するなど、政府機関や民間におけるファイナンスやガバナンスの実践において第一線に立ち続けてきた。そのロバート・ポーゼン氏が「株主中心の資本主義を変えなければならない」と主張しているというのは、まさに傾聴に値するだろう。

## 第❽講　コリン・メイヤー　英オックスフォード大学サイード経営大学院教授

アカデミアでも、実務でも実績ある超人。ファイナンスの研究者として世界的な権威であり、この分野を研究する者で彼の名前を知らない人はいないのではないか。同時に、欧州のコーポレートガバナンス（企業統治）制度の中心人物であり、実務にも強い。そのコリン・メイヤー教授が、今、一番重要であるとする「パーパス経営」とは何か。日本への提言も交えながら語る。

## 第❾講　ナラヤン・パント　仏インシアード経営大学院実践教授

欧州の超名門ビジネススクール、仏インシアードで今、最も人気のある教員の一人。もともとは戦略論を専門とし、米ニューヨーク大学スターン経営大学院、カナダ・アルバータ大学、シンガポール国立大学などで教鞭をとってきたが、近年は、実践的なリーダー教育に軸足を移している。心理学の要素を多分に取り込みながら、禅的な色彩も帯びる包括的なリーダーシップ論は、日本人との相性もいいだろう。

## 第❿講　スコット・コミナーズ　米ハーバード経営大学院准教授

先に述べたように、ビジネスに応用される学術分野は、経営学だけではない。近年ではむしろ若手を中心に、経済学研究のビジネスへの応用が急速に

進んでいる。そのような若手経済学者の代表的な人物の一人が、スコット・コミナーズ氏である。彼の専門分野はマーケットデザインである。マーケットデザインは聞き慣れない言葉かもしれないが、米グーグルや米ウーバー・テクノロジーズが手掛けるプラットフォームの構築により、新しい取引の仕組みが作られている現代、これらのビジネスを理解するのに役立つ概念である。コミナーズ氏はこういった新しい取引の仕組みの専門家であり、本講では、これからのビジネスを考えるうえで示唆に富む論考を展開する。

## 第⓫講　デビッド・ヨフィー　米ハーバード経営大学院教授

コミナーズ氏とは逆に、経営学、それも実務の視点を存分に取り入れた経営学の立場から現代ビジネスを語れる第一人者が、デビッド・ヨフィー教授だ。ハーバードビジネススクールでおそらく最も多く企業のケースを書いている一人であり、同校の学生で、ヨフィーの手になるケーススタディを読んだことのない人はいないのではないか。私も米国で教鞭を執っていたときは、ヨフィー教授のケーススタディを頻繁に使っていた。そんな「企業事例の超エキスパート」が語るプラットフォーマー論は、実に示唆に富んでいる。

## 第⓬講　マイケル・ウェイド　スイスIMD教授 兼DBTセンター所長

日本でも注目が集まっているキーワードである、デジタルトランスフォーメーション、略してDX。世界で今、DXに通じる教授といえば、マイケル・ウェイド教授。DXについて知りたければ、まずはウェイド教授に話を聞け、ということになっている。本書では、実は日本通でもある彼から、日本でDXが進まない理由を尋ね、そこから浮かび上がる、日本企業がDXを進めるための手がかりをつかんでいく。

## 第⓭講　マイケル・オズボーン　英オックスフォード大学機械学習教授

本書の中で、唯一、ベイズ統計による機械学習など、ビジネスではなくテクノロジーそのものを専門にしているのが、マイケル・オズボーン教授だ。同氏は2013年に発表した共著論文で、「AIが人間の雇用の47％を奪う」というショッキングな数字を示し、世界で一躍、注目を集める存在になった。ただ、筆者の見るところ、オズボーン教授の真意は十分に伝わっていないように思う（私はオズボーン教授とご一緒したことがあるが、たいへんに優しい性格で、誠実・真摯な方だった）。「雇用の47％を奪う」の本当の意図とは何か。実は、そこには単純な恐怖や危機感ではなく、「我々は未来に向けて、どのような仕事をしていけばいいのか」についての展望がある。本講では、世界でもっとも注目される機械学習の専門家の真意に耳を傾けたい。


## 第⓮講　スーザン・エイシー　米スタンフォード大学経営大学院教授

ノーベル経済学賞の登竜門とされるジョン・ベイツ・クラーク賞を2007年、女性として初受賞していた実力派経済学者。米マイクロソフトのチーフエコノミストととして、自身の専門分野である「オークション理論」を、オンライン広告の入札の仕組みに応用するなど、理論と実務をつなぐ研究を続けてきた。本講では、IT企業の競争力の源泉とも言えるアルゴリズムの進化について、最前線の知見を披露する。マイクロソフトやグーグル、アマゾンなど、プラットフォーム型のビジネスを模索する米国のIT企業が、エイシー教授をはじめ、経済学における一流のアカデミア人材を積極的に登用していることにも、注目したい。


## 第⓯講　マイケル・クスマノ　米マサチューセッツ工科大学（MIT）経営大学院教授

世界的な経営学者の中で、最も日本通といっていい人物ではないか。マサチューセッツ工科大学で「MITメディアラボ」を立ち上げ、組織の大変革を成し遂げた経験を持つマイケル・クスマノ教授は、学者として超一流であ

ると同時に、優秀な実務家の顔も持つ。そんなクスマノ教授が日本に提言するのは、「単純なものづくりから脱却せよ」。このメッセージは実に重い。

## 第⑯講　ドミニク・テュルパン　スイスIMD教授・前学長

エグゼクティブ教育の権威にして、大変な日本通。所属するIMDは、世界屈指のビジネススクールであると同時に、エグゼクティブ教育に特化したユニークな存在として知られる。特に、忙しい人たちが気軽に参加できるオープンプログラムには定評があり、フィナンシャルタイムズ（FT）によるランキングで9年連続、世界1位の評価を得ている。そんなIMDの学長をつい先日まで務めていたドミニク・テュルパン教授は、世界のエグゼクティブの考え方を熟知するまさに第一人者だ。本書では日本通である彼が、日本が苦手とする、デジタル活用を進めるリーダーの条件を語る。

## 第⑰講　ヘンリー・ミンツバーグ　カナダ・マギル大学デソーテル経営大学院教授

1980年代の黎明期から、世界の経営学を支えてきた一人である、知の巨人。一方で、筆者の見解ではヘンリー・ミンツバーグ教授の言説は、1990年代から2000年代の初頭まで、科学的な手法を重視する現代の経営学のメインストリームからややずれる存在であったようにも思う。だからこそ、逆に今、彼の言説はとてつもなく重いのだ。なかでも今回、本書で示された主張は、単純な経営のあり方にとどまらず、国家のあり方にまで鋭いメスを入れ、米国的な資本主義を礼賛する視点が、いかに現実からずれているかということを、我々に問う。そんなミンツバーグ教授の第17講は、本書の中でも特に必読である。ビジネスに携わるすべての人に読んでほしい。

　いかがだろうか。繰り返しになるが、本書はどこから読んでも面白い。気になったところから、ぜひ読み進めてほしい。本書を通じて、現代ビジネスの知の巨人から、様々な知的興奮を得てほしい。

脚注：本稿の執筆にあたって、一部の経済学者の知見に関し、大阪大学の安田洋祐准教授の助力をいただいた。ここに感謝したい。しかしながら、本稿で紹介した経営学者・経済学者の紹介・グルーピングの責任はすべて私にある。

# CONTENTS

## 第1章　経営者は、いかにあるべきか

## 第2章　イノベーション理論の最前線

※本書に収録した教授たちへのインタビューの一部については、動画(日本語字幕付き)を、日経ビジネス電子版(https://business.nikkei.com/)で、有料会員向けに公開しています(2020年9月現在)。ぜひ、本書と合わせてお楽しみください。

# はじめに

　世界トップクラスの研究者が経営論壇で議論している内容を、日本のビジネスパーソンのためにかみ砕き、語りおろした「バーチャル特別講義」。
　本書の内容を端的に表現すれば、こんな感じになるだろう。

　その概要と読みどころは、入山章栄氏による巻頭の解説に書き尽くされている。ゆえに読者には、筆者自身によるこの「はじめに」は読み飛ばし、本題に入っていただいて一向に構わない。ただ一つ懸念するのは、「広野、Who ?」。この筆者をいかほど信頼していいものか疑念を抱く方は当然、おられよう。そこで筆者の来歴や、本書を著した理由とその狙いをここに記したい。

　本書は筆者が、週刊ビジネス誌「日経ビジネス」で、2019年3月からほぼ毎週掲載してきた欧米のトップクラスの経営学者らへのインタビュー連載「世界の最新経営論」に大幅な加筆、修正を加えてまとめたものである。
　経営学の理論だけを取り上げているわけではないし、実践論やケースのみに注目しているわけでもない。ひたすら、現在、日本の企業経営で課題となっているテーマについて、その分野の第一人者、記者風に言えば限りなく「一次ソース」といえる専門家に当たり、話を聞いていった。
　結果として、最先端の有力な理論あり、実践論あり、ケースあり、時事的な話題ありと盛りだくさんのラインアップになった。「企業経営」を論じる本ではあるが、「経営理論」の解説書ではない。学術入門書のようでもあり、使い方次第では実用書でもある。あるいは、自身の生き方について気づきを得る学びの書にもなり得る。読む人によっていかようにも活用できる。

　日本人が経営論を学ぶとき、この国に特有の言語の壁や専門家の層の薄さがネックになると、かねがね感じてきた。世界の主流を形成する経営学者や

経済学者などの論が、リアルタイムで入りづらい。こうした専門家が活発に対外発信をしていたとしても、英語でしかしないことがほとんどであり、英語の大手媒体にすら、頻繁に登場するわけではない。

　世界の論壇で大きな変化があれば、日本にも「点」の情報は入ってくる。だが、ある程度まとまった後で入ってくるので、議論のプロセスや思考過程が分からない。当然ながら日本人とは、全く違う前提で考えたり、意思決定したりしている場合も多々ある。ゆえに筆者は、それぞれの分野で世界トップクラスの実績を誇る専門家に、英語で直接、取材するのを旨としてきた。

　企業は、今を生きる人々が明日以降も安心して幸せに生きる糧を得るための存在で、人々の日々の営みをケアすることこそが大義であると思ってきた。だから、社会的インパクト投資の必要性を説く仏インシアードのジャズジット・シン教授（第6講）や、「企業が存在する目的は、社会の課題解決だ」という英オックスフォード大学のコリン・メイヤー教授の話（第8講）を聞いて、これこそが今後のビジネス潮流だと感じた。

　企業も変化し続ける「生き物」である。環境に適応しながら姿や形を変え、それを説明するための「理論」が生まれ、組織を動かす「仕組み」や「ツール」が発展してきた。これら様々な要素が、企業経営に変数として影響してくることになる。

　企業は、堅実に運営してさえいれば巡航速度で成長していけるものではなく、世界の政治経済の大きなうねりであったり、その時代を生き、リーダーシップをとる人々が期間限定で共有した集合知であったり、どこか漠然としたものの影響を大きく受ける。その結果として生まれる成功や失敗、そして変革がある。そうしたダイナミックな変容をどう乗り越えていくかについては、米スタンフォード大学のチャールズ・オライリー教授の「両利きの経営」についての論考（第3講）を読めば、きっと大きな気づきがあるだろう。

　筆者はビジネス誌の記者兼編集者という職業柄、そうした「時代の空気」から得られた「独特のにおい」に導かれるような形で取材を重ねてきた。

　そのため、本書の中には、必ずしもアカデミックな「経営理論」ではない

ものが多く含まれる。例えば、株主第一主義の変化（第7講、第8講）であるとか、デジタルトランスフォーメーション（DX）（第12講）に関する研究者の見解などは、企業経営に必要な価値観をひもといたものではあるが、取材時にちょうど話題になっているからという時事的な好奇心からフォローしたものでもあり、多分に時事的で、雑誌的である。

　また、「ダイナミック・ケーパビリティ」（第2講）や「両利きの経営」（第3講）といった、最新の経営理論を概観する講でも、学術的な厳密さや価値、論争より、その理論が生まれた背景や、個々の研究者が関心を持つに至った価値観などを掘り下げることに注力した。それによって、より普遍的に、日々の生活や実務のヒントになりそうな視点や問題意識を得ようと試みた。

　そもそも筆者は、理論や数式のエレガントさや学問的な詳細より、「トップクラスの俊英が何を見て、なぜそのような理論を思いついたのだろう」というところに関心の中心がある。そのため、いわば「言い出しっぺ」の人に話を聞いた。その関心を満たすような明快な答えを必ずしも得られたわけではないが、世界最先端の経営理論のエッセンスから、今必要な現場改革の中身ややり方まで、それぞれに現場を持ち働く人たちが、明日からすぐ世の中を読み解くヒントとして使えるようなcluesやtipsを集めたつもりである。


　筆者は、約8年にわたり大手全国紙記者として取材に携わった後、2001年から「日経ビジネス」の記者に転じた。当初は、主に経営破綻した企業の経営者の行動を検証し追う"危機モード"のニュース取材に日々、従事していた。利害関係者の多い大企業の経営破綻は、その企業一社にとどまらない甚大な社会的インパクトがあった。時間の経過とともにじわじわと負の影響が広がって、少しずつ社会をむしばんでいく様子を目の当たりにした。

　そうした中、自らの世間知らず加減と視野の狭さ、知識のなさに嫌気がさし、公共政策を学ぶことを志した。CWAJ（College Women's Association of Japan）から、返済不要の奨学金を受け、米国のハーバード大学、プリンストン大学、コロンビア大学の各政策系大学院が設ける社会人向け修士課程から入学を認められた中で、学費免除に加え、生活費や医療保険料の支給が受けられたプリンストン大学大学院に約1年間、休職して留学した。俯瞰的

に世の中を理解するために必要だと自分が考えた、定量・定性、様々な分析手法を貪欲に学び、公共政策で修士号（（Master in public policy）を取得した。

だが帰国後はがらりと役割が変わり、引き続き日経ビジネスに所属しながら、オンラインメディア「日経ビジネスオンライン」（現・日経ビジネス電子版）の立ち上げに編集者として従事することになった。

「日経ビジネス」本誌と兼務で新規事業に関わりながら、留学中に出会った米国トップスクールで学ぶ多くの優秀な日本人大学院生の姿を思い出していた。「世界で通用する優秀な日本人がこれほどいて、国外で活躍している」とリアルに知ったことが、留学で得た重要な知見の一つであった。

彼らが博士号（Ph.D.）を取得したころを見計らい経済学の企画を試行し始め、日経ビジネス本誌で「気鋭の論点」というアカデミックなコラムを立ち上げた。のちオンラインに移設したこのコラムを拠点に、主に海外で活躍する日本人の若手経済学者に、世界最先端の経済学研究の成果を紹介いただく活動を10年近く続けた。

留学時、政策にしろ経済学にしろ、米国で普通とされている議論と日本に入ってくる議論の質の違いに大いに衝撃を受けた。しかも、海外で活躍する日本人が、その知見を日本で発信しない。このままでは、日本で普通の社会人が学べるアカデミズムの水準が、足踏みしたままになってしまう、という大きな危機感を抱いた。少しでも内外の社会的な知的ギャップを埋めたいと思ったのが、経済学に基盤を置くアカデミックな企画を長い間、担当し続けた理由である。

その流れの中で、ジョセフ・スティグリッツ、ゲイリー・ベッカー、アルビン・ロス、リチャード・セイラー、エスター・デュフロ、ジェームズ・ヘックマンといった、世界に深いインパクトを与えたノーベル経済学賞（アルフレッド・ノーベル記念スウェーデン国立銀行経済学賞）を受賞した経済学者へのインタビューも数々経験した。

本書は冒頭に述べたように「企業経営」というキーワードだけが共通項で、後は野次馬的な立場から「これは面白い（知的に刺激的、という意味で

ある）」と思ったものを片っ端から取材している。そこで自らに課したハードルは、理論的なテーマにおいてはトップスクールで世界トップクラスの実績がある理論家・イノベーター・論客に直接話を聞く、ということだ。自ずと、取材をお願いする教授陣は「大物」ばかりになった。

　その意味で、本書は贅沢な知のおもちゃ箱という一面もある。しかし、当時、直感的に面白くて取材したことが往々にして、ほどなく社会を動かす言論の潮流に発展している。書いておきながら忘れていたものの、今に生きる形で思い出される気づきも多くある。トップレベルの知のエッセンスを世界から厳選して集めた、ビジネス思考の道具箱（Tool Box）として楽しんでほしい。

　では、開講しよう。

第 *1* 章

# 経営者は、
# いかにあるべきか

---

### 第 ❶ 講 ［特別講義］ポーター教授のCEO論

マイケル・ポーター　*Michael Porter*
米ハーバード大学教授

　マイケル・ポーター教授と言えば、言わずと知れた、経営戦略論の泰斗。ファイブフォース、バリューチェーン、そしてCSV（共有価値の創造）……。1980 年代から今に至るまで、絶えず斬新で説得力があり、なおかつ現場で「使える」フレームワークを生んできた。アカデミア（学問の世界）からも実務家からも圧倒的な尊敬を集める巨人が「今、マネジメント層に伝えたいこと」とは。筆頭に挙げたのは「時間の使い方」。「CEO（最高経営責任者）はアスリートたれ」と、呼びかける。

第 **1** 講 ［特別講義］ポーター教授のCEO論

# CEOはトップアスリートたれ

マイケル・ポーター　*Michael Porter*

米ハーバード大学教授

1947年生まれ。米プリンストン大学で航空宇宙工学と機械工学を学び69年に卒業。ハーバード大学大学院で71年MBA（経営学修士号）を、73年経済学博士号を取得（Ph.D）。それ以来、同大学で講義を続け82年に同大学の史上最年少で正教授に就任。80年に発表した『競争の戦略』や85年の『競争優位の戦略』といった主著で、「ファイブフォース」や「バリューチェーン」などの独自の分析手法を提唱し、戦略論の第一人者として知られる。近年は研究領域をCSV（共有価値の創造）やCEO（最高経営責任者）の時間の使い方に広げながら、論考を深めている。2001年、一橋ビジネススクール国際企業戦略専攻（ICS）にポーター賞を設け、ROIC（投下資本利益率）などを指標に優れた企業を顕彰し続けてきた。

## ➤ 講義の前に —— 教授の横顔

　米ハーバード大学のマイケル・ポーター教授といえば、ビジネスに関係する者ならば誰もが知る、経営戦略論における世界の第一人者である。

　そのすごみは、実務において使い勝手のいいフレームワークの構築と、分かりやすいネーミングによって、アカデミア（学問の世界）にとどまらず、企業のマネジメントの中核で実務に携わる人々の意識と行動を大きく変えたところにあると思う。

　本書の読者にはおなじみであろうが、まず、1980年刊行の著書『競争の戦略』（ダイヤモンド社）において提唱した「ファイブ

フォース」。業界の収益性を決める要因を「売り手の交渉力」「買い手の交渉力」「競争企業間の敵対関係」「新規参入業者の脅威」「代替品の脅威」の５つに整理した。そのシンプルで骨太な枠組みは、実務家にとって大いに「使える」ものであった。

また、1985年刊行の『競争優位の戦略』（ダイヤモンド社）で提唱した「バリューチェーン」。開発・製造から販売、流通までの機能を鎖のように結び付けて付加価値を生む、すなわち価値（バリュー）が鎖（チェーン）のように連なるという考え方は、企業経営に携わる人々のモノの見方を一新させた。

ほかにも、「戦略的CSR（企業の社会的責任）」「CSV（共有価値の創造／ Creating Shared Value）」など、ポーター教授の提唱するフレームワークは絶えず、知的興奮とともに、経営の現場に立つ人々に意識変革を迫ってきた。

アカデミアにおける成果とは常にあまねく、先人たちによって長く研究されてきたものの積み重ねだ。ゆえに新たな理論は得てして複雑な形で我々の前に立ち現れる。経営学もその例外ではない。

だが、そうして過去の賢人たちが長い年月をかけて醸成してきた優れた理論が、実務で広く使われ、世の役に立つようになるには、シンプルで分かりやすく、誰でも覚えやすい形に作り替える作業が必要である。そこには、理論を展開する過程では重要であったステップの省略が不可避であり、アカデミアの専門家にはそうした作業に抵抗がある人々も数多くいる。

だがポーター教授は、その労を厭うことなく、鮮やかでシンプルなフレームワークを次々と生み出し、アカデミアからも実業界からも圧倒的な尊敬を集めている。


余談になるが、筆者が初めてポーター教授にインタビューしたのは2007 〜 08年ごろと記憶している。指定されたインタビュー場所は、都内一流ホテルの応接室だった。

事前にいくつかの論文を読み、十数問の質問をポーター教授に提

出していた。さすがに少し緊張しながら、同僚やカメラマンと一緒に指定の応接室に入ると、なんとあのポーター教授の手元に、筆者が提出した質問の一つひとつに非常に細かい手書きのメモを入れたペーパーがある。万全の準備。しかもいざインタビューを始めると、メモはたまに目をやる程度で、よどみなく話される。その内容は、録音を起こせばそのまま記事にできるほどの完成度であった。やはり世界にインパクトを与える方の仕事への向き合い方は迫力が違う、と驚嘆したものである。

その後も、ポーター教授の気迫には驚かされるばかりだ。2010年12月のこと、日本時間の深夜に電話でインタビューした折、CSV のコンセプトを初めて詳述した論文（「Creating Shared Value」／マーク・クラマーと共著）を掲載する、米「ハーバード・ビジネス・レビュー」誌（2011年1月・2月合併号）のゲラをPDFか何かで見せていただいた。残念ながら、そのときに書いた記事は現在、一般読者が入手したり、閲覧したりするのは難しくなっているが、筆者にとって最も印象に残る取材の一つである。

第5講に登場いただく、フィリップ・コトラー教授もそうだが、偉大な知の巨人は生涯学び続け、新たな成果を出し続けるのだ。


そんなポーター教授の特別講義は、2019年12月の来日時の取材からである。

日本のマネジメント層に、今、求められることは何か──。

ポーター教授が、この講義で筆頭に挙げたのは、時間管理。なぜ、ほかの課題をさしおいて時間管理なのか。いかに時間管理をすればいいのか。

「優れたCEO（最高経営責任者）とは、オリンピックのアスリートのような存在だと私は考えている」という言葉に象徴される、ポーター教授の実践的なマネジメント論は、第9講で紹介するナラヤン・パント教授のストイックなリーダーシップ論にも通じる。

　ポーター教授は、時間管理について力説した後、今の日本において特に重要な2つの課題にも言及した。

　日本の弱みとして挙げたのが、デジタルトランスフォーメーション（DX）。この分野における日本企業の遅れを指摘する声は、ポーター教授だけでなく、世界の第一線で活躍する教授から多く上がっている。この分野について本書は、マイケル・ウェイド教授（第12講）などの講義を用意した。

　もう一つが、CSV。ポーター教授の打ち出したCSVをきっかけに今、企業の存在理由、ひいては経営者の存在理由が世界で問われている。余力で取り組む慈善活動ではない。CSVこそ、まさに組織の競争戦略であるとポーター教授は説く。また、CSVについては、第8講のコリン・メイヤー教授をはじめ、日本がむしろ強みを発揮しうる部分だと考える識者は多い。

　経営者の課題と日本の戦略課題を総合的に説く、この第1講は、いわば本書の総論でもある。

　ではいざ、経営学の泰斗の繰り出す言葉に耳を傾けよう。

　バリューチェーンを提唱した『競争優位の戦略』の刊行から35年。今、ポーター教授が最も関心を寄せているのは、企業経営者の時間の使い方だという。2018年に発表した共同論文「How CEOs Manage Time」においては、グローバル上場企業などのCEO（最高経営責任者）の時間管理について、2006年から継続的に調査した成果をまとめている。

　改めて知ってほしいのは、CEOは大変忙しく、常に時間が足りない人たちだということだ。

　米ハーバード経営大学院では、新任のCEOを対象にしたワークショップを毎年開いている。従業員が10万人を超えるような規模で、トップのリーダーシップが極めて重要な会社のCEOが受講しており、彼らからは「時間管理がとても難しい」という話を聞いてきた。在任期間が3〜4年にとどまるよう

な場合、CEOが「何に時間を割り振るか」といったタイムマネジメントに失敗している例が散見される。

　ところが過去の様々な研究を振り返っても、CEOの時間の使い方についてきちんとした成果はほとんどない。私は研究を通じてCEOをサポートするため、このテーマに着手した。


## ● リポートラインが成否のカギ

　CEOの時間の使い方に関する過去の研究もいくつかある。例えばカナダ・マギル大学経営大学院で、組織戦略論を専門とするヘンリー・ミンツバーグ教授（第17講参照）が1973年、NPO（非営利組織）を含む5人のCEOを5日間調査したものや、2017年にハーバード経営大学院の教授が1114人のCEOに電話調査したものなどだ。だが前者は対象人数が少なく、後者は短期間に実施した短いインタビューによるもので、研究として十分ではなかったという。

　組織のリーダーシップ研究の権威であるハーバード経営大学院のニティン・ノーリア学長とともに、このテーマに取り組んだ。我々は、合計27人のCEOに対して15分ごとの時間の使い方に関する詳細な調査を、それぞれ3カ月間ずつ実施した。調査した各社の年間売上高は平均で約130億ドル（1兆4000億円）だ。

　研究の結果として、まず言えるのは、経営戦略の立案とCEOの時間の管理は相互に作用し合う関係にあるということだ。戦略の立案には時間が必要であり、戦略は組織をまとめる上で重要な役割を果たしている。CEOの時間の使い方の成否はリーダーシップそのものにつながる。

　27人への調査では、CEOの助手がCEOのスケジュールを週7日、1日24時間、15分刻みで組んだうえで、定期的にCEOに内容を確認してもらったという。それにより、CEOがどこで誰と何をして時間を過ごし、何を話し、どんな仕事をしたかが明らかになった。

　調査を通じ、CEOは自分の時間に対して、とてつもなく多くの要求を受けている人たちであるということが把握できた。とにかくいろいろな仕事があり、忙しい。そしてCEOの時間管理ではダイレクトリポート、つまりCEOに直接報告する人物が果たす役割が重要だということが分かってきた。こうした立場の人物が優秀であれば、CEOは自らの時間をより多く確保できるからだ。逆にダイレクトリポートを仕事のできない人物が担うと、本来なら必要のない仕事までCEOが手掛けなくてはならなくなり、その分の時間が無駄になる。

　CEOにとって、ダイレクトリポートをする人物は、目の前の仕事ができるというだけでは十分でない。この立場の人物は「CEOを助けるため」というより、「CEOが目指す場所へ実際に連れていくために存在している」と言える。CEOはこうした有能な人物を直接の報告者として選んでおく必要がある。

## ● メールは時間泥棒

　リーダーシップ論でよく指摘されるアジェンダ（課題）の設定は、具体的なものにすべきだと説く。

　CEO自身がパーソナルなアジェンダを設定することは、時間の使い方という面からも欠かせない。「これから３〜４カ月の間に何をすべきなのか」を具体的に３〜６個ほどにまとめて書き出すのだ。CEO自身に明確なアジェンダがあるからこそ、部下のアジェンダも明確になる。逆にCEOのアジェンダが不明確ならば、周りにいる部下も何がアジェンダなのかが分からなくなる。その結果、CEOに様々な要求をし、その分、CEOの時間が無駄になる。

　CEOの時間の使い方についてのポーター教授の指摘は、電子メールにどこまで関わるかにも及んだ。調査では、CEOが61％の時間を対面のやり取りに費やす一方、15％は電話や文書への返信作成に充てている。そして電子メールへの対応が24％を占めたという。

CEOが関わる電子メールについて調査をすればするほど、本来の仕事とは言えず、短くて内容も重要でないものが大半だということが分かった。CEOはメールの大多数に関わる必要がないことを認識すべきだ。CEOが受け取るべきメールがどのようなもので、返信するのはどういう場合かについて、規範を考える必要がある。

　電子メールのやり取りは、理論的には会議時間を削減して生産性を上げることに役立つはずだ。だが現実には、むしろ非効率的で、避けるのが難しく、危険ですらある「時間泥棒」になっている。ポーター教授は、対面コミュニケーションこそが影響力を行使し、現場で何が起こっているのかを把握するうえで最も効果的だという。

　我々は会議の時間についても調査した。実際に会って顔を突き合わせる会議はとても大切だからだ。直接会うことは人間関係や企業文化を深める。問題は会議にかける時間の長さ。1時間の会議でも皆が準備して臨み、議題をきちんと設定することなどで、30分程度まで短くできると分かった。会議の時間短縮はCEOが自由に使える時間を増やすうえで大切なテーマだ。

　経営戦略を社員に徹底することも欠かせない要素となる。社員が戦略を理解していれば、行動がきちんと調整される。一方、社員が戦略を理解していないと、進む方向がバラバラになり、修正するためにCEOの時間が多く費やされる。戦略の立案だけでなく、社員に浸透させることも、CEOの時間の管理と相互に作用する関係にある。

　ポーター教授の研究対象はCEOのプライベートな時間にも及ぶ。CEOが目覚めている時間のうち、おおよそ6時間は働いていなかった。その半分程度は家族と過ごし、1日2時間程度はテレビを見たり、仕事と関係ない読書をしたりと、休息に当てていた。

　CEOは自分自身にも目を向ける必要がある。体を動かしたり、家族と過ごしたりする時間にも気を配らなければならない。仕事が忙しいからといって、

## CEOの時間の使い方で注意すべき4つのポイント

**1**
**直接の報告者の人選に注意**
仕事に優先順位をつけ、重要業務に集中するための補佐役に

**2**
**向こう3～4カ月、何をすべきかを明確に**
その時期に自らが取り組むべき課題を設定することで部下の目標も明確に

**3**
**多くの電子メールには直接関わる必要がない**
どんな内容なら目を通し、返信するかについての規範を考えるべき

**4**
**会議の時間は短縮できる**
入念な準備と明確な課題の設定が時間の短縮につながる

出所：ポーター教授への取材に基づき作成

家に帰らなくなると疲れがとれないし、家族との関係も悪くなる。結果として仕事もうまくいかなくなる。

　CEOは睡眠時間やエクササイズ、家族と過ごす時間に対しても規律のある生活を送るべきで、それがよいリーダーシップにつながる。優れたCEOとは、オリンピックのアスリートのような存在だと私は考えている。

## ● 日本企業はデジタル化に全力を

　ポーター教授は一橋大学大学院が2001年に創設し、優れた競争戦略を実践した企業を表彰する「ポーター賞」の審査などを通じ、日本の企業経営を分析してきた。

　日本の政財界に知己も多い。2019年12月の来日時には安倍晋三首相と面談しており、日本経済や企業の活性化について、自らの考えを伝えたという。デジタル化の遅れが日本社会の最大の課題と見ており、世界の中で日本企業は存在感が薄くなっていると警鐘を鳴らしている。

　日本の経済や企業について考えるとき、成長率の低さに着目している。欧米諸国に比べると生産性の低さも目立つ。日本人はとても手際がよく、教育水準が高い。時間をかけて培ってきた技術力もある。にもかかわらず成長率や生産性が低いのは、驚くべきことだ。

背後にある最も大きな問題は、デジタルトランスフォーメーション（DX）への熱意があまりないことだと私は見ている。現在の企業はデジタル技術を生産や流通に使うことでデータを測定したり、分析したりすることが求められる。これができれば日本の会社も生産性が高まるはずだが、実際にはそうなっていない。

　ほかの国の会社に比べて、日本の企業はCIO（最高情報責任者）の役割が重視されていない。日本ではCIO自身も役割の大きさに気づいていないし、そもそも何をすればよいかが、あまり分かっていない。

　かつての日本企業は従業員によるカイゼン活動を高い生産性につなげていた。しかし、デジタルへの移行が進み、この強みが失われつつあると指摘する。

　欧米の工場は10年前と比べるとまったく違うものになった。すべての機械がネットでつながる世界になり、生産性を高めるためにデータを分析したり、AI（人工知能）を使ったりしている。そうしたことが日本では、十分ではないと私は考えている。日本ではこのところ、海外に留学する意欲のある人が減っていることも遅れを招いた理由の一つではないだろうか。変化に身を置いたことのない人が少なくないように見える。

　一昔前、日本企業はTQM（総合的品質管理）により、ものづくりのプロセスにイノベーションを起こすリーダーの立場にいた。しかしイノベーションがデジタルに移行してから、地位が低下している。日本企業の多くはデジタルがもたらす変化を見ようとせず、変化に飛び込もうとしていない。これが存在感の薄さにつながっている。

　デジタルへの移行は米国企業が先行し、他国の企業も波に乗ろうとしている。日本企業もそうあるべきで、日本経済を活性化するために欠かせない。デジタルにこれまで以上に力を注ぐ必要がある。

## ● 社会貢献は善行でなく戦略

　ポーター教授は日本企業が活力を取り戻すうえで、CSV（共有価値の創造／ Creating Shared Value）にも取り組むべきだと強調した。CSVは事業活動を通じて社会の課題を解決することから生じる社会的な価値と、企業としての価値を両立させる考え方で、ポーター教授が11年から提唱している。

　CSVで大切なのは社会と企業の関係を理解することだ。我々は社会的な貢献とビジネスの成功に相乗効果があることを発見したのだが、そのように考えない会社も多い。重要なのはCSVが「よいことをするためのコンセプト」ではなく、あくまでも企業の「戦略のためのコンセプト」であると知ることだ。

　CSVは会社が競争力を高めるための考え方といえる。競争優位を得るには独自性が欠かせないが、CSVの考え方に立つと「ただ製品がいいからユニーク」なのでなく、「社会的便益があるから」「社会をよくするから」ユニークなのだといえる。

　社会のためになる活動について「社会的責任」と考える人も多いのだが、私はそう捉えていない。繰り返すが、CSVはあくまでも戦略だ。社会にとっていいことをすれば、企業の利益が高まることを知るべきだ。

　一例として米ウォルマートが挙げられる。以前は米国で嫌われていた面がある。強大なパワーの下、低賃金で社員を働かせ、十分な健康保険を払っていないと言われていたためだ。

　それを10年ほど前に変え、経営戦略にCSVの考えを取り入れた。再生エネルギーを競合よりも早く使用し、過剰包装を廃止したり、廃棄物を削減したりした。収入の少ない人々に対して低価格の医療サービスも提供している。安い値段でオーガニックフードも提供している。こうした活動が企業価値の向上につながっている。

　NGO（非政府組織）も社会的な貢献活動をしているが、活動の継続には外部の寄付が必要だ。社会をマネジメントするという点ではビジネスで取り組む方が、課題を解決する力がある。

ポーター教授は日本企業がデジタル化だけでなく、CSVでも世界でリーダーシップを発揮できていないと考えている。日本企業が活力を取り戻すには、世界の経営の潮流を理解し、社会課題に積極的に関わるべきだと主張している。

　第2次世界大戦後の日本企業の活動は、CSVの典型だったと私は考えている。当時の日本企業は国を再建するためにビジネスを展開する面があったからだ。

　現在の日本企業はCSVの初期の段階にある。ただ、CSVへの関心は持っており、例えば新しいエネルギーやリサイクルなどに取り組もうとしている。こうした領域は日本企業が伝統的に手掛けてきた分野ではないため、まだキャッチアップしている段階だ。

　ポーター賞は日本だけでなく、様々な国で選出している。近年は韓国、インドでCSVに取り組む会社が選ばれているが、日本は様相が異なる。日本では優秀な人材やマネジャーが高い規律を持って働いているのに、機会をつかみ損なっているのは不思議でならない。もっと多くの日本のビジネスパーソンが、CSVに目を向けなければならない。

# イノベーション理論の
# 最前線

---

　VUCA の時代と言われる。環境が、変わりやすく不安定(volatility)、不確実(uncertainty)で、複雑(complexity)で、かつ曖昧(ambiguity) な世界を、我々は生きている。いかに変化に対応し、イノベーションを起こすか。故クレイトン・クリステンセン教授の「イノベーションの・ジレンマ」に端を発し、発展した3つのキーコンセプトを、提唱者のメッセージと共にお届けする。

　コロナ時代の変化に対応する、フィリップ・コトラー教授の最新マーケティング論も、合わせて収録した。

第 **2** 講　ダイナミック・ケーパビリティ

# 変化対応力を高める
# 「分権化」と「自己組織化」

デビッド・ティース　*David J. Teece*

米カリフォルニア大学バークレー校経営大学院教授

1948年生まれ。75年米ペンシルベニア大学で経済学博士号取得（Ph.D.）。米スタンフォード大学、英オックスフォード大学を経て82年から現職。産業組織論、技術変革研究の世界的権威で、200本以上の論文を発表。特に、1997年発表の論文で提唱した「ダイナミック・ケーパビリティ」は大きな反響を呼んだ。

## ➤ 講義の前に ── 教授の横顔

　ダイナミック・ケーパビリティ── 経営理論に興味を持つビジネスパーソンであれば、一度くらいは耳にしたことがあるのではないか。今、経営学の世界で最も注目されている理論の一つだ。

　この概念を1997年に世に提示したのが、米カリフォルニア大学バークレー校で教鞭を執るデビッド・ティース教授だ。

　ダイナミック・ケーパビリティは、本稿執筆中の2020年時点においてもまだ理論としては発展途上であり、提唱者であるティース教授の手を離れて様々な方向、様々な切り口から研究されている最中だ。世界の経営学者たちにとって、それだけ研究意欲をそそられる刺激的なテーマであると言える。

　ここで言う「ケーパビリティ」はもともと、インド出身でノーベ

ル経済学賞を受賞した哲学者であり経済学者、アマルティア・セン米ハーバード大学教授が提唱した概念。その含意は、「財」の選択に必要な、人の教養や知識などの「潜在能力」のことである。

　ティース教授は日本とのつながりもある。1972年に米カリフォルニア大学バークレー校(バークレー)で博士号を取得し、バークレーの名誉教授でもある一橋大学の野中郁次郎名誉教授と、82年からバークレーで教壇に立つティース教授、第4講に登場するヘンリー・チェスブロウ教授は、いわば「バークレー閥」で、互いに刺激し合う間柄だ。とりわけ、次講(第3講)に登場する、「両利きの経営」のオライリー教授とは家族ぐるみで親しい。
　ティース教授のダイナミック・ケーパビリティと、野中教授が提唱した「知識創造理論」は、親和性が高いように思う。
　知識創造理論は、「暗黙知」と「形式知」の相互作用による、組織的なイノベーション(価値創造)のプロセスを明らかにした。
　一方、ダイナミック・ケーパビリティは、次の3つのプロセスから成る。
　第1に、「センシング(sensing)」。事業機会や脅威を「察知」する。第2に、「シージング(seizing)」。察知した事業機会や脅威に対応すべく、人材などのリソースを動かし、競争優位を「獲得」する。第3に、「トランスフォーミング(transforming)」。競争優位を得た後も、リソースを活用する手法を日々、改善し、戦略を「変容」させていく。
　知識創造理論には、確かに存在するものの、いまだ認識されていない「暗黙知」を「獲得・共有」するという部分があり、ダイナミック・ケーパビリティには、いまだ認識されていない事業機会や脅威を「察知」するという部分があり、そこがとても似ている。筆者には、野中教授が哲学的思考から発展させた「暗黙知の形式知化」と、ティース教授の「センシング(察知)し、シージング(獲得)する」という考え方が、どこか並行するように感じられるの

だ。（注：暗黙知はもともと、科学哲学者マイケル・ポランニーが「経験的に使っているが言葉で説明できない知識」として、1950年代に提唱した概念である。形式知は暗黙知の対立概念で「言葉で説明できる知識」のことである）

　この類似性について以前、野中教授に質問したことがある。野中教授は、「先行した知識創造理論における動的モデルがティースのダイナミック・ケーパビリティ研究に影響したかもしれない」と答えられた。

　ダイナミック・ケーパビリティを直訳すれば、「動く（潜在）能力」となる。だが、組織論の研究者でティース教授に師事した慶応義塾大学の経営学者、菊澤研宗教授によれば、企業や経営者が「現状のまま利益を最大化しようとするのでなく、変化に応じて自己変革し、付加価値を創る力」がダイナミック・ケーパビリティなのだという。つまり、組織イノベーションを起こす力である。

　ティース教授は、権威ある学術誌に掲載された査読論文（他の研究者による査読と審査をへて発表される論文）の数の多さ、さらにはその引用件数の多さでも知られている。欧米のみならず、中国の大手グローバル企業に対する理論的な影響力も大きいようだ。自らの理論を生かすため立ち上げたBRG（バークレー・リサーチ・グループ）というコンサルティング会社も経営している。

　ところが筆者は、2019年に取材する直前まで、ティース教授のことも、ダイナミック・ケーパビリティの概念も、あまり詳しくなかった。本格的に掘り下げるきっかけとなったのは中国ハイアールの「人単合一（じんたんごういつ／ Ren Dan He Yi）」モデルに興味を持ったことだった。

　英語圏の大学関係者などから送られてくる不定期のメールマガジンで最新の論文の情報を得ていた中、2018年ごろからハイアールの人単合一モデルを取り上げる論文を頻繁に見かけるようになったため、注目していた。そして、人単合一モデルを取り上げる研究者

を調べていく中でたどり着いたのが、ティース教授だったのだ。

　ティース教授が提唱するダイナミック・ケーパビリティが、経営学の世界で今、ホットである、といったこともそのときに知った。

　そのため、本講は人単合一モデルについて考察することからスタートしている。


　意外なことに、ティース教授は経営学者のピーター・ドラッカーを今も敬愛している。

　日本や中国など東アジア圏では絶大な支持を集め、米国でも実務家の間では評価が高いドラッカー教授だが、アカデミックな世界で取り上げられることは少ない。早稲田大学商学部の三橋平教授によれば、ドラッカーはもともと、1997年の米国経営学会（AOM）で基調講演をするなど、米国のアカデミア（学問の世界）においても中心人物だった。だが米国の経営学が人文知よりも科学知に傾倒していく中、注目されなくなったという経緯があるという。

　だから、ティース教授がドラッカーを敬愛していると知って、筆者にはちょっとした驚きがあった。ドラッカーが居住した米カリフォルニア州クレアモントとバークレーの地理的な近さも手伝ってか、生前のドラッカーと親交もあったそうだ。

　ティース教授は、「ダイナミック・ケーパビリティは、ドラッカーの思想を理論にしたもの」だと説明する。そしてその理想に近い形として近年熱い視線を注ぐのが、中国の大手家電メーカー、ハイアールの「人単合一」、すなわち「個人単位の市場目標を統合する」という経営モデルだったのだ。


　そんなティース教授の特別講義。まずは、ダイナミック・ケーパビリティの概要からスタートしよう。

ダイナミック・ケーパビリティとは、「組織とその経営者が、急速な変化に対応するために、内外の知見を統合し、構築し、組み合わせ直す能力」（ティース教授らが、1997年に「ストラテジック・マネジメント・ジャーナル」に発表した論文で定義した内容から抜粋）のことだ。

　その点で最も注目してきた企業が、中国の家電メーカー、ハイアールだ。ハイアールには、ダイナミック・ケーパビリティの発揮を促進する組織構造がある。

　ダイナミック・ケーパビリティを一言で言えば、「センシング（sensing）」「シージング（seizing）」「トランスフォーミング（transforming）」を実行する経営力だ。

　市場で事業機会や脅威を察知（センシング）し、価値創造のため人材や資産を動かして競争優位を獲得（シージング）、経営手法を日々改善しながら定期的に主要な戦略を変容（トランスフォーミング）させていくのが、ダイナミック・ケーパビリティの核だ。

　それを実現するための要が「分権化」と「自己組織化」である。

　ではハイアールの人単合一モデルとはどのようなものか。


## ● ハイアールが「俊敏」な理由

　ハイアールには、ダイナミック・ケーパビリティに必要な3つの思想が埋め込まれている。まず開発に顧客を巻き込み、鋭いセンシングを実現している。野菜洗浄機の開発などが成果だ。機会を察知したらただちにシージング。社内に数多くいる社内起業家とハイアールグループの張瑞敏（チャン・ルエミン）会長兼CEO（最高経営責任者）のリーダーシップで、俊敏に発見した市場を取りに行く。そのうえで必要ならば、組織や戦略をトランスフォーミングする。

　大企業でありながら起業家集団的で、ほぼフラットで協働する組織のため（分権化）、動きが早く、鉱脈を見つけるとアジャイル（俊敏）に社内起業の

## ダイナミック・ケーパビリティとは……

> 組織とその経営者が
> 急速な変化に対応するために、
> 内外の知見を統合し、構築し、
> 組み合わせ直す能力

出所：ティース教授らが、1997年に「ストラテジック・マネジメント・ジャーナル」に発表した論文で定義した内容から抜粋

## 大企業の中に「起業家」が生まれる構造

● 「人単合一モデル」のイメージ

出所：ティース教授提供の資料より作成

形でビジネスが始まる（自己組織化）。ティース教授は、分権化と自己組織化によって、センシング・シージング・トランスフォーミングが効率的に可能になり、その結果、迅速さとチーム力、起業家的志向、そして高い業績を組織にもたらすと考える。

　ハイアールのダイナミック・ケーパビリティが高いのは、偶然ではない。

　張会長は知的で商売のセンスがある起業家だ。会って話した時、彼は私にこう言った。「ハイアールで働き始めた時、私には何もなかった。中国にはマネジメントの教科書もない。だからピーター・ドラッカーを読み始めた」と。中国には大きな事業機会があったが、先例がなく、ゼロから始めなければならなかった。大胆な組織のイノベーションが必要だという張会長の危機感は強く、工場の経営を引き継いだ時は、まず従業員にハンマーを持たせ、品質の悪い冷蔵庫や製品を破壊させたと聞く。

　驚くべきことに、張会長は1980年代、私がダイナミック・ケーパビリティの考え方を初めて世に出した時の論文を読んで参考にしていたという。1997年に正式に学術誌に載せる前段階のワーキングペーパーだ。学者が理

論化に向けて試行錯誤中の研究論文を読み、経営の参考にするような経営者には、少なくとも米国では会ったことがなく、感銘を受けた。

　私もドラッカーの大ファンで、ダイナミック・ケーパビリティ理論は、ドラッカーの経営哲学のフレームワーク化を目指したものでもある。ハイアールは、ドラッカーと私の理論に学び、経営してきたのだ。

　一般的に学者はビジネスを知らない。実務家も理論を知らない。だが張会長は理論を実践しようとした。私も、ダイナミック・ケーパビリティ理論で、理論と実践の橋渡しをしたいと感じた。

　ティース教授らは、有名企業の経営が、分権化と自己組織化をどの程度実現しているかを分析し図式化した（前ページ図）。どちらについてもハイアールが進んでおり、米スリーエムや米アルファベット（グーグルの親会社）すら勝てない。

## ●「ドラッカー語録を私が理論化した」

　ドラッカーの名言には、ダイナミック・ケーパビリティに通じるものが多く見つかる。例えば、入門書として知られる『マネジメント［エッセンシャル版］』（ダイヤモンド社）を概観するだけでも、下記のような言葉の数々に両者の深い関係を見いだせる。

　「新しい状況、条件、顔、性格に適応できない組織構造は永続できない」

　「（マネジメントの正統性の根拠は）人の強みを生産的なものにすることである」

　「変化は機会と見なすべきものである。変化を機会として捉えたとき、初めて不安は消える」

　「真のマーケティングは顧客からスタートする」

　ダイナミック・ケーパビリティ論の本質は、ドラッカーの思想を形式知化した実用的なシステム論であるということだ。ドラッカーはジャーナリスト出身で、米国建国の父、ベンジャミン・フランクリンとある意味似ている。

## 2つのケーパビリティ（能力）の違い

| | オーディナリー・ケーパビリティ | ダイナミック・ケーパビリティ |
|---|---|---|
| 目的 | 基本的なビジネス機能の技術効率化 | 長期的な戦略に合わせる |
| 3つのスキーム | 実務・管理・統治 | 察知・獲得・変容 |
| 再現性 | 比較的再現が容易で、まねできる力 | 再現が困難で、まねできない力 |
| | 「物事を正確にやり遂げる」 | 「物事に正しく取り組む」 |

出所：ティース教授提供の資料より作成

当時は言葉を残すことしかできなかった。そうなると、思想の含意を網羅的に理解するのは、本人以外は難しい。だからビジネススクールでは、大学教授がドラッカーを大事にせず、教えてこなかった。

　だが今は、ドラッカー語録を私が理論にしたので、誰もが効率的に実践可能であり、経営者は今後、ドラッカーの組織論やリーダーシップ論を幅広く実践することができるようになるだろう。

　「組織とその経営者が急速な変化に対応するために、内外の知見を統合し、構築し、再配置する能力」という定義からすれば、必然かもしれないが、ダイナミック・ケーパビリティとは、組織イノベーションを起こす力とも言えそうだ。ダイナミック・ケーパビリティ論は、学術的にも実務的にも、今後さらに重要になると注目されている。

　ダイナミック・ケーパビリティを実践して組織そのものにイノベーションを起こすことに成功したのが中国のハイアールであり、人単合一モデルだとティース教授はいう。

　ハイアールの人単合一モデルの英訳は「Integrating Order with Personnel（個人単位の市場目標の統合）」。つまり社内に無数の起業家がいて、会社は

それぞれの「人」（社員）の「単」（注文、競争市場の目標を意味する）を結びつけるネットワーク型の組織という考え方だ。同社が徹底した成果主義を実践できるのも、この構造があるからに他ならない。似た組織構造を持つ企業はほかにあるのだろうか。

　米シリコンバレーのIT（情報技術）企業は「分権化モデル」寄りの構造だ。ハイアールの「人単合一モデル」は、いわば分権化が極端に進んだ組織だ。つまり、ハイアールはシリコンバレーの企業以上に、組織の上下関係が緩く、フラットになっている。経営理念でもある「人単合一」の考え方自体は以前から存在したが、同社のような8万〜9万人規模の従業員を抱える大企業で、うまくいくとは考えづらいモデルであり、ハイアールは組織が機能する仕組みを独自に開発したのだと思う。

　既に紹介したように、俊敏に変化に対応するダイナミック・ケーパビリティが高い組織は「分権化」と「自己組織化」が自然に進む。権限が委譲された個々が、自然に最適化に向かって進化していく。
　ではダイナミック・ケーパビリティが高い企業が最強かと言えば、そう単純ではない。ダイナミック・ケーパビリティと対になる概念が、オーディナリー・ケーパビリティである。ダイナミック・ケーパビリティが「物事に正しく取り組む」能力であるのに対し、オーディナリー・ケーパビリティは「物事を正確にやり遂げる」能力を指す（前ページ図）。この2つは一方が強いと、もう一方が弱まる「トレードオフ」が起こる関係にあるという。

　人単合一モデルの下では、従業員が個人的に事業を立ち上げることができるため、「マイクロ起業家モデル」とも呼ばれる。大企業の内部に、数多くの起業家が立ち上げたスタートアップが一緒に存在するわけだ。会社として大きな15部門を抱えるのでなく、恐らく5000ユニット規模の、それぞれが10〜15人の社員を抱える事業ユニットが社内にあることになる。

　これによって全従業員を経営に巻き込み、イノベーションを促進している

わけだが、こうしたやり方は財務面から見ると極めて複雑で、非効率な部分もありそうだ。ハイアールは俊敏だが、何もかも効率よく安くやり遂げているわけではないだろう。俊敏であることと効率が良いことは違う。

　ティース教授は、米アルファベット、米スリーエム、米 W.L. ゴア＆アソシエイツなどが、ハイアールに似た組織構造を持っていると指摘する。

## ● グーグルが変化に強い理由

　アルファベットはグーグルの親会社だが、様々な意味で分権化が進んでいる。より大きな裁量を与えるためグループにして分権化したのだ。ただしハイアールのまねではないし、ハイアールもグーグルのまねではない。グーグルは、10％の時間を自分のやりたいことに充ててもよいなど個人の裁量が大きい点でハイアールと共通するが、全体としては異なる。

　W.L. ゴア＆アソシエイツはゴアテックスで知られる素材メーカーで売上高約37億ドル（約4000億円）の非上場会社だ。彼らもマイクロ起業家モデルでハイアールより歴史は古い。

　同社は上司がいない。全社員が「アソシエート（仲間）」でありスポンサーだ。事業機会ごとにチームができ、アソシエートは自分に合うプロジェクトを担当できる。

　スイスのビジネススクール IMD のマイケル・ウェイド教授も指摘する（第12講参照）が、日本企業の変化対応力は同校の世界競争力ランキングで最下位である。変化対応力の低い日本企業でも、ダイナミック・ケーパビリティ理論の考え方を生かせば組織イノベーションを起こせるのだろうか。

　ハイアールにはダイナミック・ケーパビリティを促進する要素があるが、似た組織構造にしたからといって高いダイナミック・ケーパビリティが保証されるわけではないことに要注意だ。

　それを前提に言えば、製品の種類が多い方が人単合一モデルは機能するから、例えばトヨタ自動車が（ダイナミック・ケーパビリティを高める）組織

モデルを導入したらうまくいくかもしれない。トヨタ自動車は自社独自のシステムを発明したが、それは40年余り前のことで、以後は組織イノベーションが見られない。だが自動車業界は激変しており、このままでは先がない。

　米テスラCEOのイーロン・マスク氏や（米動画配信大手）ネットフリックスを共同設立したリード・ヘイスティングス氏を見てほしい。デジタル化で事業環境がすべて変化した。起業家的であり続けない企業は、トヨタであっても置き去りにされかねない。グーグルは今も起業家的だ。米アップルは以前ほどではないが、やはり起業家的だ。

　ダイナミック・ケーパビリティの考え方を参考にしたい日本企業に対する、より具体的なアドバイスはないか。
　組織や経営者が変化に対応する技能を指すのが「ダイナミック・ケーパビリティ」。その技能の核は、センシング（察知）、シージング（獲得）、トランスフォーミング（変容）の力であるというのは、既述の通りだ。では、組織が事業機会を察知し、捉え、動きやすく変わるために必要なリーダーシップとはどのようなものか。日本の基幹産業である自動車業界を例に、ティース教授が解説する。

　（会社中を社内起業家で満たす）中国・ハイアールの「人単合一モデル」は、多品種生産の方がうまくいきやすい。トヨタ自動車はハイアールよりも製品の種類が多いから、トヨタ自動車でも使えるのではないか。自動車業界は今、激変している。今後、事業機会を素早くつかみ続けるには、様々な“資源”を商品やサービスに変える起業家が社内にますます必要になる。

　確かに、自動運転技術、MaaS（モビリティ・アズ・ア・サービス）など新しいキーワードが次々と生まれている自動車業界は今、最も変化の激しいカテゴリーの一つだ。

　自動車業界では、技術だけでなく、ビジネスモデルの変化も起こっている。次の表（右ページ図）を見てほしい。違ったタイプの変化が同時に起

## 自動車メーカーに必要な技能が変わる

● 既存企業が新時代に必要な水準に
　到達するまでの距離感

| | 技術 | ビジネスモデル | 市場 |
|---|---|---|---|
| EV（電気自動車） | 中距離 | 近い | 中距離 |
| 自動運転車 | 遠い | ゼロ ※ | 近い |
| コネクテッド・カー | 中距離 | 中距離 | ゼロ ※ |
| 個人の移動手段 | 中距離 | 遠い | 遠い |

※「ゼロ」は、新技術に必要な能力が既存の自動車メーカーが
変化することでは表せないことを示す

出所：デビッド・ティース著「Tesla and the Reshaping of the
Auto Industry」（Management and Organization Review,
September 2018)

## すべてを「つなげる」のがリーダーの仕事

● 不確実な環境で成功するリーダーシップ

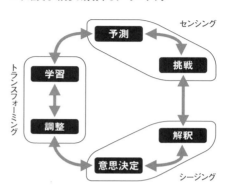

こっている。

　表はEV（電気自動車）、自動運転車、コネクテッド・カー、個人の移動
手段という4つの項目に着目し、現在の自動車業界と比較し、技術、ビジネ
スモデル、市場がどれほど異なるかを示す。技術はもちろん現状とかなり距
離があるが、ビジネスモデルもEV以外ではかなり異なる。市場も、現状と
似ているのは自動運転車のみで、あとの3つは既存とは別の新たな市場が生
まれるといえる。

　自動運転車が生み出す新たなビジネスモデルには、既存の自動車メーカー
が従来のビジネスモデルから多少変化するだけでは対応できず、またコネク
テッド・カーが新たに生み出す市場も、小手先の対応では参入できない。ど
うすれば勝てるのだろうか。

## ● 「一匹狼」を難民にするな

　日本企業は、新たな変化を起こす「チャンピオン」を出現させ、支える必
要がある。「出るくいは打たれる」という日本のことわざがある。叩かれるの

が嫌だから、日本人はあまり目立ちたがらない傾向がある。変化にうまく対応すると、嫌でも目立つから、周囲とは違った人間に見えないようにする（変化に対応しないようにする）。突出した才能を認めたがらないのは日本の文化かもしれない。しかしこれから日本人は、意識的に多様性を受け入れ、他の人間と発想が違う過激な人を受け入れるべきだ。変革者を難民にしてはいけない。ヒーローとして扱うべきだ。

とはいえ、短期間で国民性は変えられるものなのか。

多様性を大々的に受け入れよ、というわけではない。周囲とは違う発想で現状打破を試みる人間に対して、心地よい場所を与えればよいのだ。

英語では、maverick（マーベリック）という。一匹狼のことだ。発想の違う人間のことを、我々は（畏敬の念をこめて）一匹狼と呼ぶ。

これまで日本では、発想のまるで違う「一匹狼」の足を引っ張り、自分が理解できる、受け入れられる程度のレベルにまで引きずり下ろしてきた。しかし今後はむしろ支えるべきだ。

私はホンダをずっと尊敬してきた。ホンダは、最初は一匹狼だった。全然ほかの自動車メーカーとは違うことをやってみせた。ホンダは日本より米国で先に成長した。日本では競争が許されず、米国で足場を固めた。その後、日本よりも米国でより成功した。探せば、「一匹狼」的な日本企業も、たくさんあるはずなのだ。

以上を踏まえ、2018年、リーダーシップとダイナミック・ケーパビリティについて論文を書いた。日本人にとって大変有益だから、ここで紹介したい。

## ● 強いリーダーの6原則

ティース教授の共著論文「Innovation, Dynamic Capabilities, and Leadership」では、不確実な環境に強い6つのリーダーシップ原則を挙げる。予測、挑戦、解釈、意思決定、調整、学習の6つだ（前ページ図）。

## ビジネスモデルが同じでも変化対応力に差

● 効率性、俊敏さのトレードオフ

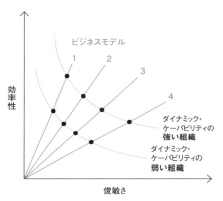

出所：ティース教授らの共著論文「Uncertainty, Innovation, and Dynamic Capabilities: An Introduction」(California Management Review, Vol. 58, Summer 2016)から作成

## 未来をいかに読み取るかがカギ

● 不確実な環境下に必要な「ダイナミック・ケーパビリティ」

**❶ 未知の未来を「センシング」**
──顧客との関係の中で、技術的な機会や脅威を見つけ出し、開発・共同開発に着手する

**❷「シージング」**
──ニーズに応え事業機会をつかむため、社内の（人的、物的）資源を動かす

**❸「トランスフォーミング、またはシフティング（移行）」**
──更新し続ける

出所：ティース教授らの共著論文「Dynamic Capabilities and Organizational Agility: Risk, Uncertainty, and Strategy in the Innovation Economy」(California Management Review, Vol. 58, Summer 2016)から作成

　当然ながら、リーダーの「予測」力や「挑戦」する力が、組織の変化対応力を確固たるものにする。フランシスコ教皇はカトリック（の教義）を守りつつ、現実を見て既存の組織の在り方に挑んでいる。

　もっとも挑戦には正確な予測が必要で、現状を正しく「解釈」することが欠かせない。米デュポンCEOだったチャールズ・ホリデー氏は、いくつかの現象から2008年の景気後退のサインを読み取った。まず日本の顧客のキャッシュフローに問題が起きた。米デラウェア州にあるデュポンのホテルの稼働率が異様に低かった。デトロイトの自動車メーカーが、納期通りに生産計画を出さなかった。この3つから「まもなく異変が起きる」と解釈したのだ。

　だが、どれだけ先を見通しても「意思決定」ができなければ意味はない。

　手本となるのが、例えばチリの鉱山相、ラウレンス・ゴルボーン氏だ。2010年8月、銅鉱山が崩壊し、700m下に33人の作業員が閉じ込められた。

絶望的な状況で、ゴルボーン氏は多様な選択肢を並べ、救出に乗り出し成功した。そして「調整」と「学習」だ。ネルソン・マンデラ氏は1994年に南アフリカ大統領に選ばれ、最初は大企業を国有化しようとした。だが、世界のリーダーから民営化がいいと諭されると、長年の社会主義理念を自ら変え、個人と市場の自由化を学んだ。

　リーダーが6つの原則を守り、一匹狼を許容し支える空気が生まれれば、組織は、ダイナミック・ケーパビリティの実践で必要なセンシング（察知）、シージング（獲得）、トランスフォーミング（変容）の力を必ず高めていく。

## ● 「不確実性」と「リスク」を分ける

　特に不確実なビジネス環境では、変化をセンシングし、事業機会をシージングし、さらにトランスフォーミングするという3つを迅速に実行できる力が必要だ。これこそが、組織が「現状のまま利益を最大化しようとするのではなく、変化に応じて自己変革し、付加価値を創る力」（慶応義塾大学の菊澤教授）という意味においての、ダイナミック・ケーパビリティである。

　とはいえ、経営者は変化に俊敏に対応すると同時に効率も追求しなければならない。ティース教授は共著論文「Uncertainty, Innovation, and Dynamic Capabilities: An Introduction」（2016年）で、経営者が環境変化に俊敏に対応するには、「不確実性」と「リスク」の違いを理解すべきとする。やや難しいが、ポイントは以下だ。

①ビジネス環境の不確実性は、乱世、混乱、過当競争といった中で現れる。イノベーションと相互依存関係がそれに拍車をかける。技術革新やビジネスイノベーション、そして政治的イベントが起こす不確実性は、切り抜けるのが難しい。

②不確実性とリスクは違う方法で切り抜けるべきだ。リスク対応のツールは、不確実性に対応するうえでほとんど役に立たない。例えば金融市場のリスクは、ツールの設計や金融契約、ヘッジなど従来型のリスクマネジメント強化で対処できるが、不確実性には必ずしも対処できない。

③破壊的な変化にさらされた時に企業が最初にすべきは、変化の源が主にリスクなのか、それとも不確実性なのかを見極めることにある。リスクなら、組織変革によるトレードオフに耐える必要はないかもしれず、ダイナミック・ケーパビリティを使うこともさほど重要ではない。

つまり同じ環境変化でも、過去のデータなどからある程度予測可能な「リスク」は、日常的なマネジメントや経営ツールを使って予測的にシステムで対応する。一方、何が起こるか、どう展開していくかが本当に分からない厄介な「不確実性」（パンデミックはそれに当たるだろう）には、ダイナミック・ケーパビリティで立ち向かう。これが効率的で俊敏な環境対応というわけだ。不確実性とリスクの切り分けに優れた経営者としてティース教授は、ソフトバンクグループの孫正義会長を挙げ、「私のヒーロー」と言う。

例えばソフトバンクグループの孫正義会長が立ち上げたビジョンファンドのような形で、（大企業でも）創造的に活動することはいくらでも可能だ。孫会長は、バークレー（米カリフォルニア大学バークレー校）の卒業生だ。私にとって、米テスラ創業者のイーロン・マスク氏に並ぶ、ヒーローのような存在だ。経営者として非常に大胆な意思決定ができるところが素晴らしい。

話はそれるが、彼の育ってきた道のりもユニークだ。在日韓国人ゆえに日本では居心地が悪かったようだが、バークレーでは出自など誰も気にしなかっただろう。またバークレーでは、かなり変わった人間の背中を押す校風がある。とはいえそもそも発想が貧困だったら、イノベーティブにも起業家的にもなれない。バークレー出身の人間は、孫会長を誇りに思っている。

彼の特徴の一つは不確実性への向き合い方だ。彼はいつもあがいている。直感的で、特に分析的でもない。が、それこそが不確実性への正しい向き合い方だ。将来に対して分析的になるのは無理だ。マネジャーは常に、新しい発明に対してそろばんをはじき、収益率を見極めようとする。実際は、よく分からないものだ。不確実性が高ければ高いほど、通常と違うマネジメントスタイルが必要だ。

ティース教授は、一層先行きが不透明な国際政治の混乱が、政治ほど分断していないとみられてきた国際的なビジネスにも、今後は一段と不確実性をもたらすと懸念する。

　世界は今、歴史を逆戻りしていると思う。ネオ技術国家主義と呼べるようなものが世界の直面する試練によって引き起こされている。冷戦時代、世界はソ連ブロックと西側ブロックに分かれていたが、似た状態に向かいかねない。現在、中国と米国がいわゆるデカップリング（分断）を起こしている。

　ティース教授の共著論文「The structural reshaping of globalization: Implications for strategic sectors, profiting from innovation, and the multinational enterprise」（2019年）は、政治体制の違いに関係なくつながったグローバルビジネスが、分断していく可能性を論じた。

　国際的な知的財産保護のルールの下でイノベーション力を構築する国々と、ルールを回避して技術を取得しようとする独裁的な国々との間で発生するガバナンスの齟齬。これが「二股のガバナンス」だ。長く続けば、多国籍企業の戦略も変わらざるを得ない。ティース教授らは「バリューチェーンのデカップリング」と呼ぶ。

　このままでは国際経済の「二股のガバナンス」と、「バリューチェーンのデカップリング」により世界のシステム同士が協力しなくなる。米国は中国から、中国は米国からデカップリングしているが、かなりスピードが速い。世界的なイノベーションのネットワークが、再編を求められるだろう。

　だがデカップリングという不確実性を乗り越えた企業は、新しいステージに向かえるだろう。ティース教授は「米中のデカップリングは日本にとってチャンス」と断言する。世界が分断され、これまでにない変化が企業や社会を見舞う時代。ダイナミック・ケーパビリティ理論を生かした組織の「センシング・シージング・トランスフォーミング」は、今後ますます注目されていくに違いない。

第 **3** 講　両利きの経営

# イノベーションのジレンマを
# 乗り越える組織行動論

チャールズ・オライリー　*Charles .O'Reilly*

米スタンフォード大学経営大学院教授

1965年米テキサス大学エルパソ校卒業（化学専攻）。69年まで米軍。米カリフォルニア大学バークレー校で、71年、MBA（経営学修士号）取得（情報システム学）、75年、組織行動論の博士号取得（Ph.D.）。米カリフォルニア大学ロサンゼルス校経営大学院助教授、米カリフォルニア大学バークレー校経営大学院教授を経て93年から現職。コンサルティング会社、Change Logic社の共同創業者。

## ➤ 講義の前に ── 教授の横顔

　前講で紹介した、「ダイナミック・ケーパビリティ」が今、注目を集めるのは、あらゆる企業においてイノベーションが重要な経営課題と捉えられていることが深く関係するだろう。

　経営学におけるイノベーション理論の発展に大きな貢献を残したのが、2020年1月に亡くなった故クレイトン・クリステンセン教授だ。1997年に（原著を）著した代表作『イノベーションのジレンマ』（翔泳社）において、業界をリードする優良企業が「すぐれた経営」を行った結果として、新興企業による破壊的イノベーションの前に競争力を失うという「ジレンマ」を、ハードディスク業界などの豊富な事例とともに鮮やかに描いた。

イノベーションのジレンマを、いかにして乗り越えるか。クリステンセン教授も含めて、多くの経営学者が、この問題に取り組んできた。

　その代表的な成果が、前講の「ダイナミック・ケーパビリティ」であり、本講が取り上げる「両利きの経営」、そして次講で取り上げる「オープンイノベーション」である。

　1996年に提唱して以来、米スタンフォード大学経営大学院のチャールズ・オライリー教授が、米ハーバード経営大学院のマイケル・タッシュマン名誉教授らとともに発展させてきた「両利きの経営」は、2016年、4冊目の共著に結実する。現題は、『Lead and Disrupt: How To Solve the Innovator's Dilemma』、直訳すれば、「リードして破壊する：イノベーターのジレンマ解決法」。

　故クレイトン・クリステンセン教授は、自らが提示したイノベーションのジレンマという課題に、特筆すべき回答を示した本書に、生前、推薦文を寄せている。2019年には、『両利きの経営』（東洋経済新報社）として邦訳され、日本でもベストセラーになった。

　両利きの経営とは、端的にまとめると、過去に会社を成功に導いた既存事業で収益を獲得し続けながら、全く新しい事業分野を開拓し、そこから収益を得られるように会社を変容させていく経営のことである。

　とすれば、次講で取り上げるオープンイノベーションは、両利きの経営を実践する具体的な手法の一つととらえることもできる。


　本講の内容は、2020年初め、オライリー教授の来日に合わせて取材した。そのときは、新型コロナウイルスの感染拡大の初期で、感染対策に注意しながらも、直接お目にかかることができた。しかし、その直後から我々は感染爆発という未曽有の事態に見舞われ、あっという間に日常の風景が変わり、対面のコミュニケーションが制限される「ニューノーマル」に突入した。

　世界経済は、制御不可能な需要ショックと供給ショックに突然見

舞われ、大きな嵐が吹き荒れている。だが長期的な観点からすれば、この変化は必ずしも悪いことばかりではないかもしれない。何十年もの間、デジタル化やダイバーシティーなど、組織変革の必要性が叫ばれながらも、ほとんど変わらなかった日本企業が、ウイルスという"外圧"によっていや応なしに対応を迫られ、たちまち体制を一変させる企業も出てきた。

　こうした変化の激しい時代にこそ必要とされるのが、両利きの経営だ。

　イノベーション理論に新しい地平を切り拓くオライリー教授は、前講のティース教授、次講のヘンリー・チェスブロウ教授と並ぶ、米国経営学界のスター教授だが、日本とは浅からぬ縁がある。

　オライリー教授は、2020年3月、『両利きの組織をつくる』（英治出版）を日本で刊行した。その共著者の1人は、日本の企業戦略を研究する米カリフォルニア大学サンディエゴ校のウリケ・シェーデ教授だ。本講の取材には、シェーデ教授も同席していた。

　筆者は、2014年から約半年、「日経ビジネスオンライン」（現・日経ビジネス電子版）でシェーデ教授の連載「ドイツ人経営学者は見た！ 日本のかっこいい経営」を企画・担当した（サイトリニューアルに伴い、現在は公開されていない）ので、懐かしい思いで挨拶をした。彼女はオライリー教授の妻である。

　連載当時は、シェーデ教授とブレーンストーミングを繰り返したものだが、プライベートの話は全くしていなかった。シェーデ教授はティース教授、チェスブロウ教授と同じ、米カリフォルニア大学バークレー校で教えていた時期もあって親しく、「バークレー閥」とも言える夫妻は、一橋大学の野中郁次郎名誉教授とも関わりがある。完全なる余談ではあるが、このあたりの「世界の狭さ」にも大変驚かされた。なお、シェーデ教授の連載タイトルの「かっこいい経営」は、シェーデ教授自身が、日本語で発案された。

## ❷ 変化対応には「両利きの経営」

オライリー教授に、日本企業が「両利きの経営」をやり遂げるためのヒントを聞いていく。まずは、両利きの経営とは何か。

企業が戦略を立案すると、経営者は、その戦略を実行するためにどのような仕組みを設計すべきか、と発想する。そして多くの経営者は、既存事業の拡充をする組織と、新規事業を立ち上げる組織は別であることが望ましいと考えている。

「イノベーションのジレンマ」を提唱した、故クレイトン・クリステンセン教授も、1つの組織、とりわけ大企業が既存事業と新規事業の両方を同時にやるのは難しいことだと認識し、別々に取り組むことを実際に推奨していた。

クリステンセン教授がイノベーションのジレンマを主張したころ、米ウォルマートはまさに、既存事業と新規事業で組織をどう切り分けるかを決めるタイミングだった。議論の結果、同社は、通信販売用のオンラインショップ、ウォルマート・ドット・コムを立ち上げ、米アーカンソー州の本体と完全に切り離して米国西海岸のカリフォルニア州シリコンバレーに拠点を置くことを決定した。

## ❷ ウォルマートが失敗した理由

ところが、期待に反し、そのやり方はうまくいかなかった。ウォルマート・ドット・コムは通販のシステムを開発するだけでなく、店舗に在庫があるか、どのぐらいで届けてもらえるかなどを把握する必要があった。本体と別の組織ではその情報を十分に得ることが難しかったのである。

クレイトン・クリステンセン教授が「イノベーションのジレンマ」で、大企業が新興企業に負ける理由を説明したのが1997年のこと。当時、新規事業は既存事業を破壊する存在として受け止められていたことも、「既存事業と新規事業は別組織でやるべき」という考え方の根拠となっていた。しかし

ウォルマートなどの例を契機に、こうしたやり方を検証する動きが出る。

## ● 組織を分けると"病"になる？

　既存事業の深掘りと新規事業の探索をしている組織を別々のものにしてしまったら、かえって双方で問題が起こり、解決の糸口も見つけにくくなることが分かってきた。また、新規事業に取り組む組織が得た知見を、既存組織にフィードバックできないことや、新規事業の探索をしている組織が本社のリソースの恩恵を受けにくいことも問題になってきた。

　別々の組織で取り組むがゆえに、新規事業がうまくいかず、企業の"病"となる現象が見られたのだ。

　そこで、異なる成長段階にある事業が、「同じ屋根の下で同居できる」経営、私が言う両利きの経営こそが今の時代に合うという考え方が生まれた。
　両利きの経営では、たとえ既存事業と新規事業という別々の事業活動であっても、「同じ屋根の下」で運用し、双方の強みを双方で使うことが大事だと考える。クリステンセン教授も近年は、我々の理論に同意し、我々の著作『両利きの経営』（原著）で「これはより良い思考方法である」と、推薦文を寄せてくれた。

　とはいえ、両利きの経営とは、1つの組織で漫然と新旧2つの事業を手掛けていくことではない。資金や人材、ノウハウ、制度などといったリソースは積極的に共有するが、違う事業に対しては、違うカルチャーで取り組まねばならないという。

　ここでいう「組織カルチャー」とは、その組織をコントロールしているシステム全体のことである。日本語で頻繁に使われる「企業文化」ではなく、仕事のやり方、仕事に対する姿勢のことである。
　この組織カルチャーのありように注意深く対応しないと、両利きの経営は

うまくいかない。社員は、慣れ親しんだやり方にしがみつく（文化的な惰性を持つ）ものだからだ。

　産業が急速に変化している時は、これまで成功してきた仕事のやり方が、新しいビジネスのやり方にとってはむしろ間違っている可能性もある。だから、両利きの経営の下では、経営者は事業ごとに仕事のやり方をどう変えていくか、考えなければならない。

## ● サクセストラップを防ぐ

　中でも、成功体験のある従業員らがこれまで慣れ親しんだやり方からなかなか抜け出せないことを、オライリー教授らは「サクセストラップ」と呼んでいる。

　カルチャーを変え、サクセストラップに陥らぬようにできて、初めて両利きの経営で戦える。そして、「種は生き残るために変異する。組織もまた変異しなければ生き残れない」というのがオライリー教授の考えだ。

　ダーウィンが展開した進化論の下では、種、動物、人類の進化は、遺伝子の変異によるものであった。世界が変化する時に、その環境により強く適合し、再生産が（容易に）でき、（環境を）占有できるタイプが生き残る。これが進化論の要諦だ。組織についても同じことがいえる。両利きの経営ができる組織こそが環境に適応し、より生き残りやすくなるのである。

　コロナ禍という未曽有の危機の中で、全ての企業は従来のようにあつれきを注意深く取り除きながら時間をかけて調整し、変化していくやり方ではなく、ほぼ強制的に、迅速な変化対応を求められた。

　だからこそ、改めて注目される「両利きの経営」。実現するうえで欠かせないのが、組織カルチャーという概念を理解することだ。

　繰り返しになるが、組織カルチャーは、日本語でいう企業文化とは違う。組織カルチャーという言葉は、より幅広い。例えばこれを、（その会社におけ

## まずは違う仕事のやり方を認める

● 「両利きの経営」のイメージ

組織カルチャー

既存事業　　　　　　　　　　　　　　新規事業

「米ネットフリックスや米マイクロソフトなどは両利き
の経営ができている」(オライリー教授)

る）ものごとのやり方と定義する人もいるし、業務上のタスクだけではなくて、社員や顧客、取引先が相互にコミュニケーションをする時の作法、やり方を指すこともある。その会社に特有のマインドセットも組織カルチャーに入る。服装規定や上下関係の在り方なども組織カルチャーの一つだ。

組織カルチャーは、企業にとって２つの重要な意味がある。

１つは、会社という社会のコントロールシステムであるという点だ。オフィスに出社して働くとしたら、その組織カルチャーになじまねばならない。既存の会社の構成員が「我々のやり方なんだ」と思っているようなやり方になじめなければ、新人は受け入れてもらえないだろう。これが、組織カルチャーが、会社のコントロールシステムであるという意味だ。

問題は、そのコントロールシステムをずっと維持し続けることが、果たして企業の成長に本当に役立っているのかという部分だ。

## ● 組織カルチャーと進化論

オライリー教授の主張をまとめれば、社員は慣れ親しんだ仕事のやり方、つまり組織カルチャーにこだわりがちで、それは両利きの経営を導入する

際、大きな障害になる。つまり両利きの経営を成功させるには、例えば既存事業と新規事業で姿を変える変幻自在の組織カルチャーが必要になる。その様子をオライリー教授は、ダーウィンの進化論に重ね合わせて説明する。

　ダーウィンは、生物は環境に適応できる種こそが生き残ってきたとする進化論を提唱したことで知られる。つまり動物、人類の進化の過程では、環境により適応した遺伝子を持つタイプが、後世に種を残すことが許された。
　これは組織についても同じことがいえるだろう。新規事業を手掛けるうえで別の組織にするやり方が非効率で時代に通用しなくなりつつある以上、生き残るには、両利きの経営ができなければならない。ならば、多くの動物や我々人類がそうであったように、企業もまた、両利きの経営ができる力（遺伝子）のある企業こそが生き残る。そのためには、組織カルチャーを進化させるしかない。

## ● 首の短いキリンになるな

　環境適応に成功した首の長いキリンを見ながら淘汰されていったという、いわゆる「首の短いキリン」になってはならない、というわけだ。
　さらに、オライリー教授は、産業界の破壊的イノベーションと、進化生物学の断続平衡説が、同じ事象を指しているともいう。断続平衡説とは右ページの図のように、生物などにはほとんど変化しない期間と急激に変化する期間があり、急激な進化は短期間に爆発的に進行するという説だ。
　イノベーションのジレンマの提唱者である故クリステンセン教授は当初、新規事業は、既存事業と別に展開することを推奨した。だが、そんなクリステン教授もまた、破壊的イノベーションについて、ダーウィンの進化論にイメージが近いことを指摘していたという。

　（破壊的な変化と違って）ダーウィンは、生物の進化の過程には、環境に合わせて少しずつ適応していくような現象があると指摘していた（系統漸進説）。だが、生物であれ企業であれ、長く生き残るには、まずは、（爆発的な

## 生き残るため、環境変化に合わせていく

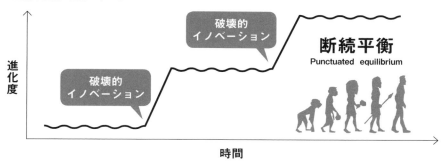

● 生物や組織の進化のイメージ

変化を伴う）断続平衡説の下で訪れる破壊的変化を乗り越えていかなければ
ならない。

　そして、断続平衡説のような爆発的な変化をもたらすのは、必ずしも技術
革新だけではないとオライリー教授は指摘する。

　私とクリステンセン教授とのもう一つの違いであるが、クリステンセン教
授は技術革新に強い関心を寄せていた。だが技術革新は、破壊的イノベー
ションの源の一つである。破壊的な変化をもたらすものは、まだほかにもあ
る。重要なのがビジネスモデルの変化だ。
　例えば（リアル店舗からオンラインショップに移行した）小売業や、（サブ
スクリプション型に移行しつつある）ソフトウエアは、ビジネスモデルが変
化してきた例だ。また、政府の規制によってもたらされる変化もある。

### ● 破壊的な変化の乗り越え方

　技術革新そのものだけでなく、技術革新がもたらした業界構造の変化、ビ
ジネスモデルの変化や規制の変化も破壊的な変化になりうるというわけだ。

さらに、消費者の嗜好の変化も破壊的な革新をもたらしうる。クリステンセン教授の議論はすべて技術革新についてだった。しかし、現実に起こったのは、技術革新だけではなかったことは、今後も忘れてはならないだろう。

　例えば米ゼネラル・モーターズ（GM）やトヨタ自動車といった自動車メーカーなら、EV（電気自動車）の登場による市場の"破壊"に直面しているが、それは技術面の変化だ。自動運転もそうだ。今後は、従来型のクルマに代わる新しい移動手段を使いたいという消費者の変化にも"破壊"されるかもしれない。時間単位でクルマを借りるビジネスモデルが支持されれば、それも"破壊"につながる。

　技術革新だけでなく、はるかに幅広い要因によって、市場は"破壊"される。環境に適応するためには企業の素早い進化が待ったなしであり、変化の中心には、両利きの経営がある。

　「両利きの経営」は、言うは易し、行うは難し。その実践には数多くの困難を伴う。オライリー教授は、実例を挙げながら説く。

　米国企業には、両利きの経営を成功させた企業がたくさんある。米ゼネラル・モーターズ（GM）もその一つだ。内燃エンジンから家電、そして自動運転へと一つの会社の中で多くの分野に挑戦し、様々な事業を成功させてきた。現在は、そうした多角化で蓄積した同社にしかない多様なデータを活用し、次なる新規事業を育て上げようとしている。

　米国で現在目立っているのが、従来型のビジネスを維持しつつ、サブスクリプションモデルへの移行に成功した企業だ。

## ● アドビは典型的成功例

　多くの企業が、本業とサブスクリプションモデルの両立に成功している。ベストなケースは米アドビだ。同社の商品であるアドビフォトショップはもともと、同社のソフトウエアを店舗などでユーザーが買い、自分のコン

ピューターに展開してインストールする従来型のビジネスモデルだった。し
かし、今ではソフトウエアはほぼサブスクリプション型に移行しつつある。
定期契約をしたら、常に最新版の利用が可能になるビジネスモデルだ。

　米ネットフリックスも両利きの経営をうまくやってきた企業だ。最初は
DVD レンタルのサービスを提供する企業だった。それがやがて、動画のスト
リーミング配信サービスに変わり、今はコンテンツを制作している。米マイ
クロソフトはオフィスのソフトウエア販売から、クラウドでのマイクロソフ
ト 365 のサブスクリプションモデルに移行した。

　ここまで見ると、ソフトウエア提供というビジネス自体は変わらないもの
の、「どのように継続的に提供するか」を変えてきた事例が多い。
　オライリー教授は「アラインメント」という言葉を使い、変革の実行を成
功に導いた構造を説明する。
　まず、会社をコンピューターに見立てて考えてみる。すると会社は、制度
や設備などといった「ハードウエア」と、人材やカルチャー（仕事のやり方）
のような、社会的な「ソフトウエア」からできているという。

## ● 風呂敷モデルで組織を変革する

　69 ページの図の左側を見てほしい。アラインメントとは、この図に示し
た、会社に存在する 4 つの概念の組み合わせだ。
　まずはハードウエアとして、2 つの要素がある。その「会社（固有の）制
度」と、「キー・サクセス・ファクター（KSF：重要成功要因）」。
　キー・サクセス・ファクターとは、既存事業の成功を通じて形成された、
会社特有の暗黙のやり方のことだ。
　さらにソフトウエアとして、また 2 つの要素がある。その会社が採用して
きた「人材」と、さらにその人材がつくりあげた「カルチャー」だ。カル
チャーは制度ではなく、行動様式だ。例えば部長や課長になるため社員が実
際に「何をすればいいか」は、カルチャーが決める。
　会社制度、キー・サクセス・ファクター、人材、カルチャー。この 4 つの

組み合わせが既存の事業を動かし、成功に導いた。

　アラインメントとは、これら事業の成功に必要な4つのアイテムの組み合わせを一つに包み込んだ「風呂敷」のようなものだ。この、日本文化に根ざした「風呂敷」という考え方は、日本企業や日本語に精通した共同研究者でもある妻のウリケ・シェーデ米カリフォルニア大学サンディエゴ校教授の発想によるものだ。

　「新規事業はこの風呂敷の場所と中身を動かす作業」とオライリー教授は話す。

## ● 違う市場か、違う技術か

　次に、右ページ図の右側を見てほしい。縦横の2軸で、4つの象限に分かれている。

　横軸は、ケーパビリティ、会社にある技能だ。技術であったり、（その会社に特有の）人材のスキルであったり、多様な技能を指す。右は新規技能、左は既存技能だ。

　縦軸は市場、つまり顧客だ。下が既存顧客、上が新規顧客となる。

　既存事業とは、既存技能を既存顧客に提供するビジネスだから、4象限の左下に位置する。

　4つの象限にはそれぞれ違う風呂敷が必要だ。

　新規事業を成立させるとは、この風呂敷を、中身を入れ替えながら、左下から左上へ、ないし右下へ、あるいは右上のいずれかに動かしていくことだ。

　すなわち左上への移動は「違う市場（顧客）に同じ技能を売る」、右下への移動は「同じ市場（顧客）に違う技能を売る」、そして、右上への移動は「違う市場（顧客）に違う技能を売る」という作業になる。

　例えば、タイヤメーカーを例にとってみよう。かつてラジアルタイヤが登場した時は、全く新しいタイヤの製造方法だったが、それを売りたい商売相手は同じだった。つまり、既存顧客（に違う技能を売るパターン）だった。

## 戦略に合った「組み合わせ」を認識する

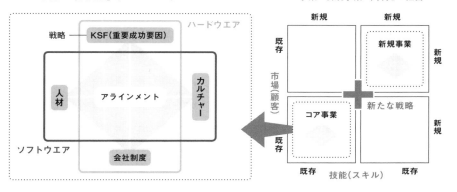

● 4つの要素の「風呂敷」（アラインメント）

● コア事業＋新規事業＝両利きの経営

つまり左下から右下の象限へ、真横への移動。これが「新たな製品やサービスの投入」である。

ではローコストキャリア（LCC）はどうだろうか。例えばシンガポール航空は、かなりハイエンドなエアラインだが、ローコストを好む顧客に訴求する必要性を感じた。（ハードウエアでいえば）使うのは既存事業と同じ技術で、使うのも同じ機体だが、完全に違うビジネスモデルだ。

つまり、ローコストキャリアは、左下から左上の象限へ、真上への移動になる。

オライリー教授は、次に、富士フイルムのケースを挙げる。

富士フイルムの2000年時点における既存事業のアラインメントを、4象限の左下に置いてみよう。

写真事業で培った化学の優れた技能を生かしつつ、女性顧客（新たな市場）向けに、化粧品（新たな技能）を開発し、新規事業を成功させたアラインメントは、右上にある。

（左下の既存事業と右上の新規事業の象限にある）2つの風呂敷の中身は違うはずだ。

　両利きの経営は、生き残るために左下と右上を同時にやることだ。

　大切なのは、4つの場所それぞれに最適な組み合わせ（アラインメント）が違うということだ。風呂敷を包むとき、巧みに中身を見直すことが大変重要なのである。


## ● イノベーションと事業創造の3段階

　オライリー教授は、両利きの経営には3つの段階があるという。着想、育成、規模拡大という3段階だ。これを、ほかの経営理論や進化論とともに議論している（73ページ図）。

　だが、3つの比較の前に、オライリー教授は、イノベーションそのものを3段階に分けた「イノベーションストリーム」という概念を解説する。

　イノベーションストリームとは、イノベーションの3段階、すなわち「累進」「建設」「激変」の3段階のことだ。

　このうち、最初の「累進」は、1つの技術を磨いていく段階で、進化ではあるが、本格的なイノベーションではない。

　本格的なイノベーションは、2番目の「建設」で始まる。「建設的なイノベーション」は故クリステンセン教授が言い始めた言葉で、既存技術を従来と違った使い方で活用することだ。使うのは既存技術なのだが、使い方を変えることでイノベーションを生む。

　ただ、建設的なイノベーションは、第3段階の「激変」までは行かない。「激変的イノベーション」は、これまでに全くない完全に新しい技術のことを指す。

　建設的イノベーションの例としてディスクドライブについて考えてみよう。「イノベーションのジレンマ」で知られる故クリステンセン教授は、ディスクドライブ市場を研究した。既存の顧客は8インチのディスクドライブを使っていたが、より小型の新しいディスクドライブが発売された時、既存の

企業は皆、衰退した。

　新しいディスクドライブは新しい技術ではなかったが、サイズが小さかった。分断的な技術の変化ではなかったが、新しい市場を創出した。これが建設的イノベーションだ。

　ここで言いたいのは、「激変的なもの」だけがイノベーションではない、ということだ。

　「建設（的イノベーション）」「激変（的イノベーション）」はもちろん、「累進」も含め、イノベーションは、それぞれ違う形で新しいビジネスになり得る。

　経営学におけるイノベーションの研究はそもそも技術から始まったから、技術変化が進めば、革新の度合いも高まると思われている。しかし過去10年の間に、各イノベーションの破壊力は、技術変化に限らず、ビジネスモデルや規制の変化などにも影響を受けると分かってきた。単なる技術の変化よりむしろ大きな問題だ。


　オライリー教授は、組織行動論の専門家だ。だが、イノベーションが関連する分野ではイノベーションストリームのような3段階による整理を多用する。


　事業創造におけるイノベーションには3段階ある。「アイディエーション（着想）」「インキュベーション（育成）」そして「スケーリング（規模拡大）からなる。

　「アイディエーション（着想）」とは、アイデアを考え出すことであり、新しいアイデアを開発するには何が必要なのかを練り上げる。ここで重要なのは、オープンイノベーションやCVC（コーポレート・ベンチャー・キャピタル）の使い方であり、（ユーザーの視点に立って製品やサービスを開発する）デザインシンキングだ。これらはすべて、新しいアイデアを生み出すための方法だからだ。

　続いて「インキュベーション（育成）」は、アイデアが市場で受け入れられるかどうか検証すること。簡単に言えば、ビジネスモデルを描くことだ。

そして「スケーリング（規模拡大）」は、通常の事業展開だ。

　事業を創造するうえで、理想的なのは組織の中にこの3段階の作業ができる体制を作ることだ。

　ただ、最近は3つの段階のうちいくつかを意図的に省いて、イノベーションのスピードを加速させるやり方も出てきている。例えば、（試作品を短期間でつくって投入し、市場の反応を得ながらビジネスを進める）リーンスタートアップというマネジメント手法をご存じの方も多いことだろう。リーンスタートアップでは、3段階中、「着想」や「規模拡大」には重きを置かない。ただ、アイデアが良いかどうかの見極め作業、つまり「育成」を迅速に繰り返すことを目的としたビジネスモデルだ。

　さらに、事業創造で行き詰まった場合は「再構築」という段階も必要になる。

　「再構築」にはかなり広い意味があり、今ある資産を使って、何か別のことをやりましょうという意味も含んでいる。だが、スタートアップは大抵、単業であり、時に失敗してもゼロから路線変更すればいい。その意味で、スタートアップ企業は「再構築」の機能を持つ必然性がないようにも思える。

## ● 両利きの経営を分解する

　こうして考えると、両利きの経営の何が難しいのかが見えてくる。既に一度事業化し、築いてきた会社の資産を活用するとはいえ、新たな事業を創造するには、事業の種の数だけ、「着想」「育成」「規模拡大」「再構築」のラインが必要になる。

　そしてここまでに述べたように、既存事業などでうまくいった組織のカルチャーをそのまま新事業に当てはめることはできない。

　それでも「両利きの経営を難しくしているものは何か」を分解して考えて

## 見つけて、実行して、やり直す

● オライリー教授の考える「進化のための発展段階」

| ダイナミック・ケーパビリティ | 両利きの経営 | 進化論 |
|---|---|---|
| センシング<br>（察知） | アイディエーション<br>（着想） | 多様性 |
| シージング<br>（獲得） | インキュベーション<br>（育成） | 選択 |
| トランスフォーミング／<br>シフティング<br>（変容、再構築） | スケーリング<br>（規模拡大） | リテンション<br>（保持） |

つかむ
動かす
更新する

出所：オライリー教授の解説を基に作成

いくこと自体が、問題を解決するというのがオライリー教授の考え方なのである。

　経営学研究の世界では、多様なバックグラウンドの研究者がいる。米ハーバード大学のマイケル・ポーター教授は経済学者でもあるし、ダイナミック・ケーパビリティ提唱者のデビッド・ティース教授も博士号は経済学で取得している。

　一方で、社会学や心理学などのバックグラウンドを持ち、研究活動を続ける研究者も多い。オライリー教授は「組織行動論」の研究者だ。

　組織行動論は、日本のアカデミア（学問の世界）にはまだあまりなじみのない概念だと思う。日本で常々語られる「組織論」は、言ってみれば組織表、組織図のようなもので表せる概念である。

　組織行動論は、どのような組織をつくるかでなく、どう組織を動かすかを提唱する理論。そして「両利きの経営」はその中でも有力な理論の一つなのである。

# 実例から読み解くオープンイノベーションの課題と解決策

ヘンリー・チェスブロウ　*Henry Chesbrough*

米カリフォルニア大学バークレー校経営大学院特任教授

1956年生まれ。米エール大学経済学部を最優等で卒業、米スタンフォード大学でMBA（経営学修士号）取得（最優等）、米カリフォルニア大学バークレー校で経営と公共政策の博士号を取得（Ph.D.）。ベンチャー企業の役員やコンサルタントとしても活躍してきた。2003年に出版された最初の著作『OPEN INNOVATION』で「オープンイノベーション」の概念を発表し、大きな反響を呼んだ。米ハーバード経営大学院助教授などを経て現職。同経営大学院ファカルティー・ディレクターとしてオープン・イノベーション・センターを率いている。

## ➤ 講義の前に ── 教授の横顔

　ヘンリー・チェスブロウ教授は、「オープンイノベーションの提唱者」として経営学界ではあまりにも著名な存在だ。

　「オープンイノベーション」は、何らかの数理モデルを基に確立された理論というわけではないが、2003年、チェスブロウ教授が最初の著作『OPEN INNOVATION』（産業能率大学出版部）を出版するや、たちまち世界中の企業関係者や政策担当者に広まった。

　チェスブロウ教授は米ハーバード経営大学院時代、「イノベーションのジレンマ」で名高い故クレイトン・クリステンセン教授

と、約2年間共同で講義をした間柄である。前出のデビッド・ティース教授や一橋大学の野中郁次郎名誉教授らとともにバークレー閥とでも呼ぶべきグループを形成し、「知の共有」とそれを阻む構造について研究する経営学者の一人である。チェスブロウ教授とティース教授、野中名誉教授は、今も研究活動などにおいて関係が深い。

　チェスブロウ教授に初めて取材したのは2009年ごろ、初期のオープンイノベーション論について記事を書いた。

　今回のインタビューは、本書の構成を考えるなかで、これは絶対に再度、取材をしなければならないと考え、本人に「直撃」して実現した。覚えていただいていたのは幸いだった。

　実に10年以上ぶり、かつオンライン会議システムを通じての取材となったが、日本を深く理解し、日本に対する期待を捨てていないチェスブロウ教授。日本の眠れるイノベーターたちに対して、オープンイノベーションをめぐる最新の知見を講義するとともに、実に愛情のこもった叱咤激励を展開してくれた。


　2003年に、社内外の知的協働によるイノベーションの重要性を説いた「オープンイノベーション」を提唱し、世界的な反響を呼んだ米カリフォルニア大学バークレー校経営大学院のヘンリー・チェスブロウ特任教授。以後17年、多くの試行錯誤を重ね、イノベーションの在り方を模索し続ける教授に、オープンイノベーションがつまずく理由とその克服法について聞く。


　シリコンバレーでは常に新技術が現れ、テクノロジーの世界はどんどん進化している。しかし、新技術の恩恵を受けるはずの企業や国の生産性の成長は全く芳しくない。G7（主要7カ国）のデータを見ても、どこも似たようなもので、すべての国で生産性の向上は伸び悩み、成長率は1950年〜60年代から衰退の一途にある。高速通信技術の進歩は加速し、G7すべてにほぼ同時に行き渡っているにもかかわらず、だ。日本も例外ではない。60年代の日本の生産性の伸びは驚異的だったが、今は米、英、フランスとほぼ変わらない。

### 先進国で「勝者総取り」が加速している

● 業界上位企業とその他企業の生産性の伸び

情報コミュニケーションサービス業界

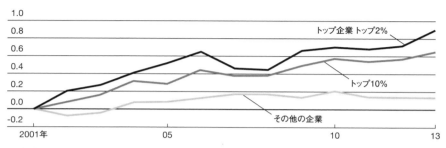

注：収益ベースの多様素生産性（MFP）成長率を上位企業2%、10%、その他企業でグラフ化。数値は前年からの変化率。
出所："The Best versus the Rest: The Global Productivity Slowdown, Divergence Across Firms and the Role of Public Policy",OECD Productivity Working Papers,No.5,OECD Publishing,Paris.

　シリコンバレーを挙げるまでもなく、一部の先進都市ではスタートアップによるイノベーションが次々と起こり、効率も劇的に高まっているように見える。しかしそれはあくまで局地的現象というわけだ。

### ● ナンバー1とそれ以外に格差

　この現象について経済学者は「正確に測れていないだけ」「よりよい物差しができれば、技術の進化の恩恵も測れる」と言う。だが計測の巧拙の問題ではないと思う。詳細に見ると、全企業の生産性が伸びていないわけではなく、ナンバー1企業は新技術を活用して更なる躍進を果たしている。それ以外との差が顕著なのだ。ナンバー1企業が指数関数的に成長する一方、それ以外はどんどん後れを取っている。

　良い例がAI（人工知能）。AIをうまく使って結果を出している企業はまだほんの一部だ。その他大勢の企業は、アルゴリズムを鍛えるためのデータすら持ち合わせていない。

その他すべての企業

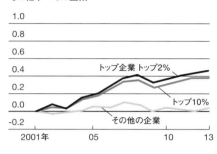

2001年　05　10　13

● 業界別、トップ企業と下位企業の生産性の伸びの差

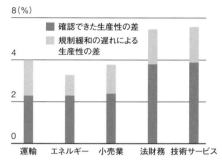

注：1998年〜2013年に世界のトップ企業と下位企業の間に生じた生産性の差の年単位の増加率。薄いグレー部分は規制緩和が最速の企業との差

　OECDに「The Best versus the Rest（最高とそれ以外）」という調査がある。各分野のトップとそれ以外の企業の成長格差を調べたものだ。GAFA（グーグル・アップル・フェイスブック・アマゾン）のようなプラットフォームビジネスの「勝者総取り」はよく知られるが、同じ現象は他分野にもある。例えば同調査は「グローバルビジネスで成功した独BMW、仏ロレアル、スイスのネスレの、2000年代の生産性の高さは際立っている」と指摘する。

　さらに同調査は、チェスブロウ教授の主張を裏付けるかのようにこう主張する。「OECD加盟国の数百万企業のデータを調べた結果、企業全体の総生産性成長率は停滞していた」。二極化を図式化したのが76 〜 77ページのグラフだ。見ての通り、2%のトップ企業とその他下位企業の差は埋めがたい。チェスブロウ教授はこの現象を「指数関数のパラドックス」と呼び、格差は今後ますます拡大すると強調する。

　先進国では第2次世界大戦後、1950年代の初頭から1970年代にかけて、生産性が飛躍的に伸びた。例えば米国では、通称G.I.法案（復員兵援護法）

の導入を通じ、帰還兵士や退役軍人を教育したことが労働者のスキルを劇的に高めた。また50年代、国策的に高速道路システムを構築したことで、輸送と運送、旅行などのビジネスが可能になった。1958年には、現在の国防高等研究計画局（DARPA）が設立され、1960年代にはアポロ計画が始動。1940 ～ 60年代はインフラ投資が盛んで、イノベーションの基盤をつくる多くの取り組みがあった。

シリコンバレー企業の初期の顧客は政府関係で、ほとんど米軍だ。だが1980年代にインフラ投資がなくなり、この40年の間に政府が研究費にかける支出割合は大幅に減った。

日本は、第2次世界大戦でインフラが破壊されたが、1950 ～ 70年代の高度経済成長期に、国家主導の再建が進み、経済は目覚ましく強くなった。だが日本もその後、イノベーションを継続するためのインフラ投資を怠った。

我々は終戦後に整備されたインフラを、ずっと使い続けているのだ。


## ● オープンイノベーションと外注は異なる

産業全体を後押しする国家のインフラ投資が減れば、成長は各企業に委ねられる。良い企業は伸びるが、ダメな企業は誰も助けない。これが「指数関数のパラドックス」の原因というわけだ。


フィンランドでは、国民は原則として誰もが高速インターネットに接続する権利がある。北方に人口が極めて少ない地域があるが、彼らにも同じ権利がある。これはほんの一例で、フィンランドでは、国のどこに住んでいようと新技術の恩恵を受けられる環境づくりが進んでいる。

日本はどうだろうか。例えば高齢者が多く農業に携わっているが、子供達が後を継ぎたがらなかった理由の一つは、農業地域では都市に比べ、次々生まれる新技術を享受するためのインフラが行き渡っていないこともあるだろう。シリコンバレーでいかに画期的技術が生まれ続けようと、それを活用するのは都市部の有力ベンチャーだけに限られてしまうようなものだ。

　そしてチェスブロウ教授は、国家的インフラ投資の欠如に加え、オープンイノベーションを多くの企業が誤解していることもイノベーション停滞の理由と考える。

　企業の多くが、オープンイノベーションを、イノベーションのためというよりも、社内インフラへの投資を減らすため使ってきたように見える。こうした発想でオープンイノベーションを進めると、やがて自社の開発能力を失っていく。

　国家レベルのインフラ投資が重要であることを先に述べたのは、多くの企業が、オープンイノベーションを社内インフラへの投資を減らすために進めてきたと思うからだ。しかしアウトソーシング中心でオープンイノベーションを進めると、やがて自社の開発能力を失ってしまう。実際、それが多くの会社で見られた。国家レベルでインフラ投資をやめることの問題点を理解した後、今度はそれを個社レベルで考えてもらいたい。

　オープンイノベーションが会社の業績を向上させ、生産性を高めるエビデンスはたくさんあるが、アウトソーシングを目的に使えば、完全に逆効果だ。

## ● 新規事業に待ち受ける「死の谷」

　政府や企業のインフラに対する投資不足により、イノベーションの恩恵が国や業界全体に行き渡らない「指数関数のパラドックス」が引き起こされていると指摘した、チェスブロウ教授。

　次に、多くの企業で新規事業が失敗する理由を、自身が過去に企業を支援してきた経験などから考察する。

　大企業は既に稼ぎ頭の既存事業を抱えている。その状況で新規の収益事業を育てるのは容易ではない。特に難しいのが、育成のめどが付いた新規事業の種を本格的にビジネスに移行させる段階だ。

　新規事業のタネを探すイノベーション部門は、最新のトレンドを調べ、新たな事業機会を探す試行錯誤を繰り返している。それを収益にするには、あ

る時点でその種を事業部門に引き渡す必要がある。しかし、両者の意識があまりに違いすぎるのだ。ここが、イノベーションの「死の谷」になり得る。

「死の谷」とは、イノベーションを実行に移す時の関門を指す。乗り越えられないとプロジェクトが日の目を見ずに終わることから、「死の谷」と呼ばれる。

イノベーショングループが将来有望なアイデアだと思っても、事業部門の人々がそう思わないことはしばしばある。

私が知る10年ほど前の日本の事例を紹介しよう。日本の経済産業省が関わったプロジェクトだった。シリコンバレーで日本企業15社ほどがラボを立ち上げて進めたもので、各社は何年も資金を投じ、約5年ごとの人事異動によって、現地の最新の知見を日本に持ち帰らせた。当時の参加企業の悩みは、シリコンバレーのラボで立ち上がったプロジェクトが、日本に帰るとことごとく「死んで」しまうことだった。日本の本社は価値を認めず、持ち帰ったタネを育てようとしなかった。やみくもにそう判断したわけでなく、本社サイドからすれば合理的な理由はたくさんあった。

イノベーションの最前線と、既存事業部門の足並みが揃わない典型的な例だ。これは、米スタンフォード大学経営大学院のチャールズ・オライリー教授が『両利きの経営』の概念で解決しようとしている問題でもある。

両利きの経営とは、第3講で見た通り、既存事業で稼ぎながら、新規事業も同じくらい重視して育てるやり方だ。チェスブロウ教授は、さらに大企業の典型例として日本のある大手電機メーカーのケースを挙げる。

大企業には大抵、強力な国内の主力事業があり、通常は事業計画を1〜2年のスパンで考える。だが、例えばAI（人工知能）のようなものは、10年単位の長期的視点が必要だ。

日本のその大手電機メーカーにはAIに注目する人材が以前からいた。だが残念ながら基幹事業部門でなく、会社の「辺境」で大学やベンチャー、外資

企業らと連携する研究する部門だった。社内プロセスのAI化に注目し、PoC（概念実証／Proof of Concept）を出したこともあったが、基幹事業部門からは「それは難しい」という反応を受けたという。

　社内から新規事業が提案されても、既存事業はえてして消極的だ。

　AIは、コンピューターの性能向上などでアルゴリズム開発が可能になり、再び注目されている。しかし、米グーグルですら、コア技術は英ディープマインドの買収で獲得した。数百人にのぼる社内科学者やエンジニアが生み出したわけではない。つまり（新たな提案への）こうした反応は、大企業ならどこでも起こり得る。積み重ねでイノベーションを起こそうとする傾向が強く、一気に「破壊」しようとする動きは歓迎されない。

　つまり、既存事業の部門が社内での協力に消極的であるために、イノベーションが起きない。しかし、社外とであれば助け合えるかもしれない。

　だからこそ、オープンイノベーションで、社外の組織とウィンウィンの関係とし、必要な情報を互いに提供し、協働し、それぞれが頑張る必要がある。

　とはいえ、83ページのグラフでも分かるように、オープンイノベーションには普遍的な「難所」がある。

　例を挙げよう。米大手日用品メーカーP&Gのケースだ。
　P&Gのオープンイノベーションプログラムの責任者が、8年程前に私の講義を聞きに来た。その時に彼が言うには、P&Gでは1100以上のパートナーと協働してきて、そのうち600以上のパートナーとは複数回の協働をした。これはP&Gのオープンイノベーションが互恵的であることを示す数字だという。
　パートナー側は、協働がうまくいくか一度は試すかもしれないが、メリットがなければ2回目はない。逆に言えば、オープンイノベーションでつまずく企業の多くは、パートナーと互恵的な関係を築けていないということだ。

実際、日本の大企業は、外部のパートナーを一方的に利用することが多いとの指摘もよく聞かれる。

　一刻も早く変わるべきだ。大企業の視点から見れば、自分たちより規模の小さいパートナーは俊敏で、組めばやりたい実験が素早くできる。社内の人材を現在のポジションから異動させて新しいことをやらせるのに比べ、お金もあまりかからない。むろん既存事業部門からの横やりも入らない。だが、大企業と協働するスタートアップからすると懸念がある。大企業が自分たちからアイデアだけを盗もうとしているのではないかという懸念だ。

　よくあるパターンは、こうだ。大企業と協働すると、大企業は「それは素晴らしい。早速同僚と話します」という。そして1〜2人のキーパーソンと次の会議。さらに次の会議で、幹部の決済が必要と気づく。計画は進まない。そして、スタートアップはこう考える。「全ての情報を提供したが進捗がない。彼らは"アイデア泥棒"ではないか?」と。

　こんな懸念を抱かせないためには信頼構築が大事だ。そして意思決定のスピードを速めねばならない。スタートアップは、新しい事業機会、新市場での可能性を模索している。そのスピードに合わせなければならないが、それができる大企業は少ない。

　オープンイノベーションが陥りがちな罠について、さらに考察しよう。

　協働したいスタートアップの調査は詳細に行い、時間をかけるとしても、パートナーにすると決めたら素早く始めるべきだ。大企業は、相手の株を所有するなどして、最初から相手を管理しようとするものだが、それでは相手の信頼を失いかねない。

　私があなたと協働しているとする。私は米P&Gであなたはスタートアップだとすれば、むしろこう呼びかけるべきだ。「私は、あなたの株を持っていないし、持つつもりもない。あなたは、私にビジネスを盗まれるという心配をする必要はない」と。

● オープンイノベーションの課題

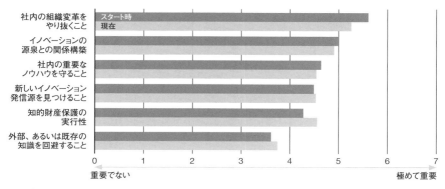

注：いずれも平均値

出所：ヘンリー・チェスブロウ著『Open Innovation Results:Going Beyond the Hype and Getting Down to Business』(2020年)

## ● 資本の力より「影響力」

　資本の論理で相手を支配するくらいなら、信頼関係をしっかり築き、資本とは別の「影響力」を相手に与えたほうがいい。日ごろのビジネスを通じて、相手が「この会社との協働があってこそ自分たちは成長できる」と思うくらいの影響力があれば、資本関係などなくとも自然と相手を引き込める。

　相手を無理に監視しないことに加え、複数の企業と協働する場合は公平に扱う必要がある。オープンイノベーションでは数百ものスタートアップと協働した方がよい場合もある。例えば、スタートアップに共通のエコシステムや基盤を創るなら、全社を公平に扱い、全社にとって使いやすく、メリットがあるものでなければいけない。

　とりわけ公平性は、重要だ。今の時代のオープンイノベーションは、1社に絞るべきではないことも多い。

　独SAPの例を挙げよう。SAPの新しいデータベースは、それ以前をはるかにしのぐ高速の技術を備えていた。しかし、SAPはこのスペックをどんな顧

客にどう使えばいいのか、当初よく分からなかった。

　高性能を気に入る顧客はいると思ったが、それはどこの誰か。そこで（オープンイノベーションの）エコシステムを構築し、多分野のスタートアップを募り、協働で新たな市場を探した。

　その結果、見つけた市場の一つが、歯科クリニックだ。SAPにとっては小さすぎる市場で、スタートアップとの協働なしには見つからなかった。

　データベースの応用先は、数百、数千の小さな市場に広がる場合が多い。無数の市場に対し、SAPが自らアプリをテストすることは当然できない。

　複数の企業と協働するオープンイノベーションで、特定の企業だけ、株式を買ったり、金銭的支援をしたりすれば、残りの企業のモチベーションは失われる。逆に、すべてのスタートアップに公平で魅力的なエコシステムが完成すれば、そこにはどんどん新しい知恵や技術が集まってくる。


　日本にも成功例がある。任天堂だ。


　任天堂もエコシステムづくりに成功している。すべてのゲーム開発会社を資本的に所有しているわけではない。しかしゲーム開発会社に自社のツールを与え、知識や情報を公平に共有することで、開発者が任天堂と仕事をしたくなる環境を整備した。任天堂が多くのゲーム開発会社から参加してもらうことに成功したのは、このためだ。


　ここまでに挙げた典型的な失敗パターンは、「過剰に管理する」「公平に対応しない」。だが、それだけではない。


　失敗にはパターンがある。まずパートナー選びを間違えると失敗する。大企業の意思決定が極めて遅く、物事が進まないパターンもよくある。

　首尾よく開発が軌道に乗りかけても、社内の既存部門と折り合いがつかず、事業化に進まない場合もある。またオープンイノベーションで新事業ができたため、社内の法務、調達、ブランド、マーケティング部門などが人材不足に陥る失敗もある。

最も危険なのは、イノベーティブな外部スタッフの活躍に対し、プロパー社員が覚える羨望と落胆だ。

## ● オープンイノベーションがプロパーを気落ちさせる

NASA（米航空宇宙局）は、オンラインのオープンイノベーションで、太陽のフレアを予測する技術を探索した。フレアとは太陽から放出される放射線などのことで、NASAはフレアの起こるタイミングを予測して通知できる技術を必要としていた。

解決法を見つけたのは、気象の専門家だった。NASAのデータを見て、降雨予測をするときの天候データのパターンと似ていることに気づいた。NASAは、降雨予測の技術を活用し、フレアを予測するよりよいアルゴリズムを考えることができた。だが、話はここで終わらない。

このNASA研究開発部門のデジタル改革について、米ニューヨーク大学経営大学院助教授のヒラ・アサフ氏が調査した。すると、NASAのテクニカルスタッフが、この問題解決に喜ぶどころか、落ち込んでいることが分かった。

テクニカルスタッフは宇宙関連の研究で修士号や博士号を持つ。しかし画期的な問題解決をしたのは専門外の人。「自分たちの役割は何？」と意気消沈したのだ。当事者たちは「アイデンティティ・クライシス」とさえ表現した。

オープンイノベーションにはこうした心のひだに触れる部分があることを、NASAのケースは教えてくれた。画期的な問題解決であっても、組織内のモチベーションが下がるようでは、便益よりコストが上回りかねない。

NASAにおけるオープンイノベーションが専門家集団の人々の意識にもたらした影響などを詳細に調べたアサフ氏の論文は、欧米の経営学会で多くの賞を受賞した。

当然だが、人はモデル通りには動かない。チェスブロウ教授の気づきは、経営改革における個人の尊重にあった。

2003年にオープンイノベーションの著作を初めて出して以来、このNASAのケースが一番大きな学びだった。当初は、成功事例を挙げてモデルをうまく描けば、多くの企業が使い、成功すると思っていた。それは、正しくもあり、間違ってもいた。成功事例とモデルを示したことで、オープンイノベーションは話題になり、たちまち多くの企業に広がった。しかし、現実の組織において実践するのは、考えていたほど簡単なことではなかった。

　次に、中国のオープンイノベーションについて考察する。

## ● ソ連と毛沢東からの教訓

　中国のイノベーションについて、過去を振り返りながら考えたい。毛沢東が知識層を追放し、文化大革命で国中を破壊された同国だが、鄧小平の登場で流れが変わった。世界貿易機関（WTO）に加盟した2001年から経済成長が本格化。国策として膨大な物量のインフラが整備されたことにより、中国企業の生産性が一気に高まった。インフラ整備は当初、非常に低い水準だったものの、数十年にわたり持続されたことが大きかった。その結果、例えば中国の空港は現在、米国の空港より近代的で洗練されている。

　インフラ投資の長期継続が可能だったのは、中国の統治体制のためだ。

　中国には、他国にはないものがある。中国共産党という仕組みだ。一党支配国家という意味である。共産党と政府は公式には分離しているが、実際には党が政府を強力に管理し支配する。このような例は他の国にはない。
　だが一方でイノベーションの部分では、中国は非常に自由で開放的でもあるのだ。インフラ整備などは細かく長期的に管理するが、産業政策、とりわけ先端分野に関しては比較的自由に民間にやらせる。
　そんな二面性にこそこの国の特徴がある。
　確かに、高速鉄道の建設などの分野では、党が指導的役割を果たしている。中国は世界のどの国よりも多く高速鉄道を建設しており、中核となる中

## オープンイノベーションの3局面を乗り切れ

● オープンイノベーションの3局面

イノベーション創成

イノベーションの **3** 局面

イノベーション拡散

イノベーション吸収

● オープンイノベーションへの満足度

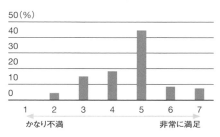

注：2008年から2011年までの活動について、欧米の上場大企業65社の本社幹部が回答

出所：ヘンリー・チェスブロウ、サビン・ブランズウィッカー共著『Managing Open Innovation in Large Firms』(2013年)

国中車（CRRC）は国有企業で、政府と共産党の影響を強く受ける。

しかし、他のセクターでは必ずしもそうではない。旧ソビエト連邦や毛沢東時代の中国では政府が産業政策に強く関与した結果、経済的には立ちゆかなかった。そうした失敗から得た教訓により、中国共産党は、産業政策における意思決定の多くを市場に委ねるようになった。時折、自分たちのため決定を覆すことはあるが、それは例外的な措置だ。

具体例として、チェスブロウ教授は、半導体産業と自動車を挙げる。

数千社ある半導体メーカーを見ると、2つの違うセグメントが存在する。

まず国営企業や、国営から民営化した企業のセグメントだ。巨大で政府と良好な関係にあり、銀行とも親密だ。だが、想像通り、あまりイノベーティブではない。

なぜ中国の半導体産業が力をつけてきたかといえば、民間スタートアップや外資系企業の中国現地法人などに、"好き勝手"にさせているからだ。余計な管理も規制もかけず、その結果、ここから大量の新技術とイノベーションがもたらされる。

1つ目の、国が管理するセグメントは国内向けにビジネスを展開し、2つ目は日本、韓国、欧米のグローバルサプライチェーンの一部に対してビジネスを展開する。高速鉄道業界とは、全く違った風景だ。

　さらに販売台数が年間約2500万台と世界一の規模になった自動車産業。ここでも半導体産業と似たパターンが見られる。国営企業はイノベーティブではなく、あまり輸出せず、販売のほとんどは国内向けだ。だが、やはり外資系企業のスタートアップと中国企業との合弁会社をはじめとする非国営のセグメントが、新技術とイノベーションのインキュベーターだ。

　半導体に比べると自動車は、国内向け内需企業が中心で革新性で劣るため、伸び悩んでいるように見える。だが、チェスブロウ教授は、米国人のみならず、世界の人々が抱く一般的な中国観は、実体と異なると指摘する。


## ● 中国の教育投資を侮るなかれ

　米国人はとかく中国は巨大な一枚岩だと考える。しかし13億人の多民族が数十もの省・地域に分かれる国が一枚岩であるなどあり得ない。

　産業面も同様で、すべての国営企業が非革新的なわけではない。既に紹介したCCRCなどは、中国政府をバックに技術力を磨き、海外市場にどんどん攻勢をかけている。今では世界最大の、最も競争力の高い技術力を持つ鉄道車両メーカーの1つだ。

　米国は40年前、技術で日本が自分たちからリーダーの座を奪うと懸念した。だが日本経済が最強と言われた時でさえ、社会も経済も、米国よりはるかに規模が小さかった。

　一方、中国は米国より人口が多く、経済成長も速い。あと数年で、中国経済は米国経済より大きくなる。購買力は米国を抜いた。今後は、イノベーションでも脅威だ。国策によるインフラ投資と最先端分野での自由さに加え、米国よりはるかに多額の資金を教育に投じているとの指摘もある。

　米国は旧ソ連に脅かされた時も、日本に脅かされた時も、より多く教育にお金をかけて競争力を維持してきた歴史がある。中国の教育システムにはま

## 中国は自動車販売が鈍化、米国は研究開発が鈍化

● 中国の自動車販売台数の推移

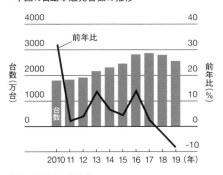

出所：中国汽車工業協会

● 米国における研究開発費の国内総生産（GDP）比

出所：米国科学振興協会（AAAS）R&Dレポートシリーズ

だ改善の余地があるが、教育への投資総額で米国を抜いているなら、これまで米国が経験したことのない事態だ。

　それだけに米中関係は今後、世界にとって想像以上に重要となる。中国と信頼や協働といった関係が構築できればよい。そんな状況で中国が新型コロナウイルスの優れたワクチンを開発したら世界中が喜ぶ。しかし素晴らしい知識を持つ国が、急速に軍隊を育成し、成功と繁栄を重ねるに従い、過激に振る舞うようになったら、これほど危険なことはない。

　不吉な兆候として、チェスブロウ教授は最近の中印の国境対立を挙げる。

　ヒマラヤ山脈における中国・インドの国境争いをご存じだろうか。中国は、係争中の地域を（武力で）占拠した。そうした国が、より優れた知識と教育を備えたら、何が起こるだろうか。多くの緊張がもたらされるのは間違いない。

## 第 **5** 講　[特別講義]
### コトラー教授から、ニューノーマルのマーケティング論

# 顧客とのリレーションシップを
# 再考し、新しい戦略へ移行せよ

フィリップ・コトラー　*Philip Kotler*

米ノースウエスタン大学ケロッグ経営大学院名誉教授

1931年生まれ。米シカゴ大学で経済学の修士号を取得、米マサチューセッツ工科大学（MIT）で経済学の博士号を取得（Ph.D.）。その後、米ノースウエスタン大学ケロッグ経営大学院の教授に就任。「マーケティングミックス」を定義し、顧客のセグメンテーション・ターゲティング・ポジショニングを説くSTP分析で知られる、近代マーケティングの父。主要な学術誌に80点を超える論文を寄稿してきたほか、『マーケティング マネジメント』（鹿島出版会）、『マーケティング原理―戦略的アプローチ―』（ダイヤモンド社）、『コトラーのマーケティング4.0』（朝日新聞出版）など著書多数。

## ➤ 講義の前に ── 教授の横顔

　フィリップ・コトラー教授に関して、筆者は残念ながら本書刊行に間に合うタイミングでは、インタビューの機会に恵まれなかった。本講は、同僚の日経ビジネス・中沢康彦副編集長のネットワークを通じて実現した寄稿を編集した。2020年のコロナ禍を受けた、コトラー教授による日本社会に対する最新の情報発信である。寄稿に関するコトラー教授の広報窓口として多大な協力をいただいた米国在住のフリーランス・エディター、大坂裕子氏に、この場を借りて深く感謝したい。

　コトラー教授といえば、マーケティングの権威。その名を知らないビジネスパーソンは、日本でもほとんどいないのではないか。

　だが、プロフィル（左ページ）に見るように、コトラー教授は経済学博士であり、厳密には経済学者である。米シカゴ大学では新自由主義を広めたミルトン・フリードマンやフランク・ナイトに学び、そしてMITではポール・サミュエルソンからケインズ経済学を、そしてロバート・ソロー教授からイノベーションと技術が経済成長に果たす役割を学んだという。つまり、戦後の経済学の礎を築いたノーベル経済学賞受賞学者3人に学んだのである。その後ハーバード大学で、数学や行動科学も学んでいる。

　本書刊行後に予定するインタビューの準備のため、本書の編集中、コトラー教授とメールを交わした。

　その際、教授に「これは読みましたか？」と問われたのが、自伝『My Adventures in Marketing』だ。そこにはこうあった。「マーケティングは応用経済学の一分野だ。私がこの分野に貢献してこられたとしたら嬉しい」。つまりコトラー教授は、産業組織論を経営戦略に持ち込んだ経済学者であるマイケル・ポーター教授同様、経済学の考え方をビジネスに本格的に応用した経営学の大家であり、応用経済学の実用化に対する思いは、いまだ不変なのである。

　とはいえ、その圧倒的な知名度は、マーケティングという専門分野に起因するだろう。マーケティングがカバーする領域は広く、興味を持つ人の裾野も広く、誰にとってもとっつきやすい。少なくとも、金融理論や財務の知識が必須になるコーポレートファイナンスと比べれば、圧倒的に親しみやすいといえるだろう。

　研究者から見れば、裾野の広さの分だけ参入障壁が低く、実務家出身を含めて数多くの多種多彩な専門家が世界中に存在する。一方で、経済学の分野で計量的なマーケティングを究めている専門家も増えており、それはコトラー教授の悲願でもあったのではないか。

　社会に対する議題設定という面で、コトラー教授以上の影響力が

ある専門家はいないと思う。コトラー教授のもう1つのすごさは、"アジャイル（俊敏）"な影響力である。富士フイルムの古森重隆会長などは代表格だが、著名経営者や識者らに取材すると、「このあいだ、コトラー教授に会ったらこう言っていた」、「コトラー教授がこんな新しいことを提唱した」といった話がしばしば飛び出す。もうすぐ90歳という大ベテランながら、今も新しい情報発信を絶やさない、進化し続ける大家である。教授の存在自体がマーケティングのお手本のようなものだ。事実、2017年、86歳の時に刊行した先の自伝にも「私は心も体もまだ60歳のように感じている。引退する気など毛頭ない」と記している。

　コトラー教授といえば、『コトラー＆ケラーのマーケティング・マネジメント』（丸善出版）。マーケティング業界では誰もが知る定番の教科書だ。原著は、1967年の初版刊行から改訂を重ね、現在、第15版に至っている。日本語で最新の第12版が1000ページという大著だが、広く長く読み継がれている。
　しかも、そんな過去の実績に満足することなく、世の中の激しい変化に応じて次々と新しいコンセプトを生み出し続けている。コトラー教授のマーケティング論は、製品志向の「1.0」から、顧客志向の「2.0」、価値主導の「3.0」を経て、ソーシャルメディアの登場やスマートフォンの普及といった社会の変化を受け、自己実現を重視する「4.0」に更新され、近々本格的な「5.0」に至りそうだ。
　本書冒頭に登場いただいたマイケル・ポーター教授が、21世紀に入ってCSV（共有価値の創造）のコンセプトを打ち出したのと、ある意味、似ている。やはり、巨人は生涯、学び続け、成果を出し続ける。新しいコンセプトを打ち出すやすぐに評判が伝わってくるコトラー教授の啓蒙活動からは、とりわけその印象を強く受ける。
　新型コロナウイルスの感染拡大を受けて、緊急に寄稿いただいた本講で、コトラー教授が経営者に推奨する「新しい戦略への移行」は、教授自身が意識して実行し続けてきたことではないだろうか。

　新型コロナウイルス感染拡大が日本国内でピークを迎えていた2020年4月16日、経営学の泰斗、フィリップ・コトラー教授が、日経ビジネス電子版に緊急寄稿した。新型コロナウイルスの影響が「ニューノーマル」をもたらすと見るコトラー教授。経営者は新しい状況に適応しながら、回復力を高め、創造力を発揮すべきであり、決断を誤れば、ブランド価値の毀損にもつながりかねないという。

　新型コロナウイルスの感染拡大が世界中を襲っている。「コロナ・パンデミック」に対して、私たちはまず、それを撲滅するために全力を尽くさなければならない。

　現代人は自然を征服できると信じて生きてきた。しかし、結局のところ、自然は私たちを征服する能力を持っている。それを示すのが今回の出来事だといえるだろう。細菌やウイルスは地球上にある生命の一部であり、我々は細菌やウイルスと一緒に暮らしながら、それらをコントロールすることを学ぶ必要がある。

　大変な状況だが、これは変化をもたらすきっかけになる一面がある。世界中のほとんどの人々は、新型コロナウイルスの感染拡大を前にして「自分たちの元の生活に戻りたい」と思っている。しかし、振り返ってみれば多くの人々にとって、その生活がそれほど良いものだったかといえば、実は必ずしもそうではなかった。多くの人々は貧しかったし、おなかをすかせていたし、そして何よりも働きすぎていた。

　私たちは今回の出来事をきっかけにして、いろいろなことを変えていくことになるだろう。そして、ここから多くの人々が充実し満足する生活ができる機会が得られる「ニューノーマル」をつくっていくべきだ。

## ● 米フォード・モーター、車の広告を休止

　ニューノーマルの下ではマーケティングの在り方も大きく変わる。企業は消費者や競合他社の行動や政府の規制が大きく変化したことを踏まえて、製品やサービスの戦略、メディア・プランニングやリレーションシップを再考

する必要がある。

　もっと言えばバリュープロポジション（競合と違うポイントをメッセージの中に入れた提案）、製品ライン、市場セグメント、価格設定、チャネル、および地理的領域を見直さなければならない。企業が忠誠度の高い顧客の興味を引き付けて維持するためには、ソーシャル・プログラムやパーソナライゼーションへの投資が継続的に必要であることが見えてくるだろう。

　既にいくつかの興味深い企業のケースが出てきている。

　例えばカーメーカーの米フォード・モーターは車両を宣伝する全国的な広告を一時休止し、その代わりに新型コロナウイルスへの対応を説明する新しいキャンペーンを展開した。例えば、クレジット部門は支払い期限を遅らせることでローン支払いの救済を提供。新車購入者は最初の支払いを90日間遅らせることができるようにした。

　フォードはまた、学校に通っていない子供たちのための食糧プログラムを支援するなどのチャリティー活動を増やしている。ユナイテッド・ニグロカレッジ・ファンドとの緊急援助プログラムも開始。従業員向けには在宅勤務ポリシーを制定した。

## ● 米バーガーキングは新キャンペーン

　ホテルの米マリオット・インターナショナルは、医療従事者と地域介護者への支援を強化している。

　新型コロナウイルスと戦っている医療専門家に1000万ドル相当のホテル滞在を提供することを約束。ニューヨーク、ニューオーリンズ、シカゴ、デトロイト、ロサンゼルス、ラスベガス、ワシントンDC、ニューアークの各都市において、真っ先に救助の現場に向かう「ファースト・レスポンダー」（第一救助隊）と医療専門家に対して無料か通常より低料金で客室を提供した。展開する多くのホテルでは食料品、クリーニング製品、マスク、手袋、抗菌ワイプ、消毒剤、シャワーキャップを提供した。

　ハンバーガーチェーンの米バーガーキングは、10ドルを超える注文の配達

料金を免除する新しい広告キャンペーン「Stay Home of the Whopper（ワッパー、同社のハンバーガーの一つ）」を企画した。広告には医療従事者たちへのワッパーの寄付、米国の看護師財団のコロナウイルス対応基金を支援する寄付について紹介している。

美容・化粧品のブランドは、新型コロナウイルスの感染拡大により世界各地で店内の美容トリートメントやサービスを中断した。サロンとスパを閉鎖せざるを得なくなり、売上高の約80％を失ったところもある。

そんな中でも顧客と強いつながりを保つためにデジタル技術を使用する方法を模索するのが、ニューヨーク発祥のスキンケア・ブランドのキールズだ。バーチャル・コンサルティングを開始。ユーザーを積極的にサポートする。他のブランドにおいては「家庭用フェイシャル・キット」を発売するなど、新たな対応が目立つ。

このほかにも、家庭用品のユニリーバは、チャリティーとして1億ユーロのクリーニング製品などを提供するほか、商品のサプライヤーに対しても5億ユーロのサポートを提供することを約束した。ビール会社のモルソン・クアーズはバーテンダー向けの緊急支援プログラムに100万ドルの提供を誓約した。

## ● 決断が今後の経営に影響

企業経営にとって、新型コロナウイルスが及ぼす影響はもちろん大きい。その中で生き残るために、企業は「やらなければいけないこと」を、やはり、しっかりやらなければならない。

その過程では、顧客を失うことがあるかもしれない。仕事のない従業員に給料を支払うこともあるかもしれない。いろいろな支払いも同じようにしなければならないかもしれない。あるいは、景気の悪化によって貸し渋る銀行が出てくるかもしれない。それでもすべきことに取り組む必要がある。

困難を乗り越えながら、企業は「顧客をどのように維持するか」「どの従業員を解雇するか」「どのサプライヤーやディストリビューターと取引を続けるのか、あるいは打ち切るのか」「誰に対してどんなサポートをするのか」など

を決定していくことになる。こうした一連の決断を、長い間築いたブランド
や評価を損なうことなくできるかどうか。決断の在り方によって、様々な影
響が出てくるはずだ。

## ● 「電源をすぐに再びオンにできる」ように

　今後を考えたとき、経営者には3つの選択肢があるだろう。1つ目はそれ
までやってきたことを継続するという方法だ。2つ目は新しい戦略に移行す
ることが考えられる。そして、3つ目は経営することをあきらめ、会社を売
却したり、場合によっては破産したりすることだ。

　私が支持するのは2つ目の、新しい戦略への移行だ。これは新しい状況に
適応しながら、回復力を高め、創造力を発揮する在り方だといえる。

　ではそのためにどうすべきか。考え得るすべての行動を明確にするために
は、徹底したブレーンストーミングをすることを挙げたい。そのときに大切
なのは、顧客と従業員にとってベストな方法を選択することだ。ここが大き
なポイントになる。

　状況は厳しくとも、新型コロナウイルスの感染はいつか収束する。そのと
きに備えて「電源をすぐに再びオンにできる」ようにしておくのだ。すなわ
ち、マーケティングのプログラム、商品の価格、販売チャネルを調整するこ
とによって、自社にとって最適な位置、状況、サイクルを維持できるように
準備しておくべきだ。

　そのためにもまず、経営者はすべての従業員に対して現実をしっかり示す
姿勢が欠かせない。今置かれた状況をきちんと説明し、会社を守り、そして
再び成長軌道に乗せるために現実的な計画を示すべきだ。

第**3**章

# 経営の目的とは何か

　米国を中心とする株主第一主義（株主至上主義とも呼ばれる）の行き詰まりが鮮明だ。世界の経営学者たちが抱く危機意識の深さは、最終講義のミンツバーグ教授に譲りたいが、具体的な解決策として、CSR（企業の社会的責任）やCSV（共有価値の創造）、国連のSDGs（持続可能な開発目標）を背景にしたESG（環境・社会・統治）投資など、新しいコンセプトが続々と生まれている。ROE（自己資本利益率）を高め、配当性向を高めれば投資家から評価されていた経営者の立ち位置も大きく変化している。

第 **6** 講　**社会的インパクト投資**

# 寄付も植林もESGではない

ジャズジット・シン　*Jasjit Singh*

仏インシアード経営大学院戦略教授

1991年、インド工科大学デリー校卒業。米ジョージア工科大学で経営科学とコンピューター科学の両修士号を取得、2004年に米ハーバード大学で経済学修士、同経営大学院でビジネス経済学の博士号を取得（Ph.D.）。戦略、イノベーション、持続可能な開発、社会的インパクト投資が専門。欧州とインドのアクセンチュアの経営コンサルタントなどを経て2004年から現職。

## ➤ 講義の前に ── 教授の横顔

　ジャズジット・シン教授はインド出身の経営学者である。米マサチューセッツ工科大学（MIT）よりも難関と言われることもあるインドの名門、インド工科大学を卒業し、最終的に米ハーバード大学でビジネス経済学の博士号を取っている。

　現在は、仏インシアード経営大学院のアジアキャンパスに在籍し、社会課題とビジネスの関係をテーマとする研究活動における中心的な存在となっている。マイクロファイナンスをはじめ、途上国におけるビジネスのケーススタディを数多く執筆し、社会的インパクト投資の研究には並々ならぬ情熱を注いでいる。その熱量は、シン教授がインド出身であることと無関係ではないはずだ。

　本講の取材は、電話で実施したので、その人柄に深く接することはできなかったが、対応が常に迅速で、終始フレンドリーに応じて

くださったのが印象的だった。

　取材をしたのは2019年9月だったが、電話を切った後、シン教授の問題意識は日本の読者には先進的すぎて、一般的にはまだ受け入れられないのではないかと感じた。ゆえに、雑誌への掲載は2020年2月まで待った。筆者の体感でいえば、2019年の夏から秋、冬をへて、日本でも社会インパクト投資やESG投資への認知がかなり浸透したのではないだろうか。

　シン教授が所属するインシアード経営大学院は、フランス・フォンテンブローとシンガポール、アブダビに拠点を置く国際的なビジネススクールである。

　米国のハーバードやスタンフォードのように幅広い学問分野をカバーする伝統的な大学とは違い、経営大学院（ビジネススクール）に特化し、エグゼクティブ（経営幹部）向けのプログラムなど、ビジネス界への教育研修活動でも知られている。

　特化型の経営大学院とはいえ、MBA（経営修士）コースだけでなく、博士課程もあり、有力な研究者の招へいや育成にも力を注ぎ、近年は研究活動でも実績を上げている。筆者にとっては、最新の知見を得たり、米国以外の地域のトレンドを知ったりするために、定期的に教授や関係者に取材し意見交換させていただく、親近感があり信頼できるビジネススクールの一つである。


　国連が提唱するSDGs（持続可能な開発目標）の浸透などを通じて、社会課題の解決を主目的とするビジネスが本格的に脚光を浴びつつある。例えば、清潔な水を貧困地域に安価に提供するといった事業を手がける「社会的企業」。あるいはマイクロファイナンス、CSR（企業の社会的責任）、CSV（共有価値の創造）、ESG（環境・社会・統治）など、様々なコンセプトが登場してきた。最近注目されているのが「社会的インパクト投資」である。では、ジャズジット・シン教授に話を聞いていこう。

ESGは、環境、社会、ガバナンス（統治）を意味する。会社が社会にどう影響を与えているかを見極めるうえで重要な3つの側面だ。伝統的な経済取引では、お金を稼げている限り顧客の役に立っているから、既に社会に対して価値を創出できていると考えてきた。だが世界は、企業の財務データの数字を測るだけでは不十分だと考えるようになっている。

　ESGのE（Environment）は環境で、環境にどう影響を与えているかだ。

　2番目のS（Society）は、社会のステークホルダーに与える影響に対して、どのような実績を出しているのかだ。「S」は従業員であり、取引先であり、コミュニティーでもある。

　そしてG（Governance）はガバナンス、つまり企業統治であり、企業経営そのものだ。適切に会社を経営することである。


　つまり、企業が数字だけでなくE、S、Gという3つの分野でどう成功を収めているかが重要なのである。例えば、企業に関係の深いGはこうだ。


　G、すなわちガバナンス（統治）とは、例えば、適切な経営プロセスが取られているかどうか、（意思決定の）透明性、取締役会の多様性、報酬は適切か、株主の権利を守り、会社が（社内の権力を持つ者に）だまされることのないような（外部の）株主が存在しているか──などである。この定義から考えれば、ガバナンスが重要になりつつある昨今のトレンドから読み取れるのは、市場メカニズムに依存するだけでは企業経営にはいつでもおかしなことが起こり得ると、世間が気づき始めたということだ。

　資本主義のもと、我々は市場で商品を売買でき、仕事を得て富を生み出し、自分や家族の生活水準を向上させることができる。その意味で、企業の目標の一つは市場で高く評価されることだ。高く評価されればされるほど、手に入れる富や社員の生活水準は上がっていく。だが、市場で高く評価される振る舞いが必ずしも社会にプラスの影響を与えるとは限らない。現在は、その影響に対する企業の認識や対応が恐らくまだ不十分で、しっかり考えられていない状況だ。

Gが適正でない企業は、往々にして、EやSでも投資家を納得させられない。

気候変動が激しくなり、昨今、最も関心が高まっているのが最初のE、環境対応だ。過去20年のデータでも、気候変動の現象がより多く見られるようになった。地球温暖化や資源破壊などが見られていることに、人々の関心が高まっている。そんな中、いくら収益を上げていても、環境に負荷を与える企業活動をしていては、投資家の賛同は得られない。

Sに注目すると、さらにハードルが高くなる。

今、問題になりつつあるのは、一般的には世界で貧困が緩和されているとしても、格差が必ずしも緩和されていない点だ。富める者は、貧困から裕福になるよりはるかに速いスピードでさらに豊かになる。言い換えれば、貧困層の生活が徐々に改善していても、その改善スピードより速いスピードで、富裕層にさらに多くのお金が流れ込んでいる。世界経済が市場メカニズムと資本主義に頼りすぎた結果だが、企業が格差を是正する活動をしてほしいと、政府や市民が期待している。企業は、これまでになくESGを重視する方向で活動する必要がある。

## ● CSRとESGの違い

CSR部署を創設したり、植林活動をしたり、学校を作ったりするなどで社会貢献をしてきた企業は多い。そうした活動は今後も評価されるのか。

これまで、社会貢献に熱心な企業がやってきたのは、儲かった時にCSR部署を創設したり、慈善事業専門の部署をつくり社会に還元したり、寄付したり、貧しい人々に寄贈したり、学校や公園、運動場を造ったりするようなことだった。しかし次第に、単にビジネスの利益を社会に還元するのでなく、社会に不利益を起こさないやり方でビジネスをしていくことこそが社会貢献との認識が広まりつつある。

つまりESGは、従来の社会貢献とは似て非なるものといえる。いずれにせよこれからは、投資家の目線から見てESGの取り組みに積極的でない企業の立場は、確実に悪くなっていきそうだ。投資家も変化している。

　歴史的に見れば、30〜50年前まで環境は大きな問題ではなかった。だからEへの注目はなかった。一方、社会的な貢献への期待はずっとあったが、かつては単なる利益の還元が期待された。それに対し、今は格差そのものの是正に貢献することが求められる。ガバナンスは、企業倫理は言うまでもなくルールに従うこと。これも以前から重要だったが、優先順位は財務データの数字より低かった側面がある。さらに今、財務面と社会面の双方で目標利益を達成するため、社会に改善をもたらす社会的企業などを投資対象に組み込む「社会的インパクト投資」に世界的な注目が集まる。

## ● ポーター教授が転換点

　ESGをはじめ、社会課題に意識を向けた経営が企業に求められている。
　社会的インパクト投資は、新たな企業評価基準にも影響しそうである。米ハーバード大学のマイケル・ポーター教授が2011年に提唱したCSVは、社会を改善する価値の創造を企業戦略に組み込み、収益を高めるというコンセプトだった。シン教授は、「CSVの登場は、社会課題解決を目指すビジネスにおいて転換点になった」と話す。

　CSVは、ポーター教授が生み出したコンセプトである。社会課題解決ビジネスに関わる多くの人は、「ポーター教授のCSVが登場したおかげで（企業による社会課題の解決に対して）世間の関心が高まってとても良かった」と言っている。
　しかし、企業と社会課題の解決をリンクさせることを最初に提唱したのがポーター教授かというとそうではない。以前から同じことは提唱されてきたが、ポーター教授がCSVという新しい言葉を生み出すことにより、世に広めた。ポーター教授の企業経営トップ層における影響力が大きいからだ。

## 何を念頭においてどこに1ドルを投資するか?

● 社会的インパクト投資を考える時のイメージ

| オプション 1 | 慈善事業 | 1ドルごとに20人の貧しい人が、塩を得られるが、リターンはない。 |
| オプション 2 | 社会的企業 | 1ドルごとに15人の貧しい人が塩を得られ、0.9ドルのリターンがある。 |
| オプション 3 | 営利企業 | 1ドルごとに1.2ドルのリターンがあるが、塩不足には何の影響もない。 |

出所：シン教授らの共著論文『Categorical Cognition and Outcome Efficiency in Impact Investing Decisions』から作成
※「ストラテジック・マネジメント・ジャーナル」誌（Volume 41, Issue1 January 2020）に掲載

CSVの登場は、この分野における転換点になった。つまり出発点ではなく、CSVをきっかけに（企業の社会貢献的な活動スタイルが）より関心を集めるようになったということだ。CSVの登場以来、単なるCSR活動だけでは不十分である、と人々が言い始めた。ESGや持続可能性について、そしてCSVについて、事業と別ではなくビジネスの一部として考えなければならなくなった。

ポーター教授はもともと、マーケティングの基本戦略をフレームワーク化し、ビジネス界に大きな影響を与えた研究者だ。CSVではさらに、社会課題解決ビジネスにおける戦略的な考え方を提示した。社会課題解決ビジネスのフレームワーク化に成功した、という言い方もできるかもしれない。

広い意味でいう社会課題の解決のための投資には、長い歴史がある。徐々に企業を巻き込んで、今や一般市民も巻き込みつつある。だが投資家サイドと戦略サイドでは少し位置づけが違う。企業の間では投資家サイドに比べ、自社の戦略の一環として、かなり以前から社会課題の解決に対して問題意識があった。

例えば、インドのタタ・グループが150年余り前に登場した時、創業者は労働者階層のためにかなり投資し、そのコミュニティーを充実させようとし

た。インドにはそのような会社がほかにもたくさんある。英蘭ユニリーバが100年以上前に英国で誕生した時代に戻ったら、同社の経営者が、労働者に投資する必要がある、労働者とその家族の面倒を十分に見なければならない、と言っている姿を見るだろう。いずれもESGのSパートの活動だ。こうした戦略としての社会課題解決は、一部の企業にとっては長年してきたことだ。

　タタやユニリーバがかつて労働者階層への投資を重視したのは、巡り巡って自社の経営基盤の強化につながると考えたからだ。さらに最近、かつてはNGO（非政府組織）やNPO（非営利組織）の持ち場だった「社会課題解決」分野が脚光を浴びていることで、ここに新たに取り組む企業が増えている。これは、投資家の変化が大きく影響している。

　企業は長年ESG的な活動をしてきたが、投資家がESG的な活動により注目するようになったのは最近だ。企業は、事業拡大・安定戦略の一部として社会課題解決を考えてきた。一方投資家は今、（ESGに積極的な企業は）かなりの部分、リスク管理のレベルが高いと位置付けている。

　今日、もし企業がESGを管理できなければ、投資家は大きなリスクと見なす。トラブルやスキャンダルに巻き込まれたり、政府から巨額の罰金を科せられたりしやすいと見なす。しかし企業がESGに適切に取り組めば、そうしたリスクが低減されると期待する。私は、リスク削減の意識が高い企業こそESGを大きく推進していると考える。あるいは、ESGに取り組んでもうまくいかない企業があれば、内部に何らかの対立やトレードオフが生じているはずだ。こうした企業は早晩問題を起こす可能性が高い。


### ❍ 問題防止から問題解消へ

　近年は投資家が、ESGの概念をさらに高めた「社会的インパクト投資」を実施する企業に注目しているという。どのような活動か。

　ESGの考え方は、世界をなるべく傷つけないようにするというものだ。格

## 「社会課題解決」への投資は急成長

● 国・地域別「サステナブル投資」の伸び（現地通貨ベース）

| 単位：1000億 | 2014年 | 2016年 | 2018年 | 2014～16年の成長率 | 2016～18年の成長率 | 年平均成長率（2014～18年） |
|---|---|---|---|---|---|---|
| 欧州（ユーロ） | 98.85 | 110.45 | 123.06 | 12% | 11% | 6% |
| 米国（ドル） | 65.72 | 87.23 | 119.95 | 33% | 38% | 16% |
| カナダ（カナダドル） | 10.11 | 15.05 | 21.32 | 49% | 42% | 21% |
| オーストラリア／ニュージーランド（オーストラリアドル） | 2.03 | 7.07 | 10.33 | 248% | 46% | 50% |
| 日本（円） | 8.4 | 570.56 | 2319.52 | 6692% | 307% | 308% |

注：サステナブル投資＝ESG（環境・社会・統治）の要素を選別に組み込んだ投資の総称。日本以外は2017年12月31日現在。日本は18年3月31日現在で算出

出所: 2018 Global Sustainable Investment Review

差を拡大しない、二酸化炭素排出を増やさない、などというものだ。社会的インパクト投資はそれを一歩進め、世界を修復しようとする。ESG全般に取り組むのは言うまでもなく、事業により社会課題の解決を試みる。

　例えばメーカーがESGに取り組むとする。ソフトドリンクメーカーなら、使う砂糖や水の量を減らし、工場の公害を減らそうとするだろう。それに対して社会的インパクト投資は、健康改善につながる飲料を開発したり、飲料製造技術を活用し水質浄化に取り組んだりする。解決を狙う社会課題は様々だ。社会の格差、気候変動、生物多様性の問題……。貧困国での教育問題に事業で関与することも含まれるかもしれない。世界に前向きなインパクトを起こすビジネスを創るのだ。

　最初から「何をインパクトと呼ぶか」を定義するのが、社会的インパクト投資で最も重要だ。解決しようとしている社会課題は何か。明確な戦略も必要で、改善できているかどうか進捗を測る指標も必要。実際に課題を解決することが重要なのだ。

　世界の企業がESGに本腰を入れるようになったのは、「TCFD（気候関連財務情報開示タスクフォース）」が、2017年に出した報告書がきっかけとさ

れる。TCFD は、主要国の金融当局からなる金融安定理事会（FSB）が、G20 の要請を受け 2015 年に設置した国際的な組織だ。この報告書が、企業や投資家、金融機関などに対し、財務に影響がある気候関連情報の自発的な開示を推奨したことで、投資家の視点が大きく変化した。

　気候変動が企業の長期的な業績を決定する要因の一つならば、環境保護や温暖化防止に積極的な企業は経済全体の発展にも貢献することになる。実際、米投資ファンドのブラックロックのラリー・フィンク CEO（最高経営責任者）が 2020 年 1 月 14 日、ESG を重視する企業への投資を軸にした運用を強化すると表明した。

　逆に言えば、ESG に無関心な企業は、本業がどうであれ、投資が集まりにくくなるだろう。金融関係者によれば、欧州の投資家の間では化石燃料を扱う企業から資金を引き揚げようとする動きも目立つという。シン教授は「これからの企業は ESG に対応しながら稼がねばならない」と語る。

　企業サイドは ESG を 2 つの視点で見ている。一つは、ESG に力を入れないと、社会や市民から評価されないという視点。もう一つが ESG に消極的だと取引先として評価されないという視点だ。

　つまり企業から見れば、BtoB、BtoC の双方で ESG に対するプレッシャーが高まってきたということだろう。

　我々は、消費者も従業員も企業の ESG を大変気にかけているという調査結果を手に入れている。従業員を雇う時、とりわけ 2000 年以降に社会に進出するいわゆるミレニアル世代を雇う時、ESG で実績がないと、優秀な人材を採用するのが大変難しい。また過去それほど社会課題の解決に関心がなかった会社までが、よい製品をつくるだけで満足すべきでない、従業員を大切にし環境に負荷を与えるべきでない、と取引先に期待するようになった。

　そしてここでいう ESG には、寄付をはじめとする経営者の個人プレーは含まれない。

● 総投資額に対するサステナブル投資の割合

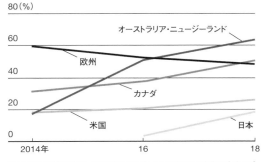

注：日本の2014年のデータはアジア全体に含まれていたため個別に存在せず
出所：2018 Global Sustainable Investment Review

## ● ベゾス氏が尊敬されない理由

　象徴的な例が、米ネット通販大手アマゾン・ドット・コムだ。創業者で
CEOのジェフ・ベゾス氏は、米フォーブス誌の世界長者番付で、2018年か
ら2年連続で世界1位になった資産家だ。2018年、ベゾス氏が個人的資産か
ら慈善事業に寄付したと報道された時、評価されるどころか数多くの批判に
さらされた。世間は「寄付より、アマゾンの労働環境を何とかするのが先」
と反応した。アマゾンには従業員を大切にしていないという評判が付きまと
い、それをまず改善すべしというわけだ。

　つまり大企業や、ベゾス氏に代表されるような裕福な企業家は、個別に慈
善的な行為をするだけでは評価されず、自らの経営の中できちんと社会課題
の改善に取り組むことが求められる。従業員をフェアに処遇し、環境に配慮
して事業を展開しなければ厳しい批判を浴びる。そうした批判は社外だけで
なく、会社の内側からも寄せられる時代になりつつある。

　2019年秋、アマゾン本社で1000近くの従業員が、会社に対し気候へのポ
リシーを改善するように抗議したと報じられた。そのころ、アマゾンは
2040年までに達成する二酸化炭素排出量の努力目標を発表していたが、従

業員らは、環境対応をもっと積極的に速く進めるべきだとしたのだ。企業の
CEOや管理職は今後、従業員や雇いたいと思う優秀な人からも、こうした期
待を日常的に突きつけられる。

　一連の動きも受け、ベゾス氏は2020年2月17日、地球温暖化対策の個人
的な基金を設立すると発表した。まず同年夏に100億ドル（約1兆1000億円）
を投じるとした。

## ● ESGがもたらす価値観の転換

　ESGの広がりを加速させたTCFDは、右ページ図のような形で統治、戦
略、リスクマネジメント、指標と目標といった内容を企業経営に盛り込むこ
とを推奨する。耳を貸さなければ国際社会の評価はじわじわと下がるだろ
う。

　G、つまり統治面の不備で社会的評価を落とした点では、米フェイスブッ
クが良い例だ。人々のプライバシーを十分に守っていないと厳しい批判を浴
びてきた。ESG評価に基づき、フェイスブックについて、プライバシーをめ
ぐる統治を整えるまで格付けを低くすると判断した格付け会社もある。
　企業活動の日々の問題点は、インターネットやソーシャルメディアで容易
に見つかる。30年前であれば、会社が遠いどこかの国で従業員を手荒く扱っ
ても表に出にくかった。今は局地的な振る舞いも、ソーシャルメディアで世
界中に広がる。

　スイスのネスレも痛い思いをした企業の一つだ。

　10年ほど前、スイスのネスレのチョコレート菓子「キットカット」に対し
て大規模な抗議があった。同社が使う原材料はインドネシアの森林を伐採し
て開発した農園から採取されていて、持続可能ではないと環境団体が訴えた
のだ。昔なら取引先がしたことで当社は買っただけと申し開きできた。だが

## 多岐にわたる項目の開示を推奨

● 気候関連財務情報開示タスクフォース（TCFD）の推奨内容

出所: TCFDのウェブサイトやサステナビリティ日本フォーラムの資料などから作成

世界は、大企業自身が間違いを犯さないよう心がけるだけでなく、取引先や提携先が間違いを犯さぬよう目配りすることを期待している。

　企業が透明性を高め、自社だけでなくサプライチェーンの中で何が起こっているのか注意し、全体がクリーンだと立証する負荷が高まっている。

　ESGの広がりで、企業が環境や人を傷つける経営をすることや、その基盤となるコンプライアンス整備に消極的なことに対して、投資家や消費者の目が厳しくなってきた。さらに、社会的インパクト投資という、ESGより一歩進んだ、社会課題の解決が第一目的である投資スタイルも現れている。

　従来との違いは、寄付のように資金を提供するだけに終わらず、投資や事業活動として社会課題に取り組むこと。実際にどの程度解決に役立ったか、投じた資金からどのような収益が得られるかの立証にも規律が求められる。

　社会的インパクト投資には、2つのセグメントがある。1つはインパクト・ファースト・インパクト投資だ。つまり収益より社会に与えるインパクトを優先する投資である。こうしたインパクト投資を本業にする組織としては、発展途上国の貧困問題に取り組む米国のNPO(非営利組織）アキュメンや、米イーベイの創業者が米国で設立した、社会課題解決を目指す国際的な投資

会社オミダイアネットワークがある。

　インパクト・ファーストの人々は、重要な課題の解決を志す社会的企業に
投資する。お金が戻ることを期待するが、それが一番重要なわけではない。
最も重要なのは、社会課題の解決。そして多少の見返りを期待する。もう1
つは、ファイナンス・ファースト・インパクト投資だ。インパクト・ファー
ストとは逆に、投資の見返りを最重要視しつつ、投資先の企業活動を通じ社
会課題の解決も狙う。

　いずれにしても今の時代、ESG投資に積極的であることが、資金調達面
で有利に働く環境になりつつあることは間違いない。

## ● インパクト投資は急成長

　ESG投資の市場規模は、大体10兆ドル（約1100兆円）以上あるとされる
のに対し、社会的インパクト投資の市場規模はまだ5000億ドル（約50兆円）
程度とみられる。が、小さいとはいえ急成長している。スイスにある世界で
最も大きな銀行の一つ、クレディ・スイスが好例だ。同行には社会的インパ
クト投資の部署がある。

　社会的インパクト投資部門の具体的な活動内容を聞いていこう。

　クレディ・スイスは例えば、中国の貧しい農家にブルーベリー栽培で成功
する手助けをしている企業に投資した。この会社は、農家が育てたブルーベ
リーを、世界中に輸出できる仕組みを構築している。高品質のブルーベリー
に対する世界的ニーズは高まっており、仲介する企業には、大きなビジネス
チャンスだ。一方、農家が貧困から脱する貴重な機会となり、社会格差の解
消に結び付く。過去に別の穀物を栽培していた時は農家の多くはもうけを得
られなかったからだ。

　このブルーベリーの例は、投資の見返りでも、社会課題の解決でもともに
相応の成果を得られた理想的な社会的インパクト投資といえるが、実際には

## 社会課題の「解決力」に注目して投資

● 様々な投資スタイルと慈善活動との違い

| 一般的な投資 | 責任投資 | サステナブル投資 | インパクト投資 | | 一般的な慈善活動 | ベンチャー的慈善活動 |
|---|---|---|---|---|---|---|
| リターンを得るための投資 | 特定分野を排除した投資（武器、たばこ、アルコールなど） | ESG（環境・社会・統治）関連で先進的な企業や部門などに投資 | ファイナンスファースト | インパクトファースト | 給付と投資の組み合わせなどで、社会課題解決が目的の活動を支援 | 社会課題解決が目的の企業を、給付型のファンドや投資などを通じて支援 |
| | | | 計測可能な社会インパクトの創出と、投資収益の二兎を追う | | | |
| | | | トレードオフなし | トレードオフやリスクが存在 | | |
| 収益が期待できる | | | 普通並みか低い収益 | | 資金の拠出 | |

出所: Julia Balandina Jaquier著『Catalyzing Wealth For Change: Guide to Impact Investing』(2016年)から作成

ここまでうまくいかない時もある。インパクト・ファーストの投資家なら、インパクト優先で低収益で妥協するかもしれないが、ファイナンス・ファーストの投資家は、インパクトがあっても収益がなければ投資はしない。これまで紹介してきたCSVの議論に似て、ESG投資で資金調達を狙う企業もやはり、インパクトと収益を同時に満たす必要があるが、意外にも、両方を満たせる機会はかなりある。

そうはいっても、どう工夫しても収益を出しにくいケースもある。年金基金のように、善管注意義務があり収益で妥協できないファンドもある。もうからないかもしれない場合、投資先として対象から外れてしまう。

その場合も、インパクト・ファースト投資家からであれば資金調達は可能だろう。資産を潤沢に持つ個人投資家や篤志家などがそうだ。もうからなくても、困難な課題に取り組む企業の手助けができればいいからだ。

インパクト・ファースト・インパクト投資と、慈善活動の違いとは何か。

慈善事業は、最初からお金を失う前提だ。一方、社会的インパクト投資は、少なくとも投資した分は回収することを期待する。緊急でビジネスモデルさえつくれない時、例えば、サイクロンで村の多くの貧しい人々が犠牲になった時などは、資金支援が第一だ。こうした場合は慈善活動が必要だ。

## ● グリーンウォッシングは認めない

注意したいのは、環境配慮を表面的に標榜するのは危険ということだ。

社会的インパクト投資では、高いインパクトがあると明確に証明しなければいけない。確固たる戦略と方法論が必要だ。美談だけでは単なる「グリーンウォッシング」だ。

グリーンウォッシングとは、うわべだけ環境に配慮していることを装う活動のこと。企業がCSR報告書で無関係な森林の写真を多用し「環境配慮」の誤解を与えることも含まれるという。

（ビジネスを通じた社会課題の解決には）真剣な戦略と測定方法をつくり、良いインパクトを起こさなければいけない。バングラデシュでグラミン銀行を設立し、マイクロファイナンスを普及させ、ノーベル平和賞を受賞したムハマド・ユヌス博士をご存じだろう。ユヌス博士は、お金持になるため起業したのではない。貧しい女性の人生に前向きな影響をもたらすためであり、明確な戦略と方法論があった。

会社が真剣さに欠け、社会貢献の「感動ストーリー」を宣伝に使っていると社会に受け止められれば、大きなダメージを受けかねない。そんな時代になった。

# 米国企業は
# 株主第一主義を捨てるのか?

ロバート・ポーゼン *Robert Pozen*

米マサチューセッツ工科大学（MIT）経営大学院上級講師

1946年生まれ。米ハーバード・カレッジを最優等で卒業、米エール大学で法学博士号取得。米証券取引委員会顧問、フィデリティ投信社長、MFSインベストメント・マネジメント会長など歴任。米ブルッキングス研究所上級フェロー。

## ➤ 講義の前に ── 教授の横顔

　米国のマサチューセッツ工科大学（MIT）といえば、先端技術、情報技術のイメージが強いのではないか。日本では特に、日本人（伊藤穰一氏）が長年トップを務めてきたMITメディアラボが有名だろう。

　ポーゼン氏が所属するMITのスローン経営大学院も、著名教授を多く擁する。例えば、2011年に米国で自費出版された共著『機械との競争』（日本では、日経BPから2013年刊行）で、「機械（コンピューター）との競争に人間が負け、雇用が失われていく」との主張を展開したエリック・ブリニョルフソン教授とアンドリュー・マカフィー教授も、スローン所属だ。

　スローンをほかのトップスクールと比べると、テクノロジーとイ

ノベーションに力点を置いたマネジメント教育に早くから力を入れてきたことが際立つ。技術系ベンチャーを育成するのはもちろん、これらベンチャーによる技術の社会実装がもたらすインパクトにも目を向けてきた。

そんなスローンにあって、株主至上主義の功罪について一家言ある論客が、ポーゼン氏である。公共政策に強い関心を持ち、経営幹部層向けのコーチングに携わるかたわら、MITのMBA（経営学修士）コースで教鞭を執る。と同時に、米国初のミューチュアルファンドであるMFSインベストメント・マネジメントの元会長で、米証券取引委員会（SEC）の顧問や米フィデリティ投信社長などを歴任した金融業界の大ベテランでもある。

テクノロジー系のイメージが強いMITだが、経済学や経営学でも実績ある著名な研究者が多数所属している。

例えば、経済学部には、2019年にノーベル経済学賞を共同受賞した、エスター・デュフロ、アビジット・バナジー教授夫妻がいるし、将来ノーベル経済学賞を受賞するに違いないとささやかれ続けているダロン・アセモグル教授も所属している。

ちなみに、デュフロ教授とバナジー教授によるノーベル経済学賞は、途上国における貧困政策に関するランダム化比較実験（RCT／Randomized Controlled Trial）に対して贈られた。貧困削減に貢献した実践的な研究として高く評価されている。また、アセモグル教授は制度の経済学などマクロ経済の研究や、AIと雇用に関する研究で知られている。

本講は、2019年8月19日、米国のビジネス・ラウンドテーブルが株主第一主義（Shareholder Primacy／株主至上主義とも訳される）の見直しを発表したのを受けて、ポーゼン氏に取材した内容をまとめた。そのため他の講に比べて一部、時事的ではあるが、ステークホルダー理論や株主至上主義の歴史的背景を踏まえた論考は、現在進行形の議論の本質を整理する助けになるだろう。

　米主要企業の経営者団体、ビジネス・ラウンドテーブルが2019年8月19日、株主第一主義を見直す声明文を発表した。1997年以来の原則を転換し、世間を驚かせた。格差拡大や環境に対する関心の高まりもあり、「株主第一主義」に基づく米国型経営が転機を迎えつつある。

　米証券取引委員会（SEC）の顧問や米フィデリティ投信社長などを歴任した米マサチューセッツ工科大学（MIT）上級講師のロバート・ポーゼン氏に、米国型企業経営論の「今」を聞く。

　米国企業のトップは昨今、政治家や一部の株主から、株主価値増大よりも幅広い視野で会社を経営すべきとの強いプレッシャーにさらされてきた。企業は株主以外のステークホルダー（利害関係者）、すなわち労働者、顧客、取引先や地域社会にも目を配るべき、と宣言したビジネス・ラウンドテーブルの声明文が発表されたのは、ESG投資の広がりも背景にある。

　ただ、私はこれが本当に大きな変化をもたらすのか、単なる広報努力なのかが分からずにいる。声明文にはどの関係者を優先すべきかについて優先順位が書かれず、ステークホルダーの間で対立が生じたら誰を優先すべきかについての指針がない。役に立たないと酷評する人も多い。

## ● 捨て去られた「ステークホルダー理論」

　背景には（株主第一主義と対立する概念である）従業員や顧客を、長期的に株主価値をもたらす方法で支えようとする理論（筆者注：ステークホルダー理論）の広がりがあるのは間違いない。

　「株主第一主義経営」の起源は、ノーベル経済学賞受賞の経済学者ミルトン・フリードマンが1970年代に打ち出した主張とされる。当時、米国株価は低迷していた。

　ミルトン・フリードマンは1970年代、企業の主要な義務は利益を出すことという考え方を打ち出した。その後、米ハーバード経営大学院のマイケ

ル・ジェンセン名誉教授が、利益最大化のため、株主価値の最大化を企業経営の中で優先事項にするための理論を提示し、経済界をリードしていった。

株主第一主義によって否定されたのがステークホルダー理論だ。

ステークホルダー理論は、最近になって生まれた新しい理論ではない。1980年代から米国で提唱され始めた、従業員や取引先など幅広い関係者に配慮する「ステークホルダー理論」を、ジェンセン教授は、「旧共産主義圏で失敗したモデルだ」などと真っ向から否定した。いわば、株主第一主義の考え方を広めた「伝道師」だ。

1990年には、CEO（最高経営責任者）の報酬としてストックオプションを与えることが株主価値の最大化につながるとする論文を発表。FASB（米財務会計基準審議会）が1995年、経営者へのストックオプション付与に有利な会計基準を認め、株主第一主義経営が一気に広まった。そして1991年から、米国景気は長期的な拡大を始め、株価は上昇していった。

## ● 単なるポーズではないのか？

ビジネス・ラウンドテーブルの声明文には、3つの受け止め方がある。

1つ目は、単なるポーズで、企業に説明責任がないし、結局は何も変わらない、というもの。株主第一主義が今後も変わらないまま強まるとすれば、製品需要が減少したりすると、企業が株主利益を優先して従業員をすぐに解雇するような世界になる。

2つ目は、これを機に、従業員に配慮しようとする企業経営者がもっと現れるだろう、という前向きな受け止め方だ。さすがに株主の関心を考慮しない経営は考えにくいが、株主を第一にしますとは積極的に言わなくなるかもしれない。

3つ目は、企業の役割はただ利益を出すだけでよいとはいえ、従業員や顧客などステークホルダーをサポートする必要を感じるなら、それは企業自身でなく政府の規制などほかの施策によって実現すべきとする意見だ。

## 1970年〜90年代、株主第一主義が定着

● 米国型企業経営の理論的支柱

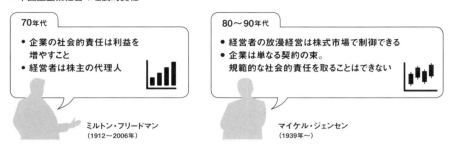

**70年代**
- 企業の社会的責任は利益を増やすこと
- 経営者は株主の代理人

ミルトン・フリードマン
（1912〜2006年）

**80〜90年代**
- 経営者の放漫経営は株式市場で制御できる
- 企業は単なる契約の束。規範的な社会的責任を取ることはできない

マイケル・ジェンセン
（1939年〜）

　3つのシナリオのどこへ向かうか。鍵を握るのは、本当に「従業員や顧客に配慮すれば、長期的な利益につながる」のかどうかの検証だ。本当であれば、株主第一主義の旗を降ろし、ステークホルダー理論を再び掲げる企業が増えてもおかしくはない。

　株主とそれ以外の関係者に利害面で対立があっても、長期的になら解決できるという人がいる。従業員と顧客を大切に扱えば企業は成長し、株主も利益を得るだろうと。ただ現実にはそういう時もあるとしか言えない。
　確かに、長期的には解決し得る程度の短期的な対立はある。しかし、長期的にも解決しないような対立もあるし、長期的には解決しても短期的には利益を失う事態も考えられる。
　ビジネス・ラウンドテーブルは、株主以外のステークホルダーへの目配りが長期的な株主価値につながる、とだけ言う。
　また、株主第一主義からの転換に批判的な人々は、企業が結局、株主への説明責任を避けたいだけだとも主張している。例えば、業績で株主の要求を満たせなければ、ステークホルダーに配慮した、と言えば済むようになるかもしれない。

　株主とそれ以外のステークホルダーの利益は複雑に絡み合っており、どん

な経営が短期的、中期的に誰の利益を増やすかというのは、理論的に裏付けしづらい。結局、株主第一主義とステークホルダー理論のいずれを重視するかは、各社の自律的な判断、規範意識にゆだねられることになる。

## ● 株主より従業員を優先するCEOはいない

暗黙の常識として、企業が株主に恩恵を与える場面には、それ以外のステークホルダーとの間に、利害関係の対立が必ずある。米国企業が、対立のある場面で必ず顧客や従業員を重視するというなら、個人的には大変な驚きだ。だからビジネス・ラウンドテーブルの宣言を、株主より顧客や従業員側に立つ企業が増える、と単純に解釈すべきではない。

だが一歩前進したのも確かだ。米国企業も、株主以外の価値について少しは考えるだろうし、意思決定に時間をかけるようになるだろう。例えば、労働者の解雇を考える前に、何年かかけて問題を解決できないか検討し、従業員や顧客への影響を緩和する方法がないか考えるようになるだろう。

米国企業は、格差拡大による世論の激しい反発と、政治家、活動家、さらには投資家の圧力にさらされ続けている。そうした状況を受け、ビジネス・ラウンドテーブルは株主第一主義の転換に言及したわけだ。

株主第一主義を転換するとしたビジネス・ラウンドテーブルの声明文に対するフェアな解釈は、これからの企業活動は、株主価値だけでなく、ほかの価値も考慮しますとの表明と受け取るべきだと思う。そのため、実際に株主価値とそれ以外の要素の利害の対立が生じた時に、どちらを優先すべきかはその都度、見極める必要が出てくるだろう。

声明文について、もし利害の対立があった時にも株主より従業員や顧客の利益を優先する、とまでは解釈すべきでない。声明文に署名したCEOたちが、そんなことをするとは到底思えないし、米国の企業が日本企業みたいになりたいのだと解釈するのは間違いだ。

　日本では、ほかのステークホルダーの価値に比べ、株主価値の方が支配的なわけではない。むしろ、アクティビストが「もっと株主価値を尊重するように」と主張しているような状態だ。

## ● 米国と日本は「両極端」

　両極端とも言える米国と日本の現状、日本でイメージする「ステークホルダーも重視」といった時の内容と、米国でイメージする内容は、かなり異なるとポーゼン氏は話す。

　そうは言っても、米国の大企業が日本企業の立つ方向に一歩進もうとしているのは事実だ。ただ、日本企業のようにまでは決してならない点に注意が必要だ。日本企業は何年もかけて、顧客やサプライヤー、従業員の利益を株主よりもサポートし、株主価値をどうすべきかについて考え始めている段階だ。米国企業がそこまで進むことはない。日本も米国も、以前より広範囲な立場の人々の利益を考慮するようになってきた、ということは言える。

　ポーゼン氏は、ビジネス・ラウンドテーブルの声明文の背景には、ESG（環境・社会・統治）を重視する投資の広まりが大きく関係しているとみる。そして、米国企業における株主第一主義からの転換と同様、ESGの普及も単純には進まないと指摘する。

　環境問題に注視したいとアピールする企業があるとする。石炭を扱う企業が、二酸化炭素削減のため石炭の取り扱いをやめ他のエネルギーにシフトする、あるいは自動車メーカーが、EV（電気自動車）をつくることにするという場合だ。これらは、環境に配慮した「正しい」決断で、世間からも支持されると思うが、いずれも、あくまで長期的な企業の利益にもなる選択だ。EVを増やしてガソリン車を減らす戦略は、将来の会社の利益になる。

　しかし中には、環境対応と会社の利益が対立するケースも出てくる。その

場合、正しさを優先すべきか、利益を優先すべきか。ポーゼン氏は、「正しいこと」であるからと、やみくもに「環境重視」「社会政策重視」に突き進むことの危険性を指摘する。長期的な企業戦略とのすり合わせが欠かせない。

米国のビジネス界は現在、（株主価値やステークホルダーの価値同様に）ESGを考慮して経営するのが原則だ。それでも、当然ながら利益と相反するほどまでESGを高めるところまではいかない。アクティビスト集団や政治家はそこまでさせたいのだろうが、それはすべきでない。

ESGは今後、企業経営にどのような形で影響を及ぼしていくのだろうか。ポーゼン氏は、ESGをそれぞれ分解して理解すべきと強調する。

## ● 自社株買いは、株主と経営者の利害が一致

基本的に「E」は、環境問題を憂慮する人たちが先導している。活動家は、たとえ高収益につながらなくても企業に環境政策に従ってほしいと考える。その観点でESG投資を優先すべきと最も主張しているのが、環境アクティビストだ。

「S」、すなわち社会は極めてあいまいだが、企業が定義さえしっかりすれば収益につながるとの研究がある。社会全体の価値を高めることを目標にする意味で、多くの日本企業にとっては当たり前の考え方に思える。Sの部分に関しては、日本は（米国に比べて）かなりうまく対応できているのではないか。

ESGの中で、とりわけEと「G」は分けて考えなければいけない。特に日本では一般的にG、すなわちガバナンス（統治）が全く機能していない。改革したと聞くが、完全に独立した社外取締役がいまだに一人もいない企業がたくさんあるようだ。

社外取締役は長期的な収益性を高め、企業風土をよりよくすることに役立つため、米国では広く受け入れられている。だが日本企業は導入に消極的だ。

## 日本企業はガバナンスが課題

● ポーゼン氏が考える、ESGをめぐる論点

# **E**nvironment **S**ociety **G**overnance

| ・環境保護活動家の影響がある | ・定義があいまい | ・日本はガバナンスが弱すぎる |
| ・収益を出せる範囲内の環境保護 | ・短期か長期かで意味が違う | ・社外取締役の選定は基本 |
| ・必ずしも高収益につながらない | ・定義次第で収益につながる | ・「損失回避」につながる |

　2018年度の生命保険協会のアンケート調査によると、社外取締役の独立性確保や役員報酬決定の仕組みの整備を期待する投資家は多く、年々、増加傾向にある。投資家の期待に比して、経営者の意識が低い傾向も見てとれる。日本ではESG関連の投融資先としてエネルギー・環境分野が目立つが、企業に必要なのはポーゼン氏の指摘通りG、ガバナンスの向上だろう。

　ESGをフォローすることで投資家や企業に高い利益が得られるのなら、とっくにそうしてきた。ESGを企業が定義して従えば、より高い株主還元が得られるとの研究も確かにある。だが推進者の中には、利益につながらなくても環境政策に取り組むべきという人もいる。彼らは時に、ESG投資に取り組めばすべての人が今より幸せになるとさえいう。社会の仕組みが自動的に社会をよくすると誰も信じなくなった以上、頼るべき「何か」が必要になったのだろう。

## ◉ 批判高まる「自社株買い」

　ここまで、米国の主要企業のCEOが名を連ねる経済団体、ビジネス・ラウンドテーブルが「株主第一主義」を転換した歴史的背景や本気度を、ポーゼン氏とともに考察してきた。米国におけるステークホルダー重視の考え方

の復活や、企業による社会課題解決に対する関心の高まり、格差拡大や社会システムに対する信頼の喪失などが相まって、「株主第一」に対する逆風となっている。

　その流れの中で、米国で主流の株主還元策「自社株買い」に対して鋭い批判が目立つようになった。背景を考察する。

　既に論じたが、企業は今、株主第一主義をめぐり、当局や世間からの攻撃にさらされている。不正会計を端緒に2001年に米エンロン、翌年米ワールドコムが破綻、2008年にはリーマン・ショック、拡大する一方の所得格差……。一連の出来事を通じて現代の米国社会の経済システムが、人々に等しく奉仕するなどとはもはや誰も全く思わなくなった。もう別のシステムに頼らなければいけない。米国人はそのように感じている。

　格差が拡大する中で、批判の対象となっているものの一つが、米国企業による自己株式の取得、すなわち「自社株買い」だ。株主第一主義を主導したジェンセン教授が「企業は株主のもの」と打ち出して以来、定着したとされる。1980年代までは、米国企業が買収防衛以外の目的で自社株買いをすることはほとんどなかった。だが90年代半ば以降、ストックオプションの導入などとともにじわじわと広まった。株主と経営者の利害が一致したからだろう。

## ● 減税で得た利益はどこへ？

　株主還元策として一般的である自社株買いが加速していることに米国で批判が高まっているのは、（システムに対する不信の）良い例だ。

　米国において税制改革が論議された時、推進派は「法人税率を下げれば、利益が高まることにつながり、その利益は設備投資や投資、採用増につながる」とアピールした。ところが、ふたを開けてみたらそのようなことは起こらなかった。余った利益を活用した自社株買いばかりが増え、株主にばかり偏って資金を還元していくことになった。

## 米国では近年、自社株買いが急増

● 米国の株式消却および自社株買い

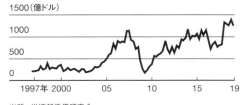

出所：米連邦準備理事会

## 日本の自社株買いは少なめ

● 日米の自己株式取得額の推移（対純利益比）

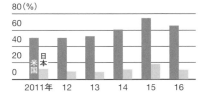

出所：生命保険協会調べ。日本のデータはTOPIX構成企業、米国はS&P500構成企業（暦年ベース）、いずれも赤字企業含む

　米国の株主は、全人口のたかだか上位10％の層。減税しても企業の投資は増えず、ただ彼らを潤しただけだった。これまでここで述べてきたステークホルダーへの配慮、ESGへの目配りに関心が高まる中、こうした行動が批判の対象となったのは、当然だといえる。

　自社株買いをすれば、ROE（自己資本利益率）の分母である自己資本を減らすため、ROEが良くなり、EPS（1株当たり利益）を高める。ROEの向上は経営者に、EPSの向上は株主にそれぞれメリットがある。それゆえ、自社株買いは、株主と、その代理人たる経営者の利益相反を抑制できるものとして奨励された。さらに、投資への刺激を狙った2017年税制改革による大型減税後、当局の意図に反して自社株買いが過去最大規模となり、またしても株式にマネーが還流した。

　減税により実現した高収益は、これまでを見る限り、ほかの目的、あるいは株主以外のステークホルダーのためにはほとんど使われていないといっていい。ほんのちょっぴり、賃上げなどに使われたぐらいだ。私が見るところ、全体として、大量のマネーが全部とは言わないまでもほとんどが株主に還元された。

自社株買いを批判する論調の中には、自社株買いこそが格差を拡大させて
きたとする論調もある。ポーゼン氏は、株主以外にとっての自社株買いの効
果は、その会社の経営が必ずしもうまくいっていないことを外部に示すシグ
ナルになる程度しかない、と見る。

　自社株買いが企業収益そのものを変えるわけではない。ただ、（ROEの分
母の）株式数を変えるだけだ。ただ、ある研究によれば、大規模な自社株買
いをする企業は、しない企業よりも経営状況が芳しくないという。経験豊富
で洗練された投資家は、そのからくりを見抜き、会社に何が起こっているの
か、探ることができる。

　私自身も米フィデリティ投信の社長を経験し、過去には大規模な機関投資
家の運用責任者でもあったから、そのあたりの事情はよく分かる。つまり、
株主以外にとっての自社株買いのメリットは、その程度しかない。

## ● 経営者はなぜ、無駄遣いをするのか？

　批判派の中には、そもそも自社株買いよりも株主の利益により強く結びつ
く方法はほかにあるとの声もある。

　法人税率が下がることにより増えた収益を使って自社株買いをすると、株
高になることが多いのは事実だ。一方で、その利益を事業へ再投資すると、
それが株主の利益に確実につながるとは言い切れない。

　実際のところ、企業にとって魅力的な投資機会などそうそうあるものでは
ない。そのために経営者が大きな記念碑を建てたり、工場を建てたり、事業
を大きく見せるために買収したり、ある意味での無駄遣いをすることがある。

　そのように、貴重なマネーで決して妥当とはいえない巨額投資をされるぐ
らいならば、自社株買いがより株主の利益につながるという見方は一理ある。

　しかしそれ以上に、確実に株主に利益を還元する方法もある。それは配当
を増やすことである。

　株主還元策として、自社株買いと配当の2択のうち、なぜ米国企業が自社

株買いが好きなのか。理由は簡単だ。配当をいったん増やしたら、その水準を保たなければならず、来年減らす、というわけにはいかなくなるからだ。いずれにせよ、自社株買いが株主の利益を高めるのに最もふさわしいという考え方があるなら、それは適切とは言えないだろう。

　株主と、その代理人である経営者の利益相反を抑制する意味でも奨励されてきた自社株買い。だが、株主以外のステークホルダーへの企業の貢献が求められる中、その仕組みに今後さらに逆風が吹くことは間違いなさそうだ。

# 企業の目的とは、社会課題を
# 解決しながら稼ぐこと

### コリン・メイヤー　*Colin Mayer*

英オックスフォード大学サイード経営大学院教授

1958年生まれ。1981年英オックスフォード大学卒業、同大学経済学博士
（Ph.D.）。米ハーバード大学フェロー、英ロンドンシティ大学教授などを経
て、1994年から現職。2006 ～ 11年にはオックスフォード大学サイード
経営大学院学院長を務めた。金融論のトップジャーナルの編集委員を務める
一方、欧州経済政策研究センター（CEPR）、欧州コーポレートガバナンス
研究所（ECGI）フェローなどを歴任。

## ➤ 講義の前に ── 教授の横顔

　英オックスフォード大学経営大学院のコリン・メイヤー教授は、
欧州におけるコーポレートガバナンス（企業統治）の権威である。
後に日本でも取り入れられることになったコーポレートガバナンス
コード（企業統治指針）などのコンセプト形成において、大きな役
割を果たしてきた。

　早稲田大学商学部の宮島英昭教授、同ビジネススクールの鈴木一
功教授と共に、ビデオ会議システムを使ってメイヤー教授にインタ
ビューをしたのは、2020年5月上旬。ちょうど新型コロナウイルス
感染拡大が進む中で、メイヤー教授も在宅で研究活動をしていた。

　メイヤー教授と宮島教授は同世代で、長年にわたって共同研究に

取り組んでいる。インタビューからは、メイヤー教授が日本の企業法制やガバナンスについて広く深く、そして偏ることなく理解されていることが伝わり、宮島教授のインプットが綿密なのだと感じた。

　宮島教授、鈴木教授を前に、穏やかな物腰のメイヤー教授が「企業の目的とは、利益を出しながら社会課題を解決することだ」と何度も繰り返し力説する姿には、圧倒されるような熱意を感じた。メイヤー教授は、きっと本気でそう思っているに違いない。

　宮島教授と鈴木教授には、メイヤー教授へのインタビューに先立ち、ここ数年のコーポレートガバナンスに関する欧米の動向について論点をご教示いただいた。また、このインタビューは、序文でもご協力いただいている早稲田大学ビジネススクールの入山章栄教授のご提案で実現した。貴重な場の実現にご尽力いただいた早稲田大学の関係者の皆様に、大きな感謝を申し上げたい。

　企業は何のためにあるのか。この古くて新しいテーマを長年、研究してきたのが、英オックスフォード大学サイード経営大学院のコリン・メイヤー教授だ。2019年は米国発で株主第一主義に対する疑義が唱えられ、大きなうねりとなった。新型コロナウイルスの「災禍」が世界中の人々を襲い、経営の在り方やそこで働くことの意味、企業と社会との関係を見つめ直すことへの機運も高まっている。改めて、「会社は何のためにあるのか」を、メイヤー教授とともに考える。

　1983年以降、英の市場調査会社イプソス・モリが毎年、約1000人の英国人を対象に続けてきた調査がある。どの職業の人に対し、真実を話していると信じるかを聞いたものだ。トップが看護師、医師、そして幸いなことに大学教授も上位に入った。一方で下位にいる人たちは誰かというとビジネスリーダーなのだ。最低のところにいるのが政治家である（129ページ図）。

　政治家は、調査開始以来ずっと銀行員や労働組合幹部などより下位であ

り、驚くに値しない。それよりもビジネスリーダー、つまり企業に対する信頼感のなさにショックを受けた人は少なくないのではないだろうか。この傾向は少なくとも英国では根深いもので、長期的に続いている現象である。

なぜか。理由は、ビジネススクールや大学など、世界各地で教えられている企業論のせいだと私は考える。それが「フリードマン・ドクトリン」である。

## ● ミルトン・フリードマンの罪

フリードマンとは、1976年にノーベル経済学賞を受賞した経済学者、ミルトン・フリードマンのことである。何が問題なのか。

企業は約2000年前、ローマ帝国時代に最初につくられた。当時の企業は「公的な機能を果たさなければならない」とされた。実際、ローマ時代の企業の役割は、徴税し、貨幣を造り、公的な建物を維持管理することだった。

だが、企業の唯一の目的は「利益を生み出すこと」だとする新たな概念が1962年、いわゆる「フリードマン・ドクトリン」として生み出された。フリードマンは「ビジネスの唯一の目的は、ルールを守りながら利益を増やすことにある」と言った。これは企業経営者が、株主やオーナーに対する説明責任を欠いていたことから出た考え方だ。株主は投資先の企業に権力を行使したり、監督したりすることができない。どうすれば株主の権利を守れるか。フリードマンの考えは、企業の存在意義を利益の創出と定義することだった。

当時の米国では、経済学でいういわゆる「エージェンシー問題」が社会問題になっていた。経営者は株主の代理人（エージェント）として企業を経営するが、経営者が株主利益に反して私腹を肥やす懸念が広がっていた。利益の最大化こそ企業価値を最大にする——。こう定義しておけば、経営者だけが得をして株主が損をするということはなくなるはずだ。ただこうしたフリードマンの主張は、公的な存在だった企業が、特定の関係者のための存在に変容するきっかけともなった。

## ビジネスリーダーの信頼度は低い

● 英国における2019年の「信憑性指数(Veracity Index)」

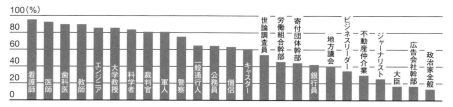

注:2019年10月18日から27日にかけて、15歳以上の英国人1020人に対面調査をした
出所:英イプソス・モリ

　この考え方は、1960年代以降に株式市場で取引が続けられていく中、ますます重視されるようになった。株主から強い支持もあって、経営者は株価だけに注目するようになっていった。

　一方で、株主第一主義の価値観は、企業経営の歴史の中でもごく短いものともいえる。言い換えれば、決して変えられないものではないし、変わらないものでもないということだ。

## ● 日本企業は「世間」を向いている

　日本企業の経営理念では、投資家だけでなく、従業員や社会全般の利益も促進する役割が重視されてきた。その価値観はとりわけ終身雇用の慣行に表れてきた。変わったのは、安倍政権が成立し、コーポレートガバナンス改革の積極的な取り組みが始まった2013年以降だと私は思う。(経営者の)株主に対する責任をより重視することが、健全な理念として根付いた。だが、本来なら改革の過程で、英国や米国で、株主利益に注目し過ぎたため起こった問題をつくらぬよう、慎重に事を進める必要があった。

　近年は、企業が社会を積極的に支える役割、すなわち多くの国が直面するような危機を乗り越え、経済と社会を再建する役割に重きを置かれる状況に

なった。株主第一主義の限界である。

　ではメイヤー教授が考える新しい企業像とは、どのようなものだろうか。

　これから企業経営にはバランスが重要になる。つまり社会、従業員、そして地球環境に対して役割を果たすことと、もうけて利益を生むことのバランスだ。私が考える「企業の目的（purpose）」とは、地球上の人類が抱える課題に対して、「利益を生み出せる解決策」を提示することだ。慈善活動や寄付とも違う。社会的起業とも違う。社会や環境にある課題の解決策を提供することで利益を生み出す。これこそが企業の役目だ。

　いわば「パーパス経営」を提唱するメイヤー教授の話からは、フリードマン・ドクトリンから転換するに当たり、日本企業は米国や英国の企業より有利に思える。例えば日本では、不祥事や不正が起こった時、経営者が「世間」に説明する。だが欧米では、株主への説明責任が最も重視されてきた。

　これから英国や米国が新たに目指すべき経営モデルは、日本的なやり方に近づいていくことかもしれない。一方の日本モデルはここ数十年、アングロサクソンモデルを取り入れ、今までより株主の影響力を高めようとしてきたが、もともと従業員や「世間」と呼ばれる社会を意識してきた。英米企業は、会社が株主だけでなく社会にも貢献しなければならない存在だという新しい価値観を、もっと取り入れていかねばならない。

　とはいえ日本で現在進められている様々な改革でも、メイヤー教授が言う新しい企業像とは、まだ距離があるように思える。英米がたどった「株主偏重主義」と同じ轍を踏まないために、日本はどうすればよいのか。

　ガバナンス（企業統治）をめぐる日本の政策は、ここ5〜6年で様変わりした。スチュワードシップ・コードと呼ばれる、機関投資家の行動指針ができたため、機関投資家は投資先の企業でより監督者としての役割を果たすこ

とになった。とはいえ、これはまだお題目だけで、実効性は高くないと私は見ている。それでも、2013年から14年にかけての日本におけるコーポレートガバナンス（企業統治）改革で定められた指針、コーポレートガバナンスコード（企業統治指針）は、英国のそれととても似通っていると思う。

　英国をはじめとする欧米を手本に、経営監視のためのより強い権限を株主に持たせようとしてきた日本。ところがその欧米ではここへきて、行き過ぎた株主第一主義の見直しが進んでいる。従業員や社会、取引先といったステークホルダー（利害関係者）がより経営に深く関与する方向に向かっている様子だ。メイヤー教授は、どちらが適切だと考えているのだろうか。

## ● 株式持ち合いは悪くない

　まず、過去の日本における株主の経営への関わりを振り返ってみよう。日本における株主による経営監視の方法として、かねて存在してきたのが株式の持ち合い制度だ。投資先が積極的かつ効率的に株主利益を追求しているか、それを目指すための経営陣と従業員の円満な関係ができているかなどを互いにチェックし合う。この持ち合い制度は本来、自社株買いと株式持ち合いに関する規制が緩められた2000年以降、一段と普及する可能性があった。

　だが実際には、「大企業同士が株式を持ち合うのはよくない。それより機関投資家や一般株主の影響力を行使できることの方が重要」とする声が主に海外投資家から高まった。こうして出てきた次の選択肢が、機関投資家に投資先の会社のお目付け役をしてもらうことだった。彼らは株式を長期的に保有しており、かつ投資先の経営にも積極的に関わっている。会社のモニター役を果たす外部の株主として、もっと主導的な役割を果たすべきだとなったのだ。

　以前の日本にも、経営の監視役を果たすだけの影響力を持った主力株主はいた。例えば、主力取引銀行制度が機能していたころの銀行がそうだ。133ページのグラフを見ても、1990年代には銀行による株式保有が主流だったことがよく分かる。

ただ、この銀行による株式保有も、企業と主力取引銀行との関係が薄まっていく中で徐々に姿を消した。近年は、都市銀行や地方銀行による企業の株式保有が大幅に減る一方、外国法人や、機関投資家に委託されて運用する信託銀行の株式保有率が目立って増えてきている。だが、メイヤー教授は、ここまでに紹介した、「大企業同士の株式の持ち合い」も、「銀行による株式保有」もその構造自体が悪いわけではない、と話す。

## ● 長期保有の「物言う株主」

　結論から言えば、私が考える企業監視の最も適切で現実的な形は、株式を長期保有する主力株主が、他の投資家や従業員、社会、取引先といったステークホルダーを代表して、経営をチェックするという仕組みだ。だから代表者となる主力株主がしっかり企業を監視できてさえいれば、その主力株主が銀行であろうと大企業であろうと問題はない。

　しっかりした監視ができていなければ、たとえ主力株主が年金基金、保険会社、公的ファンドであっても、企業監視はうまくいかない。主力株主が銀行であっても、企業のモニタリングの役割を果たし、他の投資家の代わりにその企業の行動を監視できていればいいのだ。

　逆に、「企業が利益を出して利息を払っていれば、基本的に経営自体には深くタッチしない」といった「物言わぬ株主」の姿勢では、銀行による経営監視は機能しないというわけだ。

　世界中の株式市場では、例えば年金基金に監視役を任せようという動きが観察され始めている。カナダ年金制度投資委員会（CPPIB）やオンタリオ州教員年金基金（OTPP）のような年金基金がよい例だ。この２つの基金は、企業の株式を大量に、かつ長期的に保有しつつ、投資先の企業の経営に深く関与している。

　だが年金基金だからといって監視がうまくいくわけではない。彼らが大量

## 外国法人や信託銀行が増加

● 主要投資部門別株式保有比率の推移

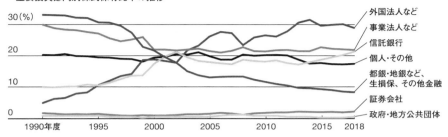

注：調査対象は2019年3月末現在、東京、名古屋、福岡、札幌の4証券取引所に上場していた内国上場会社のうち株主の状況が把握できた3735社。2004年度から2009年度まではジャスダック証券取引所上場会社分を含み、2010年度以降は大阪証券取引所または東京証券取引所におけるジャスダック市場分を含む

出所：2018年度株式分布状況調査（東京証券取引所など）

に企業の株式を保有したうえで、経営にしっかり口を出す――。これができて初めて、企業統治が成立するというのがメイヤー教授の考え方だ。

　現在の日本では、最大の機関投資家は、GPIF（年金積立金管理運用独立行政法人）だ。現実問題として、大企業間の株式持ち合いが減り、金融機関による株式保有がかなり解消されてしまった以上、ガバナンスで主導的役割を果たすべき立場にあるのは、彼らしかない。

　日本では、GPIFが投資先の経営の監視役をすべきだ。GPIFならば投資を委託する条件として、機関投資家に対し、「長期的に相互の信頼関係を持て」と義務付けることができるはずだ。これができれば、現在進行中の日本のコーポレートガバナンス改革の実効性が高まるだろう。

　幅広く信頼を得られる企業は、ビジネスでも成功を収めるものだ。そして、一国の競争力は、国内企業の信頼性にかかっている。GPIFは国民の年金を運用している重要な機関である。現在だけでなく、子孫の繁栄も、企業の信頼性にかかっているといえる。

　パーパスは「稼ぎながら社会課題を解決すること」で、そのためには、株

主である機関投資家が経営を監視することが必要と説くメイヤー教授。

　次に、コロナ禍で見られた企業の行動変容などを例に、「稼ぎながら社会課題を解決する」経営について考える。

## ● コロナ禍でトレードオフに直面

　企業の目的、パーパスを、現在の新型コロナウイルスがもたらした危機と結びつけて考えてみよう。企業は「社会課題を解決」しなければならないから、当然、新型コロナウイルスとの戦いに参加し貢献しなければならない。ただ「稼ぎながら」となると可能な企業は限られる。

　例えば、自動車会社が製造ラインの一部を切り替えて、病院向けの人工呼吸器の生産に使うとか、医療用マスクのような医療器具を作るというのは、提供した医療用具が利益を生めば、まさに「稼ぎながら社会課題を解決」する理想的なケースになる。製薬会社が、治療方法とワクチンの開発を目指し、完成後に迅速にワクチンを大量生産できるよう準備するのももちろん、稼ぎながらコロナと戦うことになる。

　パンデミックに関連し、自社の活動が直接的な解決手段につながる企業は、どう行動すべきか比較的簡単に決まる。

　しかし自社の活動がコロナとの戦いとあまり関わりを持たない企業はどうすればいいのか。その場合、トレードオフという考え方が重要になる。

　トレードオフとはすなわち、一つの目的を優先するために、結果として別の目的の達成を犠牲にすることだ。

　食品メーカーで考えてみよう。コロナ禍ではエアラインをはじめ様々な市場が崩壊し、経済的に弱い立場の人が大量に現れた。ここで、パーパスに照らし合わせ、この会社が実施すべき行動を考えると、例えば、経済的弱者のために自社の食品価格を切り下げる手がある。間接的だが、稼ぎながらコロナと戦う社会に貢献しているといえる。

　しかし医療器具などと異なり、食品のような商品は普段からエンドユー

ザーが価格に敏感で、もともと利幅が少ない。価格を下げるには、従業員を大量解雇するなどして特別なコストダウンを実施する必要が出てくる可能性がある。価格を下げるか、従業員を守るかのトレードオフになる。

こうした例は、自社の活動が直接コロナとの戦いに結び付きやすい医療関係企業でも起こり得る。医療崩壊を食い止めるために関連用品を製造しても、採算を度外視した価格にしなければ現場に普及しない場合などだ。実現するには年金生活者にとって重要な、投資家への配当を諦めるしかないとなれば、重大なトレードオフとなる。

正解はないが、企業は日ごろから、社会の課題に自社が向き合ったとき、何ができるか思考訓練しておくべきだ。自分たちが提供できる解決手段は何か、その手段を選択した際、どんなトレードオフを迫られるか……。それを考えていく中で、自分たちはどんな会社で、長期的にどのようなバリュープロポジション（提供価値）を生み出せるかが明確になる。私が考える「パーパス」は、その行動指針となる。


## ● 製薬会社ノボノルディスクのパーパス経営

メイヤー教授が定義する「企業のパーパス」に照らして自社を見つめ直し、行動を変容させた企業が、デンマークの製薬会社ノボノルディスクだ。

彼らはインスリンという2型糖尿病の治療薬を製造してきたが、数年前に「自分たちは稼いではいるが、大事な市場を見落としている」と気づいた。2型の糖尿病は85％が中低所得国、つまり新興国で発生していたのだ。こうした国々の多くは、国民がインスリンを購入するお金がない。市場参入には、単にインスリンを製造・販売するだけでは難しい。熟慮の末、新興国の2型糖尿病の患者の治療に寄与することが重要なパーパスと認識し、医療従事者、病院、大学と協議した。

その結果、単に2型糖尿病患者向けに治療薬を作るのではなく、予防法の開発と普及に貢献すべきとの結論になった。予防できれば先進国、新興国を問わず、糖尿病に苦しむ人はいなくなる。同社は地域や、医療従事者、各国

の政府と対話し動き始めた。

これは一見トレードオフだ。予防法が普及すれば、治療薬であるインスリンが売れなくなる。社会の課題を解決できても、「稼ぎながら」でなくなるのではないか、と。

ノボノルディスクの行動は、パーパスに沿っている。尊い活動かもしれない。だが、収益にはつながらないのではないか。そう思う読者もいるだろう。

だが、結果はそんな予想をいい意味で裏切った。予防法を普及させることで顧客に信頼されるようになり、販路はむしろ拡大した。その結果、インスリン販売への影響を打ち消し、同社は一段の成長を果たしたのだ。

今のノボノルディスクは、2型糖尿病を世界中で撲滅すること自体を、自社のパーパスにしている。医者、病院、政府、地域、医療従事者はノボノルディスクをとても信頼し、同社はインスリンに限らずあらゆる薬品やサービスを顧客に提供している。パーパスから発想した行動が、利益増大に結果としてつながったのである。

ノボノルディスクのまねはできなくても、危機下で利益を確保しながら従業員を雇用し続けることでも最低限のパーパスを実現できるのではないか。

## ● 「契約の束」でなく「信頼の束」

その通りだ。目下多くの企業が、従業員こそ重要な資産だと感じている。もちろん危機下でも製品を市場に大量供給し続けると確約することも必要だ。パーパスを実現するための行動に正解はない。

企業が世界全体の課題解決に果たす役割の大きさに注目するメイヤー教授。「フリードマン型」の利益至上主義経済が行き詰まったように見える昨今、資本主義そのものについてはどう見ているのか。

## 「パーパス」は大義名分ではない

● コロナ禍のトレードオフの例

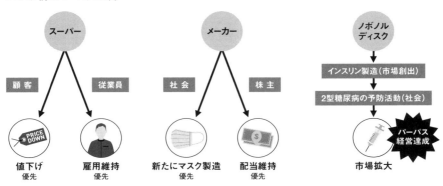

　資本主義について、今後最も変革を迫られる部分は企業の定義だ。資本主義の伝統的な企業の定義は、生産手段の所有と支配に重きを置かれている。オーナーと取締役が契約に基づき会社の経営に対し強い権限を持ち、従業員や取引先、サプライヤーなどいろいろな人と契約を結び、株主のため会社を運営する。この伝統的な位置付けでは、企業というものは、すなわち「契約の束」と定義されることになる。

　だが繰り返しになるが私は、会社のパーパス（目的）は「稼ぎながら社会のために課題解決をすること」だと考える。このパーパスの履行を確かなものにするには、会社は従業員や取引先などとの間に結ばれた「契約の束」ではなく「信頼の束」でなければならない。信頼は、契約よりはるかに厳密だ。

　実際に世界中の企業で過去数年、信頼の欠如が数多く見られた。あちこちで互いの信頼が深く損なわれた事実が観察され、それが企業のパーパス履行に重大な影響を及ぼしていると私は考えている。会社が、単に株主利益と利益の最大化にだけ没頭していると、企業は信頼の束にはなり得ない。利益拡大のみに注力する会社のことを、従業員や取引先、社会は決して信頼しない。

　ではどう行動すれば、企業を信頼の束に変え、多くの会社がパーパス経営

## G20で大規模な財政支援

● 対新型コロナウイルス対策の各国財政措置（GDP比、予算外含む）

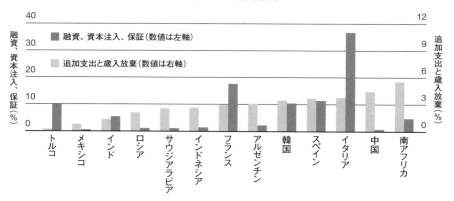

注：2020年6月12日時点。国グループの数値は購買力平価で調整したレートの米ドルでの国内総生産（GDP）で加重平均。
歳入・支出措置には繰り延べ税と前払いを含まない。G20＝主要20カ国・地域

を実現できる土壌を整備できるか。2019年に米国の経済界で巻き起こった
「株主第一主義の見直し」論は、パーパス経営へのはじめの一歩にも見える
が、メイヤー教授はどう見ただろうか。

　2019年の議論を鑑みると、我々はリバランス（バランスを取り直す）の
過程にあると感じた。企業経営では株主側に力点が置かれすぎていたが、ス
テークホルダーのことも考えるようになった。ステークホルダーは従業員や
取引先、そして社会全体だ。
　株主利益を促進するためにも、ステークホルダーが重要な存在だと考える
ことを「ステークホルダー資本主義」と呼ぶこともある。議論の焦点は、ス
テークホルダーのために行動することは株主のためにもなり、私が言うとこ
ろの会社のパーパスの達成にもつながることにある。その意味で株主第一主
義の見直し論は前進だ。
　ここでも重要なのは、あくまで「利益を出しながら」課題解決を成功させ
ることだ。ステークホルダーが直面する課題、すなわち人類が直面する課題

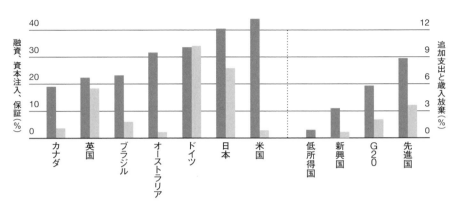

出所:「Fiscal Monitor: Database of Country Fiscal Measures in Response to the COVID-19 Pandemic」(IMF)を基に作成

をどう解決するかが会社のパーパスだが、同時にどのステークホルダーも会社に経済的に依存しているからだ。

　取材時には、コロナ危機という、企業がパーパスとして解決すべき強烈な社会課題が世界を覆っていた。最後にメイヤー教授のアフターコロナ観を聞こう。

　英イングランド銀行は2020年5月、「大規模な金融政策にもかかわらず、英国は1709年の大寒波以来の約300年で最大の落ち込みを経験する瀬戸際にある」とする予測を発した。なぜこれほど劇的なのか。それは猛烈な需要ショックと、猛烈な供給ショックが同時に起きたからだ。
　一般的に景気後退というとき、需要ショックなら財政政策で対処することが多い。しかし今回は、たとえ需要を維持できても、従業員を（職場から）隔離する必要がある。すぐに従業員が仕事に戻ることはできず、供給が自動的に戻るわけではない。こうした形で供給ショックと需要ショックが同時に

起こったため、過去の危機より乗り切ることが困難になる。

　不況がどの程度続くかは、デフォルト（債務不履行）が金融システムの中で起こるかどうか次第だ。英イングランド銀行が金融システムの外で起こることを掌握できるわけではない。例えばシャドーバンキングは掌握しきれず、予期せぬ金融危機の引き金になり得る。インドのシャドーバンキングはコロナ危機以前から懸念されており、危ない状況だ。

　シャドーバンキングはノンバンクやマネー・マーケット・ファンド（MMF）など、2008年の金融危機で主役になった信用仲介の総称だ。

　経済再開は、パンデミック（世界的大流行）の長期化がもたらす深刻なリスクだ。打つ手が少ない中どれだけ早く危機から回復するかで、数年後の各国の相対的な競争力が相当違ってくるだろう。

## ● 国家勢力のリバランスへ

　138〜139ページのグラフのようにコロナ禍で、多くの国は財政支出などで大規模な危機対応を繰り広げた。その効果やウイルスとの戦いがどの程度続くかにより、企業のみならず国家の力関係にもリバランスがありそうだ。

　最近まで、各国の景気循環には相関関係が観察された。しかし、パンデミックが与える影響は国ごとに異なるので、今後数年は、マクロ経済における各国の景気変動における相関関係はやや低くなっていくのではないかと私は見ている。

　数年前から、米中対立が深まることによる世界経済のデカップリング（分断）が指摘されてきた。世界の分断を乗り越えることも、今後は企業がパーパスとして解決を図るべき重要な社会課題の一つになるだろう。

# 第4章

# リーダーは、
# いかにあるべきか?

---

第 **9** 講　**リーダーシップの経営心理学**
ナラヤン・パント　*Narayan Pant*
仏インシアード経営大学院マネジメント実践教授

　リーダーシップとは、古くて新しい経営課題である。イノベーションを起こすことが企業にとって生き残りの条件となり、稼ぎながら社会課題を解決するビジネスモデルを模索しなければならない時代に、多様な意見、多様な人材の強みと弱みをそれぞれに生かすことが不可欠である。それに伴い、理想とされるリーダーシップの在り方にも変化が見られる。仏インシアード経営大学院きっての人気教授、ナラヤン・パント教授が説くのは、セルフコントロールを重視するストイックなリーダー論だ。

# リーダーシップは自己管理、
# 「顔に出さない怒り」も失格

ナラヤン・パント　*Narayan Pant*

仏インシアード経営大学院マネジメント実践教授

米ニューヨーク大学経営大学院で博士号を取得（Ph.D.）。米モニターグループの戦略コンサルタントなどを経て現職、幹部教育学部長を務める。個人の変革における心理の変化や、認知行動の変化に関する研究が専門。

## ➤ 講義の前に ── 教授の横顔

　仏インシアード経営大学院のナラヤン・パント教授がリーダーシップを論じる本講は、本書のベースとなった日経ビジネスの連載「世界の最新経営論」のシリーズの中で、異例の反響を呼んだ。パント教授の回は、現場リーダーをはじめ、幅広い層から「キャリアを振り返るきっかけになった」など、感情のこもったコメントが多く寄せられたのだ。

　そんな本講は、本書において、やや異色の存在である。

　パント教授が説くのはリーダーシップ。それも、セルフコントロールを重視したリーダー論で、ストイックかつ東洋的な色彩が強い。瞑想法や呼吸法を推奨し、日本人に馴染みやすいはずだ。

　本書で取り上げる経営論には、分析寄りの理論的研究やエビデン

スの検証、時事的な経営トピックの深掘りなど、「明日からすぐ役立つ」とは、必ずしも言えない（けれど、中長期的にはとても大事な）テーマも多い。そんな中で、パント教授の論は、ビジネス以外の人間関係や自己啓発にも応用できる身近な知見に満ちている。

　一方で、リーダーシップというテーマは、極めて今日的である。

　序文で早稲田大学ビジネススクール教授の入山章栄教授も指摘する通り、現代のビジネス環境は変化が激しい。VUCA（不安定・不確実・複雑・曖昧）な環境において、リーダーシップの重要性は増すばかりだ。

　第2章で、イノベーション論の大家たる3人の教授と「ダイナミック・ケーパビリティ」「両利きの経営」「オープンイノベーション」を論じた。これらを実践に移すときに不可欠なのは、多様な人材の多様な強みや意見をそれぞれ生かすことだろう。そこには、従来とは異なるリーダーシップが求められる。パント教授のリーダーシップ論は、このような要請に応えるものともいえそうだ。


　世界の経営学は、大きく2つのグループに分かれるように思う。

　そもそも経営学は、経済学・社会学・心理学など様々な学問領域のコンセプトを取り入れ、企業経営を分析したり、個々の経営課題の解決に生かしたりしようとしている学問である。

　そのなかでも、「分析」に重きを置くのが、例えば、数理分析を駆使した理論やフレームワークなどの完成を目指すグループ。「課題解決」に重きを置くのが、経営者や働く人々の意識改革、行動改革に取り組むグループ。

　例えば、第1講のポーター教授は、多くのフレームワークを提唱しながらも、きわめて実践的なアプローチをとる意味で、後者寄りと言えるだろう。所属するハーバード大学のビジネススクールも（ポーター教授はビジネススクールの教授ではないが）、実践的な講義内容で知られる。

　ナラヤン・パント教授が教鞭を執る仏インシアード経営大学院

は、ヨーロッパではスイスのIMD、英国のロンドンビジネスス
クールなどと並ぶ名門ビジネススクールだが、ハーバード同様、実
践に重きを置く。

　そのインシアードで長年、経営幹部研修をリードしてきたのがパ
ント教授である。名刺にも記された「実践（practice）教授」とし
てのキャリアが長く、「実践派」の経営学者として、最高峰の最前
線に立ってきたトップクラスの教授、といっていいだろう。
　本講はオンライン会議システムでのインタビューを基に構成した
が、パント教授は話題が豊富でどれも面白く、とにかく「生徒」を
飽きさせない。モニターで隔てられているとは思えないほど引き込
まれた。これぞ「教師」である。
　心理学の知見をリーダーシップの強化やリーダーの行動変容につ
なげていく。そんなアプローチをとる「経営心理学」を探求してき
たパント教授。インタビューのたたずまいにも「教育者」の表情が
強く出る。

　余談であるが、筆者がグローバルな経営学の取材に足を踏み入れ
た当初、先ほどの「分析（理論重視）」派と、「課題解決（実践重
視）」派の区別がよく分からず、戸惑う時期がしばらく続いた。日
本では、今もそこまではっきりとした線引きはないように思う。そ
の是非について、読者の皆さんは、どう考えるだろうか。


　ビジネスパーソンの関心も高く、百家争鳴の感もあるのがリーダーシップ
論だ。
　リーダーといえばどのような人物を思い浮かべるだろうか。
　実業界ではかつて、米ゼネラル・エレクトリックの故ジャック・ウェルチ
氏がカリスマ的な名リーダーと絶賛された時代があった。あるいは、危機に
瀕した事業の再建を成し遂げたり、急成長した企業において巡航速度をコン

トロールし、規模拡大へのシフトに成功した経営者が注目されることもある。

だが、パント教授は「人の心を動かすリーダー」の本質に焦点を当てる。

リーダーシップ研究とは、リーダーにより力を発揮してもらうための研究分野だ。私の観察では、リーダーによい仕事をしてもらうために必要なのは、知的訓練だけではない。ビジネススクールは伝統的にリーダーの知的訓練を担ってきた。だが、リーダーの心理にも働きかけなければいけない。自分がエキスパートだと自認したことはないが、もう数十年、リーダーシップ教育をしてきた。

## ● 思考、感情、行動を自己管理

リーダーシップが語られる時、まずそれは組織のタスクをやり遂げる力と思われてきた。これから起きることのロジックを完全に理解し、携わる人々にそれぞれのタスクを遂行するリソースを順序よく提供する。強いリーダーシップを持つ人材はそれができる、という見方だ。

一方、リーダーシップには、別の顔もある。部下にしっかり注目することもリーダーシップだ。部下の内面を理解し、互いにベストを尽くしながら協力し合える環境を作る。

つまり、タスク遂行能力と人心掌握術。この2つがリーダーシップについて考える時の伝統的な切り口だ。だが、私はもっと分かりやすく表現したい。

よきリーダーになるために必要な能力は3つある。

1つ目は、自分をコントロールできること。自己管理能力だ。思考をコントロールし、恐れをコントロールする。

2つ目は、チームの人々をまとめる能力だ。

そして最後が、組織をうまく回す能力だ。

この3項目を考えれば、自ずとリーダーシップの意味が見えてくる。

自分をコントロールするうえでは、行動だけでなく自分の心を常にコント

ロールすることが肝だという。

　結果を出すリーダーになるには、まず自分と向き合って自分の考えや感情を知り、そこから表出してくる行動をうまくコントロールすることだ。会議でいつも怒鳴り散らすリーダーがいたとしたら、その人はコントロールができていない。怒りを顔に出さずとも本当は怒っている場合もある。しかし、私からすれば、それもコントロール不能状態である。感情をあらわにするか否かだけが問題なのではない。極端な考え方や感情、行動を抑える能力が必要なのだ。

　まず、真の自分とどう付き合うかが、リーダーとなる最初の一歩である。次に、チームとうまくやっていく能力に移ろう。

　限られた時間で最大の成果を出すには、チームをまとめることが欠かせない。もっとも、チームをまとめるためにリーダーがすべきことは複雑ではない。世の中には、「ベストの結果を出すためには、チームの人々の話をよく聞き、理解し、心配事について心配せよ」と指南している本が、数多くある。それほど当たり前のことなのに、なぜ多くの人にそれができないのだろうか。それは、リーダーが自分を管理できていないからだ。

　自分を管理するというのは、自分の考えや行動を管理することである。そしてチームをまとめるということは、既に述べたように結局は、自分を管理するということである、というわけだ。パント教授は、こんな具体的場面を例に挙げる。

　あなたが会議に出席しているとしよう。来年の事業計画を議論していて、部下が、議論しているのとは少し違うアイデアを話したとする。あなたは、「何だって、こんなトンチンカンなアイデアを言い出すんだ？」「今言ったらだめだろう」などと、心の中で思ってしまう可能性がある。それこそがリーダーとして自分を管理できていない証拠だ。不規則な発言にただ刺激されて、

## リーダーに必要なのは「自分のリード」

● リーダーが遂行すべきタスクとは

自己管理→組織をリード

自己管理→チームをリード

自分を管理してリード

リーダーシップとは……
目的の共有
影響を与え促す
個人と集団での努力

考えることなしに怒っているだけだ。あなたは、発言した部下が、実は何か深刻に悩んでいて、助けを求めるために発言している可能性を考えていない。そして、その部下の迷いには、チームをまとめるうえで重要なヒントが隠されていることも多いはずなのである。

### ● 怒りを感じること自体を抑える

　自分を管理すると言っても、「感じている怒りを抑える」ことだけではだめで、「怒りを感じることをそもそも抑える」ことが重要、というわけだ。

　ではここでいよいよ、組織をうまく回す能力について考えていこう。会社の将来の組織設計や戦略を立案し、不確実な環境を見据えて意思決定を下し、組織がそれを遂行するようにリードする。組織をうまく回すには、様々な要素が必要に見える。

　だが、組織をうまく回す能力も、結局は自分とチームのコントロールが前提になる。組織を動かすうえでリーダーに重要なのは、実はしっかり周囲に頼る力だ。どんな立派な戦略が立案できても、リーダー一人で実現することはできず、ほかの人たちに働いてもらわなければならない。明確な指示を与えることができても、リーダーがチームを信頼し、働ける環境を整えなけれ

ば組織は動かない。

　ここで、最初のリーダーシップの定義を繰り返そう。つまり、リーダーは、自分を管理しなければならない。弱いリーダーはまず他人をコントロールしようとし、部下がしていることを全部報告させる。だがそんなことは不可能だ。

　多くの権限を委譲し、仲間たちのしていることを信じつつ、組織の利益に沿って行動してもらうように促すのがリーダーの仕事だ。そう考えれば、リーダーシップの本質が分かってくる。（他人でなく）自分の思考、感情、行動を管理する能力こそがリーダーシップなのである。

　パント教授は、組織の長に上り詰めてもなお、「自己管理能力」こそリーダーとしては最も重要な能力だと指摘する。

　人が今、どんなに優れていても、あるいは今どんなにダメでも、いつだって今より優れた人間になることはできる。これまで数多くのリーダーに会ってきた私の経験からすると、優れたリーダーの共通点として、常に学ぼうという姿勢を持っていたことが挙げられる。逆に学ぶことをやめた途端、もういいリーダーではなくなるのだ。

　リーダーの生来の性格的なくせがどうであれ、訓練で克服することはできる。その意味で、素質は大した問題ではない。そんなことより、その人の能力がどれほど高かろうと、包容力があろうと、常に新しいことを学ぼうとしているかどうかの方がリーダーとしてはるかに重要だ。

　学び続けるリーダーの下では、手掛けているビジネスも、絶えず新しいことを取り入れ成長していくことになる。

## ● 英知は群衆の中にしかない

　私は、講義の受講者に、学び続ける習慣をつくりだすことができれば成功だと呼びかけている。例えば、幹部候補生がビジネススクール在学中にいく

ら学んでも、卒業後に何も学ばなくなったら、我々の教育は失敗だ。ビジネススクールとは、学ぶ習慣を身につけるための場所だと考えている。

そうでなければ、ビジネススクールは松葉づえになってしまう。何かやるべきことが明確にある前提で、受講生がその方法を教えてもらうことを当てにしてやってくるようになる。当面必要な知識を得たら、つまり歩けるようになったら、お払い箱。それではリーダーなど育成できない。

だから、私が講座を担当するときは冒頭にこう尋ねることにしている。「ここに何をしにきたのか？」。大抵、受講生は驚き、「リーダーシップを学びに来た」と答える。そして、私はまた聞く。「なぜここにリーダーシップを学びに来たのか？　本を読んだっていいし、ポッドキャストを聞いたっていい」。

受講生は、大体深く考えないで参加している。漠然と何かを教えてもらいたいと思っている。しかし私が彼らにできるのは、学び続ける「心の力」を身につけるお手伝いだけだ。

学び続ける姿勢を持つためには、人は謙虚でなければならない。謙虚なリーダーは何事に向き合うときも、他人の意見を大事にする。そしてそうした耳を傾ける力こそ、環境が激変している中で組織を生き残らせるための重要な資質となる。

不確実な環境にあっては、専門的な知識などあってないようなものだ。では、先が見えない環境で必要なものは何か。それは謙虚に「群衆の英知」を活用する力だ。

判断と意思決定の科学という研究分野がある。あなたが1人の専門家を連れてきて、世界に将来何が起こるか予測してほしいと頼んだとする。だが、専門家の予測だけでなく、横にいる素人の予測も加味すれば、よりよい予測になるという研究だ。

おかしなことに感じるかもしれない。何しろ、あなたは世界トップクラスの専門家を連れてきたつもりでいる。一緒にいる誰かは専門家ほど優秀ではない。しかし、科学的根拠によれば、1人のプロの予測より、そのプロと素人の2人の予測の方が当たる。素人の数を1人から2人、2人から3人と増や

せば当たる確率はさらに増える。6人から8人の人を加えて予測すると、極めて頑健な予測ができるだろう。これが「群衆の英知」だ。

集合知、と呼ばれることもある概念だ。2009年に『「みんなの意見」は案外正しい』（ジェームズ・スロウィッキー著、角川文庫。原著は2004年刊行）という翻訳書が話題になった。予測の確からしさを統計的に分析した研究結果などを紹介したものである。

すべての科学的根拠において、複数の判断は、たった1人の判断よりも優れているという結果だった。この事実を、リーダーは常に念頭に置くべきだ。意思決定の前提となる情報処理の多くが将来、AI（人工知能）に任されていくということになるなら、人間に必要なのは、判断の行使だ。AIはある仮定に基づいた1つのモデルによって、助言はできる。だがリーダーは、判断をしなければいけない。「この助言に従うべきか否か？」。最も優れたリーダーは多くの異なる情報源から判断し、集合知の在りかを見極めねばならない。

それは、どのような集団の意見でもいいのだろうか。

意見を聞くときは、多様な人々から聞くべきだ。上司と部下が会議に参加しているとする。上司が部下に意見を求めたとき、部下は何をするだろうか。ボスが聞きたいことを忖度（そんたく）するに違いない。これでは、部下が自分で考え、独立して出した判断とはいえない。だが最終的な判断の質は、聞いた意見がそれぞれ個々に独立していればいるほど、改善することが分かっている。

そしてこれこそが、リーダーの役割だ。リーダーシップが達成すべき機能とは、自分1人の判断を行使することではなく、むしろ誠実で、独立的で、多様な意見を出しやすい環境を整えて、最終的に集団として良い判断につながるような役割を果たすことにある。

リーダーは最後は1人で決断しなければいけない。だが、1人で決断しなければならない内容を、1人で考えてはいけないということだ。

## 広く聞く姿勢が質の高い判断につながる

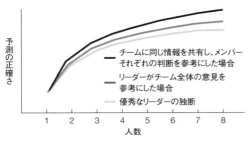

● 将来予測における判断した人数と正確さの関係

予測の正確さ

チームに同じ情報を共有し、メンバーそれぞれの判断を参考にした場合
リーダーがチーム全体の意見を参考にした場合
優秀なリーダーの独断

人数 1 2 3 4 5 6 7 8

出所：パント教授提供の資料を基に作成

**"リーダーは、『群衆の英知（Wisdom of Crowds）』で決断の質を高めよ"**

質の高い意思決定のための
3カ条

▶ メンバーに個別に考えさせる

▶ 必要な情報を最大限共有する

▶ 可能な範囲で多様な考え方を集める

　もうお分かりだろうが、この群衆の英知を幅広く集めるには、リーダーには、分け隔てない態度が必要になる。自分こそがすべてを分かっていると認識しているようなリーダーでは、ダメだ。自分は学びの途中であると認識し、常に自分を律して、新しいことを学び続ける。そうでなければ、正しい判断を下せるリーダーにはなれないのである。

## ● 「緻密な管理」は未熟の証明

　6〜8人の個別の見解の平均値を参考に意思決定をした方が、1人のリーダーの独断より意思決定の質は高まる、と説くパント教授。正しい経営判断を下すには、リーダーはメンバーでなく自らを管理し、自由闊達に意見を述べられる環境をチーム内に作ることが最重要だと強調した。

　ただ世の中では、緻密な組織管理（マイクロマネジメント）こそが成果を生むとの考え方もある。パント教授はどう見ているだろうか。

　マイクロマネジメントは、自己管理の対極にあるリーダーの姿勢で、私は評価しない。マイクロマネジメントをしたがるリーダーは同僚、仕事相手を信用できないのだろう。これまでに指摘したように、他人をコントロールす

るなどそもそも不可能だ。それに、特に大企業などでは、メンバーを細かく管理すればするほど彼らは指示待ち型の人材になる。自分自身で決めることを恐れ、組織のトップに全部決めてもらうまで待つようになる。つまり中長期的には、全部組織の弱さとして跳ね返ってきてしまう。

　マイクロマネジメントなしで組織を管理できないと思うリーダーは、自分を律することができていない。怒りの感情などを制御できず周囲を萎縮させている。だから、細かく管理し叱咤激励しないと組織が動かない。

　近年は、怒りの感情をコントロールする「アンガー・マネジメント」なども人気を呼んでいる。だが、パント教授はこうしたテクニックについても否定的だ。

## ● 決めつけるべからず

　アンガー・マネジメントなどは、表層的なやり方にすぎない。湧き上がった怒りをコントロールするのでなく、怒りそのものの発生を抑えなければ、優れたリーダーにはなれない。例えば、私が会議に出席して、プレゼンテーションをしているのに、参加者の一人がスマホを見ているとしよう。ここで「ああ、何てことだ、私の話が気に入らないんだ」と恐怖心にも似た怒りが湧いてくるようではだめだ。そうではなく、例えば「彼はなぜ会議中にスマホを見ているのか。子供が急に病気になってしまったとか、業務上、何か突発的なトラブルが起きたに違いない」と発想しないといけない。

　「会議中にスマホを見る」行為の背景には本来、いくつもの理由が考えられる。にもかかわらず、「自分への当てつけ」と決めつけると、そこからは誰でも怒りの感情しか湧いてこない。

　言い換えれば、「決めつけるべからず」だ。多くの場合、他人の行動の理由は他人には分からないのに、我々は相手が意に介さない行動をすると、勝手に理由を決めつける傾向がある。

　思い込みが激しい、短気、偏見が強い、抑圧的……。生まれつきの「性格」に起因しそうなリーダーの行動はどう改善すべきか。

　1つだけ言えるのは、頑張っても行動が改善できないような人はいないということだ。例えば、リーダーの中には、ダイバーシティー（多様性）を否定する人が少なくない。自分に賛成しない人間の言うことを聞きたくないからだ。なぜ、聞きたくないのか？　それはそのリーダーが、自分に否定的な意見を言う人間への怒りを抑制できないからだ。自分に問題がある。

　リーダーが自分自身を律して考えを切り替えるようにできれば、否定的な意見など怖くない。VUCA（不安定・不確実・複雑・曖昧）な世の中で成功するのに不可欠なのは、異なる視点に対する寛容さだ。それが得られる。

　広い意味では怒りも恐れも、人間が持つ「心配（Anxiety）」に起因する。感情を制御するには、思考訓練に加え、心配の発生自体を抑えるとよい。

　自分は賢いか？　この仕事で成功できるか？

　我々は、心配や不安を感じたら抑えるようにと教わってきた。しかし心理的に見れば、抑圧はうまくいかない。例えば私が、「黒いタイヤを履いた黄色いジープのことを考えないでほしい」と言ったとする。考えないようにした途端、ジープの映像が頭に浮かんだのではないか。同じことが、心配や不安にも当てはまる。

　リーダーになれるほど成功体験がある人が、思考や行動を変えることなどできるのか、との見方もありそうだ。

　可能だ。マーシャル・ゴールドスミスという著名なコーチングの専門家がいるが、彼は「これまでうまくいったやり方で今後もさらにうまくやれる保証はない」と言っている。保証がない以上、自分の行動パターンを自覚し、変えていくしかない。優れたリーダーなら理解できるはずだ。

　その意味では、リーダーの行動変容を促す第一歩は、「自覚」である。

自分の行動パターンに対する自覚を持つ人は、なぜ今こんな状態になっているかについて、物語として語れるはずだ。あなたは語れるだろうか?

組織が保守的で無理だというかもしれない。だがあなたは、そもそも話そうとしたことがあるのか。話す相手は、小さなグループから始めてもいい。

現状分析は、恐らく誰にとってもあまり気持ちのよいものではない。語ることで、変わるべきと知りながら変われない自分に嫌気が差すかもしれない。それでも思考停止せず、「内なる気づき」を得るため、人は自分の物語を語らねばならない。

さて、どんな考えが浮かんだだろうか? どのような感情が湧いてきただろうか? もしかしたら、ショックだったこともあるのではないか。そのつらい気づきこそが、変わりたくても変われない、あなたの行動を変革する「学び直し (unlearn)」の第一歩なのである。

「変わりたい自分」になるためのステップや、感情的になってしまう原因が「恐れ」にあることなど、良きリーダーになるうえで克服すべきポイントが具体的に見えてきたはずだ。

## ●リーダーが陥る自虐の落とし穴

さらに、リーダーが陥りやすい「インポスター症候群 (Imposter Syndrome)」の正体と、この"病"との向き合い方について聞いていく。インポスター症候群とは、「自分の成功や今の地位は、自分の本当の実力ではなく外的な理由で、周囲は自分を過大評価している」などと考えてしまう傾向のことだ(右ページ図)。

多くのリーダーは、「インポスター症候群」に苦しんでいる。これは、「私はここにいるべきではない。私はたまたま運がよかったから今のポジションにいる。前任者と比べて自分は全く優秀ではない」などと考えてしまう傾向のことだ。読者にも、身に覚えがある人がいるのではないか。

これは、決して恥ずかしいことではない。優れたリーダーですら、このイ

## インポスター症候群（Imposter Syndrome）の3つの特徴

# 1

他人は、自分たちの
実力を過大評価
していると考える

# 2

自分たちの本当の
実力がいつかは
ばれると不安に思う

# 3

成功は運や外的要因で、
見合わない努力しか
していないと考える

出所：心理学者Christian Jarrett氏の記事「Feeling like a fraud」（2010年、「The Psychologist」誌掲載）を基に作成

ンポスター症候群にしばしば陥るからだ。

　「インポスター」という概念は1978年、2人の女性臨床心理学者が発見した。学術界などで輝かしい成功を収めた女性150人にインタビューしたところ、多くが内心「自分は偽物であり、称賛に値しない」と思っていることが判明し、広く世間に知られるようになった。

　当時は、彼女らの極端な過小評価は「長きにわたり続いた、職業選択における女性差別による歴史的抑圧の影響」とされたが、後の研究で、より普遍的な感情であることが分かってきた。

　「リーダーは堂々としなければならない」「誰もが認める人間性を備えていなければならない」……。そういった世間の期待と自ら課すハードルの高さから、性別にかかわらず優れたリーダーがインポスター症候群に陥るのは、極めて普通のこととパント教授はいう。

　さて今、読者がインポスター症候群に苦しんでいると仮定しよう。読者は、ネガティブな考え方にとらわれているさなかだ。そうなると何が起こるだろう。気をそらしても、いったん湧いた感情はなかなか頭から離れないのではないか。何とか思考を振り切るためには、どうすればいいのか。

　簡単なことだ。「インポスター症候群に陥っている自分」を受け入れ、今やるべき仕事をとにかくやればいい。いったんネガティブな感情や思考にとり

つかれた読者は、何とかインポスター症候群を克服したいだろう。だがその努力はまず役に立たない。そうではなく、「ああ自分は今、インポスター症候群に陥っているな」「これは多くのリーダーが持ち得る感情で、自分もそうなのだ」と今、起きている状況をまず認識することだ。

## ● ネガティブな思考を無力化するには

たとえインポスター症候群に陥り、自分に自信がない状態にあっても、仕事に影響がなければよい。問題は、自信がなくなった結果動揺し、仕事が手につかなくなったり、業務のパフォーマンスが落ちたりすることだ。パント教授は、動揺を抑えることは十分に可能と考える。

これまで私が述べてきたことで重要なポイントの一つは、感情をコントロールするうえでの「気づき」「自覚」の大切さだ。負の感情が自分の内面から湧いてきてもその感情そのものを無理に抑えることは難しい。だが「なぜ自分にそんな感情が生まれるのか」について冷静に自己分析できれば、その感情に振り回されることはなくなる。

私は、良きリーダーは、怒りの感情を持つこと自体があってはならないと指摘した。そのための方法がまさに自覚だ。怒りの感情が湧いたら、なぜそんな思いが駆け巡ったのか考える。怒りの原因は、大体、恐れだ。そこで、自分がどのような恐れを持ち、それがどのように怒りを生んだのか、自分を見つめるのだ。そうすれば、怒りの感情はあなたへの影響力を急速に失う。

こうして怒りを"高速処理"する技術を確立すれば、「怒りの感情を持たない状態」と同じになる。

私たちは社会の一員として、どんな時も平常心でいるようにと教わって育つ。だが無理だ。感情は、コントロールを諦めることでコントロールが可能になる。ネガティブな考えを無理やり打ち消すことは諦めよう。ネガティブな思考を自らの中に受け入れ、無力化するのだ。

## 行動変容を妨げるのは何か

● リーダーが自己管理するためのステップ

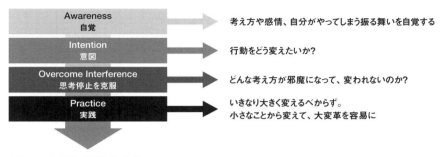

出所：パント教授提供の資料を基に作成

　思考を自覚できれば、やがてこんなふうに思える。「今、自分の中に良からぬ感情が湧いたが、この考え（怒りの場合もあれば、極端な自己評価の場合もある）は真実だろうか？」。

　ここまでくれば恐るるに足らずだ。感情を抑え込もうとしている間は、こうはならない。負の感情は、あなたの肩に座り、耳元で静かにささやき続ける。「おまえは本当は仕事のできないやつだ……」。そのささやきの主を目の前に引きずり出してみれば、実体のないただの思考にすぎないと分かる。この気づきが重要なのだ。

　どれほど成功を収めた人間でも、今よりさらに向上できるし、いつでも新しいことを学び続けることができる。学び直しのコツについて助言するならば、その最初の一歩も、この「気づき」だ。自分の考え方、感情、そして自分の関心事。これらに気づき、しっかりと自覚することが、学び直しの第一歩である。

　パント教授はさらに、リーダーにふさわしい行動様式を身につけていくための「認知行動療法（Cognitive-Behavior Therapy ／ CBT）」、そしてマインドフルネスについて説く。

高いポジションにつけば、人はそれを失うことを恐れてしがみつくように
なる場合もある。ポジションを失い、キャリアプランが壊れることを恐れる
のだ。これらもすべて、これまで見てきた「恐れ」だ。こうしたリーダーゆ
えの恐れをどう克服するか。ここで認知行動療法について紹介したい。

　認知行動療法では、自分の頭の中を駆け巡っている思考に気づき、その思
考を修正し、さらには行動を変えていくまでのプロセスをフォローしている。
まずは自分の思考を認識する。そして、その考えを「修正」する。さらに、
考えを修正することを通じて、行動を変えていくのである。これが認知行動
療法の基本的なステップだ。

　これが煩わしいと思うのであれば、もっとシンプルなやり方もある。それ
がマインドフルネスと呼ばれるアプローチだ。

　マインドフルネスとは何か？　それは要するに「今していること」に集中
し、注意を払うことである。

## ● 今していることに集中する

　マインドフルネスが、リーダーの自己管理にも有用であると指摘するパン
ト教授。目の前のことに注意を払うこと、気づくこと。リーダーには目、
耳、感性を研ぎ澄ませた観察力が重要ということでもあるだろう。

　ここで重要なのは、観察するだけで「判断」をしないことである。これは
いいとか悪いとか、そうした判断を下さないことだ。そうではなく、頭の中
や体、感情面に今、起こっていることに注意を払う。これを、呼吸法などと
合わせて取り組む人もいるし、いろいろなやり方がある。しかし、目的は
「気づくこと」だ。マインドフルネスの瞑想は、気づき、自覚のためのプロセ
スだ。絶対に、厳格な判断をしてはいけない。注意を払い、ただ観察するの
だ。瞑想やマインドフルネスは、中国や日本など東洋に昔からあったものだ。
ユニークなのは、東洋から西洋に来たやり方を心理学者が研究して科学的に
体系化してまとめ、それがまた日本など東洋に逆に戻っていっていることだ。
　日本の職人が瞑想に取り組めば、完全な仕事をすることが可能になるだろ

う。余計な思考を頭の外に追いやり、目の前で起きていることに注意を払える。同様にリーダーがマインドフルネスに取り組むことにはかなり恩恵があると思う。観察力が高まり、様々なことに注意を払うことができれば、おのずと「自分の頭の中を駆け巡っている思考」を捉えることも容易になる。

　自分の思考を正確に認識すれば、どこをどう修正すべきかもよりクリアになる。ここまでくれば行動を変えるまで時間はかからない。もっとも、こうした説明に対し、科学的根拠はあるのかという疑問を持つ人もいるはずだ。

　我々は科学の世界に生きており、エビデンス（根拠）を必要とする。結論から言えば、心理学者の最近の研究ではマインドフルネスが有効であるという科学的根拠が明らかになっている。先輩リーダー、祖父の世代が言うよりずっとマインドフルネスは説得力のあるメソッドとなった。はるか昔から存在していた優れた技術が、科学的根拠に基づく有効性を認められ、我々の元に戻ってきたということだ。

　にもかかわらず、私が日本人の経営幹部に瞑想やマインドフルネスに取り組んでいますかと聞くと、非科学的なものだと誤解しているのかやっていないことが多い。昔は取り組んでいる経営者がもう少しいたと思う。アジアの素晴らしい伝統なのに残念だ。

## ● 危機の時こそ「耳障りな異論」に耳を傾ける

　こうして「気づき」「修正」「行動変容」の技術を身につけたリーダーはいかなる状況でも的確な判断ができるようになるというパント教授。とはいえ経営環境が不透明かつ激変する現代において、より早く危機対処法を身につけたい人もいるに違いない。シンプルな方法を解説してもらおう。

　パニックに陥りそうな時、哺乳類の脳で一番古い部分である扁桃体は反射的に反応する。例えば買いだめなどは、食べ物はあると頭では分かっていても、扁桃体が「万が一に備えて買いに行け！」と命じる。だが、危機の時の

リーダーは冷静でなければならない。

　第1に重要なのは、データだ。何事もデータに基づいて判断すること。

　これは、言うほど簡単ではない。ある人にとってのデータは、別の人にとってのフェイクニュースだったりする。

　公正なデータを得られない場合、1人でなく、違う立場の人々から各自の見解を集めること。多様な人々が多様な立場から意見を言い合うグループほど、意思決定の質が高いことについては既に指摘した。必ずしも賛意を示すわけではない見解も出てくる。だが違う意見にこそ耳を傾けよう。感情的になりそうだったら、自分をコントロールする。人は耳に心地よい意見ばかり聞いてしまいがちで、反対意見を探すのは難しい。しかし危機の時こそ、耳障りな異論が重要だ。

　世界は、先の見えないウィズ・コロナの試練を経験している。楽観的過ぎても、悲観的過ぎてもリスクを抱えかねず、かじ取りが難しい。

　世界は、未知のウイルスによる感染拡大という誰にも答えがない危機に見舞われているが、私は希望を持っている。なぜなら、日本、中国、欧州そして米国、カナダ、あらゆる国の最高の頭脳が、解決に全力で取り組んでいるからだ。世の中のために、防護するための装置をつくり、ワクチン開発に取り組んでいる。

　人類の英知を信じる。とはいえ完全に元通りに戻るわけではない「半常態」で、感染症とのバランスを取りながら暮らす解決策を、模索するのだろう。

# 第 **5** 章

# 経済学の視点から
# アプローチする経営論

---

　経営学と経済学は、密接な関係にある。本章では、経済学の視点を取り入れた、最新の経営論をお届けする。

　経済学者のスコット・コミナーズ教授が説くのは、ミクロ経済学で発展した「マーケットデザイン」を取り入れた、シンプルで実践的な起業のコツ。一方、ケーススタディの達人であるデビッド・ヨフィー教授は、「ネットワーク効果」の視点から、GAFA（グーグル・アップル・フェイスブック・アマゾン）などプラットフォーマーの強さと落とし穴を分析する。

# 「市場の失敗」がお金を生む

スコット・コミナーズ　*Scott Kominers*

米ハーバード経営大学院准教授

1987年生まれ。米ハーバード大学で数学を専攻、2009年、最優等で卒業。10年に経済学修士号を取得、11年に経済学博士号を取得（Ph.D.）。米シカゴ大学、ハーバード大学フェローなどを経て17年から現職。ミクロ経済学のマーケットデザインを専門とする。

## ➤ 講義の前に —— 教授の横顔

　スコット・コミナーズ氏は米ハーバード経営大学院の准教授で、MBA（経営学修士）コースや博士課程などで教壇に立つ、新進気鋭の経済学者だ。

　コミナーズ氏の専門はマーケットデザインという経済学の比較的新しい分野で、経済学部にも籍を置くほか、ハーバード数理科学応用センター、ハーバードコンピューター社会センター、全米経済研究所（NBER）にも籍がある。

　マーケットデザインは、オークション理論やマッチング理論などを使った市場の分析により、市場の仕組みを設計、創造しよう、という発想のミクロ経済学の分野だ。日本人経済学者の層が厚い分野でもあり、東京大学経済学部の小島武仁教授（2020年に米スタンフォード大学から移籍）や大阪大学大学院経済学研究科の安田洋祐

准教授、慶応義塾大学経済学部の坂井豊貴教授などが、米国の大学で博士号（Ph.D.）を取得し、国内外で活躍している。

そんな仲間の研究者らから、コミナーズ氏は「かなりの超人」と言われている。

米ハーバード大学で数学を専攻し、最優等で卒業し、飛び級で経済学の修士号、博士号を取得した。そんなコミナーズ氏から「これが、今取り組んでいる研究リストなんだ」と見せてもらったメモに、驚愕した。優に30テーマを超え、内容も経済学に数学、理論研究、ビジネススクールのケーススタディ、さらに学際的なプロジェクトと、恐ろしく多岐にわたっていたからである。これらを同時並行でスムーズに進行させる生産性の高さはすさまじい。知の「巨人」ならぬ、「超人」とは、コミナーズ氏のような人を指すのだと実感した。

米国のトップスクールのすごみは、コミナーズ氏級の超がつく驚異的な秀才が大勢集まり、大学のあちこちにいることであろう。

本講の取材はコミナーズ氏がケーススタディ研究のため来日した折、米ハーバード・ビジネス・スクール日本リサーチ・センターの佐藤信雄センター長のご協力で実現した。

コミナーズ氏は日本のラーメンが大好物だという。来日にあたって、六本木のラーメン店に立ち寄ることを楽しみにしていた様子が印象的だった。

本書に登場する研究者はいわゆる高名な大御所が多く、まだ30代前半のコミナーズ氏は異彩を放っているかもしれない。筆者とコミナーズ氏はツイッターで相互フォローしているが、時々、筆者が担当した記事のリンクをツイートすると、リツイートしてくれたりリプライをくれたりすることもある。とても気さくな先生である。

そんな若き超人、コミナーズ氏が、マーケットデザインをベースに「新規事業のタネを見つける方法」を提示する。要点はシンプル。「“市場の失敗”を探し出せ」だ。

私は経済学の理論研究と同時に、経営大学院でのケーススタディ執筆、コンピューター科学や進化動学（人類の進化を数学的に解明する学問領域）、数理科学応用センターでの研究など、学際的な研究にも携わっている。

　そんな私が考える起業マネジメントのカギは、これらの知見を組み合わせ、現実の社会で発生している「市場の失敗」を研究し、見つけ出し、修復する手立てを探求し続けることだ。

　なぜ「市場の失敗」の発見が起業につながるのか。コミナーズ氏はそれを解説するにあたり「そもそも市場とは何か」をおさらいする必要があるという。ここは急がば回れで、コミナーズ氏の講義に耳を傾けてみよう。

## ● 結婚もデートもすべて市場

　読者は恐らく、金融市場、住宅市場などあらゆる取引市場に日々接しているだろう。だが一方で、日常的に接していながら、それを「市場」と認識していない市場もあるはずだ。例えば、結婚市場、デート市場も立派な市場である。経済学的な意味における「市場」とは、市場参加者が互いに反応し、何らかの動機をもって取引を模索している状況をすべて指す。

　市場が「失敗」せず、仕組みが有効に機能している間は、大きなビジネスチャンスが生まれにくいともいえそうだ。

　古典的な経済学では、例えば株式市場や金融市場においては、参加者それぞれの思惑で株式を売買したり、借金をしたりといった取引をすることで、おのずと価値が創出されることになっている。売りたい参加者はできる限りそれが市場で一番良いように見せ、買いたい参加者は将来はさらに価値が上がると考えたものを買う、という動機で動く。結婚市場もこれで、市場参加者がより自分にふさわしい相手を探そうとする市場だ。

　しかし、現実の市場は常々有効には機能しない。その状況を、コミナーズ

## 制約などで実現できない取引をつなぐ

● 組織内取引市場の役割

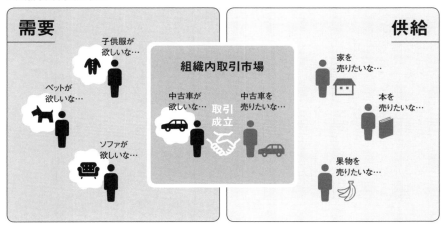

氏は「市場の失敗」と呼ぶ。

　市場の失敗は、何によって引き起こされるのだろうか。そこには多くの要因がある。まず、「摩擦」が市場取引を妨げる。摩擦の一つが、不完全な情報だ。金融市場なら、投資したいがそもそも将来どの商品の価値が上がるかは分からない。結婚市場では、自分を格好良く見せようと相手が偽りの姿を見せているかもしれない。中古車を買いたいが、どれが高品質か見抜けない。

　現実社会ではこうした要因のために、価値を生み出せるはずの取引がなかなか成立しない。これが市場の失敗で、さらに広げて言えば、間違った取引が発生し、最適な結果につながらなかった時のことをも指す。経済学者は長い年月の間、市場の失敗について研究し、様々な種類に分類しながらその内容を判別してきた。そして近年は、市場の失敗を理論的に修正できないか、と考え始めている。

　成熟市場における大きなビジネスチャンスは、こうした市場の失敗を修正

することで生み出せるというのが、コミナーズ氏の考えだ。

例えばフィーディング・アメリカという、米国最大級のNPO（非営利組織）がある。同組織は、会員のフードバンク（規格外などの理由によって市場で流通できなくなった食品を生活困窮者などに配給する団体）と寄付された食料などをマッチさせるため、組織の内部に取引市場がある。

生活困窮者に食品を配給している団体と、その志に賛同し食品や資金を寄付したい人々。本来であれば、放っておいても取引はいくらでも成立するはずだ。しかし現実にはそうならない。情報不足という「摩擦」で、寄付者はあちこちのフードバンクのうち、果たしてどこに寄付するのがベストなのか、見極められないからだ。

フィーディング・アメリカに寄付された食料をフードバンクに割り当てる時、会員のフードバンクは内部通貨で入札に似た取引をする。最高値で入札したフードバンクが食料を得られる。本来難しかった適正な取引を実現した典型的な事例だ。

## ● ウーバー、エアビーも「市場の失敗」

米ウーバー・テクノロジーズや、米エアビーアンドビーといった、IT（情報技術）基盤やアプリを活用した新興企業も、市場の失敗に注目し、それを解決した。エアビーは「使われずにいる（価値ある）スペースの存在」に着目し、ウーバーは「自分のクルマに人を乗せたい人」がいて「クルマで移動したい人」がいるのに、マッチングがなされていない状況に着目した。経済学が仮定する理想的な世界なら両者は簡単に取引できるが、これまでそうした取引は実現しづらかった。

こうした状況を解消して、新たな市場の仕組みをつくることが「マーケットデザイン」だとコミナーズ氏は捉える。

マーケットデザインの考え方は、既に多くの公共プロジェクトなどで活用されている。米国・英国・日本における研修医のマッチングプログラム（医師の希望と研修先の希望をマッチさせる仕組み）、また世界中で利用されている、学生を各学校に振り分ける選択プログラムもその一つだ。

ここまでのポイントをまとめれば、起業の第一歩は「市場の失敗」を見つけ出すこと。本来成立することが望ましい取引が、何らかの事情で成立しないことをコミナーズ氏は「市場の失敗」と説明した。では、この市場の失敗をいかなる方法で見極めればいいのか。まず、それぞれの市場で発生している「摩擦」を見つけることだ。

「摩擦」とは、市場での取引を妨げるもののことである。例えば、合意寸前だった取引候補者同士のやり取りが、通信状況が悪く頓挫してしまったとしよう。この場合の摩擦は、通信手段の不在である。ほかにも、言葉の壁のような単純なものから、特定の業界で続いてきた長年の商習慣まで、その種類は様々だ。適正な取引を困難にする政府の規制も含まれる。

市場において最も古くからある摩擦は「地理的制約」だ。

## ● 「地理的制約」と「情報の不完全性」

市場の創出は、人類が長い歴史の中で続けてきた営みで、例えば中世の時代には既に、債務の"清算市"があった。貸金業者があちこちから集まって、仲介人を通じて債務を整理し、取引しながら適正に清算するのである。

ただ当時、この取引を実現させるには、一堂に集まらねばならないという物理的な制約があった。貸し出し条件などが書かれた借用書とローンの期間を目の前で比較しないと、安全な債務の交換などができなかったからだ。だが、通信手段や信用を担保する仕組みの発達で、現地集合が必要な「地理的制約」という摩擦は軽減された。

コミナーズ氏は、こうした摩擦が往々にして市場の失敗の温床となっており、摩擦を解消できるビジネスは成功する確率が高いと説く。

　摩擦を見つけて解消する、とは「市場の失敗」を修正することである。摩擦を解消する仕組みをゼロからつくり上げるビジネスは、魅力的な起業対象の一つである。起業が社会的な価値創造につながることが、ビジネスを始める前から分かっているからだ。
　それに、市場の失敗を解決する起業は、別の人が既に考えたものを改善したり、(PDCA ＝計画・実行・評価・改善＝の) サイクルを高速化したり、コストカットしたりする起業とは全く違う。全く新しい仕組みによってこれまでなかった取引を実現することを通じて、利益を生み出すのだ。

　コミナーズ氏がハーバード経営大学院でその代表的なケースとして紹介するのが、中古車市場のプラットフォーマーである米国のシフト・テクノロジーズだ。

　シフトが登場するまで、中古車市場で快適な取引を経験することは、(少なくとも米国では) あまりなかった。取引は摩擦により、不愉快でかつケチなものになりがちだった。シフトがその摩擦を解消した結果、ユーザーは全く新しい中古車購入手段を得て、ストレスのない取引ができるようになった。

　中古車を購入する時、一番の摩擦は情報不足 (経済学者のコミナーズ氏はこれを「情報の不完全性 (Imperfect Information)」と呼ぶ) だ。新車に比べ、中古車は外見だけでは品質が分からない。試乗ができない場合もあるだろうし、事故歴、修理歴などの記録がいいかげんな場合もある。
　そこでシフトは、所有歴などを含めた150項目以上をプロの整備士らが点検。走行距離や製造年などユーザーが気になる情報を正確に掌握し得る中古車を、ウェブサイトに掲載している。さらに、当該車種に関する膨大な取引データから導き出した適正価格を、売り手と買い手に提示する。これにより売り手も買い手も「安く買いたたかれている」「高く買わされている」とい

## 取引を妨げる「摩擦」を探せ

● 市場の「摩擦」の例

う疑心暗鬼が消え、安心して取引ができるというわけだ。

　また、情報の不完全性と前出の地理的制約がともに存在するような市場もある。デート市場だ。

　ここでデート市場について再び、考えてみよう。言うまでもなく、個人が個別に理想の相手を手近な市場で探すのは難しい。しかも基本的には対象となる地域が限られるため（地理的制約）、市場がどうしても「薄商い」になる。さらに、何らかの形でデートをしたい人、結婚したいと思う人が大勢見つかっても、本当に理想の相手かどうかを見極められる情報が少ない（情報の不完全性）。そこで、デート市場参加者の層を厚くし、大勢の違ったタイプの人たちの（性格や趣味などに関する）情報を集約して、参加者が負担なく探せる仕組みを考えてみる。これが摩擦の軽減だ。

　市場の失敗につながる摩擦の中には、個別には望ましそうな取引でも、別のところで悪影響を生み出してしまうものもある。例えば、市場で確実に受け入れられると分かっている商品でも、生産や流通の過程で問題が生じ、取引が成立しなくなるといったケースだ。

　例えば公害など地球環境への影響も摩擦だ。環境問題が関係する市場で

は、その摩擦の解消がスタートアップの大きなタネとなるだろう。環境対応により制約が生まれる場面の裏には、人々が潜在的に求める取引が必ずある。

この分野で起業するなら、あなたはもはや投資家を説得する必要すらないかもしれない。どう摩擦を解消して、どう取引を促進するか発案すればいい。それができれば、多くの価値を自分のところに囲い込める。

こうして摩擦を無事に見つけ出したとしても当然ながら、それで終わりではない。摩擦を解消する事業をいかにスタートさせて育てればいいのか。さらに、どう「スケール（スケーリング）」すればいいのか。

インターネットの登場で「地理的制約」が解消されるなど、過去10年、技術革新で「市場の摩擦」を軽減する様々な方法が生まれた結果、多くの新ビジネスの土壌が生まれた。

中でも事業機会の拡大に貢献を果たしたのは、監視技術だ。

ウーバーのようなライドシェアのビジネスが機能するのは、各ドライバーが運転するクルマを追跡する技術が完成し、ドライバーの腕前や誠意を数値化することが可能になったからだ。間違ったルートを進んだり、道を外れたりといった危険で未熟なドライバーは評判が下がり、いずれ排除される。このため、利用者は安心してサービスを活用できる。

## ● 技術が可能にした効率と公正

同様に、民泊仲介世界最大手の米エアビーアンドビーは、部屋を投稿することも評価することもユーザーに任せることで、効率的でかつ公正な仲介をリアルタイムで実現している。こうした仕組みが可能なのも、スマホにアプリをインストールするだけで様々な投稿が可能になる技術が完成したからだ。

ただ、こうした成熟市場向けの仲介ビジネスは、規模を拡大していく時にありがちな「ある壁」に直面する。

　まず、ライドシェアや民泊のように取引の仲介をするプラットフォーマーの多くが抱えている問題が「仲介者離れ」だ。事業を進めているうちに、取引が自社の外側で進められるようになり、（最初にきっかけを作った）プラットフォーマーが利益を得ることが困難になる状態だ。

　利用者からの「中抜き」がなくても、新たな参入が相次ぐと、プラットフォーマー同士の競争が激しくなる。実際、米国の大手配車サービス会社であるウーバーとリフトは、互いに終わりなき料金競争に陥っており、どちらが最終的に強みを持つことになるのか、定かではない。

　実際、多くの新しい取引市場ビジネスは、初期の取引を促進することにこそ成功しているものの、最初から収益を出しながら規模拡大できる仕組みにできているわけではない。起業家は規模を拡大し、事業を継続させるのに十分な“価値”を利用者からどう獲得するか、最初から考える必要がある。

　仲介離れなどの影響を最小限にしない限り、市場の失敗（摩擦）解消ビジネスも一定の規模で頭打ちになる恐れがあるというわけだ。ではどうすべきか。

## ●「アジャイル」より「垂直立ち上げ」

　ソフトウエア開発などの世界を中心に、アジャイル（俊敏）、つまり経営スピードを速めることで競合を振り切る戦略が重要とされることが多い。が、情報技術を駆使した取引市場によるビジネスについてコミナーズ氏は、起業初期から圧倒的に高品質なサービスを市場に投入する「垂直立ち上げ」「ロケットスタート」が大切だと指摘する。

　この点を実証するケースとして、MBA（経営学修士）の講義でコミナーズ氏は「ゲーマーセンセイ（Gamer Sensei）」という会社を取り上げている。ゲーマーセンセイでは、利用者が指導を受けたいeスポーツのゲームを選び、コーチのプロフィルを料金、チーム、言語などで検索する。利用者はデータを確認したあとでレッスン時間などを予約し、通話アプリなどで指導を受ける。レッスンに不満足なら、同社が返金をサポートする。

ゲーマーセンセイは、eスポーツでパーソナルトレーニングを提供するプラットフォームだ。当初から、このビジネスは実に斬新なアイデアだった。eスポーツのコーチができる人は当時はまだほとんどいなかったし、提供できるマッチングの仕組みもなかったからだ。だからこそ同社は、初期段階からすべての取引の品質を維持するために苦労することになった。

　何より欠かせなかったのは、質の高い情報の精選、キュレーション（目利き）だ。ゲーマーセンセイのビジネスモデルで最も重要なキュレーションの対象は、コーチ選びに他ならない。実際に同社はまず、死にもの狂いでコーチの「キュレーション」をした。つまり「確かな技術で効率的に指導できる人材」を書類や面接で厳選し、集めた。

　そうして最初からサービスの品質を確かなものにすることで、あらゆるタイプの利用者に認めてもらえば、口コミで評判を広めてももらえる。ゲーマーセンセイは、そうなった。

　本当に質の高いコーチ陣を最初から囲い込めば、後発者が追随することは容易ではない。追随者がいなければ、キュレーションを重ねて獲得したコーチ陣を引き抜かれるリスクも小さくなる。その結果、事業の評判は高まりこそすれ下がることはない。手厚いサポートや事業拡大の利益を十分に還元することなどでコーチ陣と信頼を築けば、大きなアキレス腱である「中抜き（される）リスク」も最小化できるだろう。

## ● アジャイル戦略が通用しない世界

　逆に、「とりあえずコーチができる人材を安く集め、まずは事業をスタートし、やりながら修正していこう」というある種のアジャイル的な戦略では、幅広い評判の確立は期待できず、こうはいかない。ソフトウエア開発の発想をコンテンツに持ち込んでも、大きな成功は難しいともいえそうだ。

　初期の「目利き」は、この手のビジネスにおけるブランディングに極めて重要だ。とりわけプラットフォーム型のビジネスのブランド力は、人々が取

## 慎重なキュレーションがないと成長しない

● プラットフォーム型スタートアップにおける規模拡大

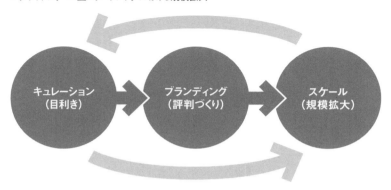

引したいと思うかどうかを大いに左右する。だからこそ最も重要なのは初期
の取引だ。ここで、どの立場の人からも評価されることこそが、事業拡大の
起爆剤となる。

　コーチをキュレーションした結果、ゲーマーセンセイでは利用者がコーチ
を高く評価して繰り返し雇い、その事実が拡散することを通じてさらに規模
が拡大（スケール）する、という好循環が起きた。

　簡単な解説ではあるが、コミナーズ氏による「マーケットデザインに基づ
く、きわめてシンプルな起業のコツ」は、以上の通りだ。
　次に、特に今の時代にあって、起業家が成功するために必要な力を考察す
る。デジタル時代の起業家には、主に、3つのスキルが重要とコミナーズ氏
は説く。それは、「市場分析力」「最新技術への感応力」そして「多様な資金
調達力」だ。
　最初は、市場分析力について。

　まず、参入する市場が現時点で地域限定だったり、期間限定だったりして
狭かったら、起業のチャンスと考えよう。

デート市場や中古車市場を例に「摩擦により失敗している市場」の話をしてきたが、失敗は往々にして取引されるものの流動性（取引対象の層）が限定されていることから起きる。少し市場を広げ、より広範囲に取引する対象（交際相手候補やマイカー候補）と出会える仕組みにすれば、取引機会を創造できる。

　流動性のない市場、取引にコストがかかり障害になっている市場ほど、新しい仕組みをつくって成功する機会が眠っているのだということを、肝に銘じておこう。例えば住宅市場では、多くの人が引っ越しシーズンなど同じ時期に一斉に家を手放し新しい家を探すので、その期間以外で探すと物件が「薄い」ためになかなか希望がかなわない。これなども期間に制約があるため、流動性が欠如した市場だといえる。

　ただ、流動性が欠如した市場での起業は、試練でもあるとコミナーズ氏はいう。中にはどうしても解決が困難な場合もあるだろう。

## ●「制約」が解決可能か見極める

　（ウーバーなどのような）既存市場の流動性を高めて新しい取引市場を形作る起業には、特有の試練がある。流動性の欠如がチャンスになるとはいっても、流動性を創造し、取引ラインアップの充実を図ることが現実にはとても難しいからだ。たとえ流動性を確保できても、需給をうまく調整するのがまた難しい。流動性を確保しつつ、十分な取引が維持できる（市場参加者の）規模を保つマネジメントが重要になる。

　だから、挑戦しようとする起業家は、市場を注意深く観察し、その市場における流動性の欠如が解決可能なものなのか、仮に解決したとして需給のバランスを取り続けられるのか、常に分析的な考え方をしなければいけない。そのためには現場に行き、エスノグラフィー（行動観察）をすることが欠かせない。市場参加者と話したり、取引の成功事例と失敗事例を実際に見たりする。その後で、市場の仕組みを構築するのだ。

## 資金調達の選択肢が広がった

● クラウドファンディングと従来型資金調達の違い

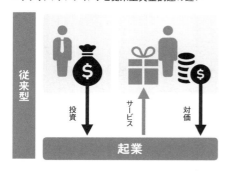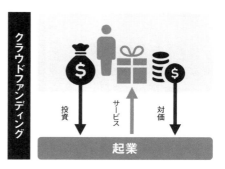

　起業家はこうした市場分析力に加え、これまで解決が不可能だった「摩擦」を軽減し得る「最新技術への感応力」も必要だという。

　これまでに見てきた通り、監視技術の発達で、世界中で展開できる大手配車サービスが生まれた。監視技術は、これ以外にも様々な市場を創造している。例えば、生物多様性の維持や二酸化炭素の削減を目指すビジネスを設計している業界に、数年前に登場した「コンピュータービジョン」の技術を使っているところがある。人工衛星のデータで、土地の利用者が事前の取り決め通りに環境を保全しているかどうかを見極めている。新たな技術は、これまで不可能だったビジネスを可能にする。

　コンピュータービジョンは、物理学や統計学、AI（人工知能）による機械学習やディープラーニング（深層学習）などを駆使したデータ解析に基づき、デジタル画像や動画を分析する研究分野。こうした新技術が、試練を超えて新たな取引を創造する原動力になることを忘れてはならない。

　起業家に必要なスキルとしてコミナーズ氏が挙げる3つの能力のうち、市場分析、技術感応力に次ぐ力は、「多様な資金調達力」だ。起業家に資金調達力が必要とは、当たり前にも思えるが、コミナーズ氏がここで言う「多

様な資金調達」とは、VC（ベンチャーキャピタル）や投資家からの資金調達でなく、不特定多数の人から協力を得る「クラウドファンディング」のことだ。

　市場をつくる起業家にとって、「クラウドファンディング」は魅力的だ。なぜならクラウドファンディングは、製品やサービスを完成させる前に、取引したい双方の需要があることを「見せる」新たな方法だからだ。
　従来型の資金調達では、ガバナンスを利かせ、投資機会としてのみビジネスを評価してくれる投資家から資金を提供してもらう。需要と供給、取引見込みなどをあらかじめ示さなければならない。一方クラウドファンディングでは、自分がつくろうとしているサービスを使いたい人たち自身が、直接資金を出してくれることが多い。
　一般的な投資家は、起業家がつくろうとしているアプリや製品が「幅広いコミュニティーに価値があり、持続可能だろう」と判断して出資する。一方クラウドファンディングでは、出資者が自ら製品・サービスを利用して後押しする。
　つまりクラウドファンディングで起業できたということは、はっきりした消費者のニーズと価値創造の機会がそこに存在し、ビジネスが成り立つ需要があることを、広く知らしめることにもなるのである。

## ● 世界を救うマーケットデザイン

　市場分析力、技術感応力、そして新たな資金調達力。この3つの力を駆使し、失敗している市場を探し、摩擦を特定して事業を育て上げる──。これが、コミナーズ氏が考える「今の時代に成功する起業」の方法論だ。
　そしてこの考え方を発展させるとコミナーズ氏の専攻する経済理論、マーケットデザインに行き着く。
　最後にコミナーズ氏がマーケットデザインへの思いを語る。

　私が専攻するマーケットデザインは、新たな市場の仕組みをいかにしてつ

くるかを考える学問だ。人と企業が互いにインセンティブ（動機、誘因）に
反応する世界を観察し、新たなマーケットを自らデザインするという考え方
から導かれるのは、説明的な学問と異なり、新しい世界をつくる学問である。
その発展は、世界の様々な課題を解決することにもつながるだろう。

## 第 **11** 講　ネットワーク効果で読み解くプラットフォーマー

# GAFAの「勝者総取り」は真実か?

デビッド・ヨフィー　*David Yoffie*

米ハーバード経営大学院教授

1954年生まれ。米スタンフォード大学で博士号（Ph.D.）取得、1981年から米ハーバード経営大学院で教え93年から現職。ケーススタディの大家。経営幹部教育を中国やインドにも展開し成功を収めた。

> ➤ **講義の前に ―― 教授の横顔**

　　デビッド・ヨフィー教授は、ビジネススクールにおけるケーススタディの執筆、研究に優れることで知られる。その意味で、いわゆる学術研究に携わる教授とは立ち位置が少し異なるが、トップクラスの研究者であることには間違いない。

　　取材をしたのは、ちょうどGAFA（グーグル・アップル・フェイスブック・アマゾン）の急成長や、それにともなうプライバシー問題の扱い方などが問題になっている時期だった。当時ヨフィー教授は、第15講に登場するMITのマイケル・クスマノ教授らと『The Business of Platforms』というプラットフォーマーのケーススタディを理論的、かつ定性的に解説する共著を出したばかりであった。プラットフォーマーのビジネスモデルと従来のビジネスの違いなどを鋭く分析したこの本を読み、電話でインタビューした。

　ヨフィー教授が、プラットフォーマーのビジネスモデルの特徴と
する「ネットワーク効果」は、もともとはミクロ経済学の概念であ
る。その意味で、やはりミクロ経済学から生まれたマーケットデザ
インを使って、経営を語る前講のコミナーズ教授と相通じるものが
ある。ゆえに、本章にこの2講をまとめた。
　なおヨフィー教授は、2001年に、柔道の極意で経営を語る著作
を出しており、日本語の翻訳書（『柔道ストラテジー』NHK出版／
メアリー・クワック氏と共著、藤井正嗣監訳）も出版されている。


　新たなビジネスモデルで経済と社会を様変わりさせた「プラットフォー
マー」。GAFA（グーグル・アップル・フェイスブック・アマゾン）を筆頭
に、人々の生活を様変わりさせるほど大きな存在となった。そのマネジメン
トは従来のビジネスと変わらない部分も多い一方、大きく異なる特性がある
という。「勝者総取り」のビジネスモデルの本質と危うさとは。ヨフィー教
授に、プラットフォームビジネスの要諦を聞く。

　プラットフォームという言葉が生まれた時期を考えると、私も共著を出し
ている米マサチューセッツ工科大学のマイケル・クスマノ教授（第15講）ら
が、2002年、『プラットフォーム・リーダーシップ』（有斐閣）という本を
出したあたりではないか。
　当時はプラットフォームといえば、主に、技術的な基盤となる「イノベー
ションプラットフォーム」だけで、今よりかなり意味の狭い言葉だった。現
在は、これに取引を仲介する「取引プラットフォーム」が加わり、この2類
型が基本だ。
　現代的な意味で「プラットフォーム・リーダーシップ」といえば、プラッ
トフォーマーの中でも圧倒的にシェアを握り、ハイリターンを生み出す能力
がある者だ。

　イノベーションプラットフォームとは、米マイクロソフトのウィンドウズ

や米アップルのiOSなどのような、いわゆる技術的な基盤を指す。

一方、米エアビーアンドビーや楽天は、情報や売買などを仲介する取引のプラットフォーマーである。

いずれも「利用者が増えれば増えるほど、ネットワークの価値と利用者の便益が高まる」ことをビジネスの土台とする。これがネットワーク効果であり、プラットフォーマーに共通する特徴である。

ネットワーク効果は、何もインターネットに特有の現象ではない。例えば、電話帳のようなカタログや、マスターカード、ビザ、アメリカン・エキスプレスのようなクレジットカードブランドも、ネットワーク効果が効くビジネスである。

これらの取引プラットフォームの提供者は、デジタル革命以前のプラットフォーマーであるといえる。

## ● プラットフォーマーは大国が有利

GAFAとマイクロソフトは現在、（時価総額を基準に）世界で最も価値のある代表的な企業とされるが、いずれも、イノベーションと取引の混合型プラットフォーマーだ。

規模の経済が働くネットワーク効果に依拠したビジネスゆえに、人口規模や経済規模の大きい国を拠点とすることにメリットがある。

プラットフォーマーが強いのは米国だけではない。世界には中国のアリババやテンセント、日本の楽天、韓国のクーパンなど、様々なプラットフォーマーがいる。欧州には今あまりないが、以前はシンビアンというフィンランドのノキアが主導する、製造業（携帯電話メーカー）向けにOS（オペレーティングシステム）を提供するプラットフォーマーがあった。

最初にこのモデルを切り拓いたのは米国で、中国企業は模倣した立場だ。例えば、アリババのネタ元は米イーベイである。多くのアイデアは1980年代〜90年代に生まれ、世界中に広がった。米国からリーディングプラット

## プラットフォームには 2 種類ある

● 「プラットフォーム」の基本 2 類型

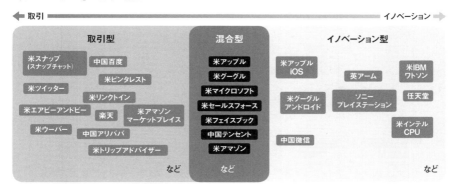

出所：『The Business of Platforms』（マイケル・クスマノ、アナベル・ガワー、デビッド・ヨフィー共著）掲載の図を基に作成

フォーマーが現れ、全く新しい価値が創造された。世界中に広まったのは必然だったといえるだろう。

　プラットフォームビジネスは、本当に「成果」をほぼ総取りできるポジションにあるなら、ほかのどのビジネスモデルより大きな価値を生み出すチャンスがある。従来のビジネスとは違う新しい競争が可能で、成長の機会そのものだ。

　では、そんなプラットフォームビジネスが今のように産業界を牛耳る存在になると、専門家の間で意識されるようになったのはいつごろだったのか。

　イノベーションプラットフォームといえる最初のビジネスは、マイクロソフト（のOSであり、それは）「MS-DOS」と「ウィンドウズ」だ。米アップルも「マッキントッシュ」で（OS事業に）参入した。

　しかし爆発的な台頭は、95年にインターネットが登場してからだ。米アマゾン・ドット・コム、米グーグル、米フェイスブック、米イーベイなどが生まれた。フェイスブックは、2004年には100万人程度の会員数だったのが、

18年には23億人になった。これほどのスピードで規模を拡大した企業はない。プラットフォーマーでなければ不可能だったし、インターネットがあったからこそだ。

もっとも、今でこそ巨大産業になったプラットフォームビジネスだが、初めから順調だったわけではない。最初の開拓者より、むしろ素早く参入した2番手の方が勝ちやすい傾向すらあるという。

## ● 「値付け」が試練

1つ強調したいのは、プラットフォームビジネスには無数の失敗企業があるということだ。私が研究の一環で調査したところ、上場したリーディング企業と競争して消えていったり、ビジネスモデルを変えたりした企業をすべて数えると、実に数百もの失敗企業があり、成功した企業の数のほうがかなり少なかった。

失敗の理由は極めてシンプルだ。プラットフォームビジネスは、2つ以上のユーザー市場を対象にした商売である。例えばフェイスブックなら「友達とつながりたいユーザー」と「広告を配信したいユーザー」のように、2つ以上の異なるニーズを持つユーザーが同じ基盤を利用する。

この特徴ゆえに難しいのが課金である。どのユーザーにいくら課金し、誰を無料にすれば双方を最も数多くプラットフォームに囲い込めるかを見極めなければいけない。大方のプラットフォーマーは、ここで失敗していた。

少しでも早く黒字化しようとして課金を早めるのは、必ずしも最適戦略ではない。自分たちがつくった市場を少しでも魅力的に見せるため、かなり「お得」にしなければならないこともある。とはいえ、どこかに課金しないと利益は生まれない。

## ● マルチホーミングを防げ

プラットフォームを目指す企業が、失敗しがちなのは「値付け」であると

強調するヨフィー教授。

　しかし、値付けに成功し、プラットフォーマーになれたとしても、油断はできない。「勝者総取り」の仕組みとされるプラットフォームビジネスだが、実際には、一度トップに立ってもほかのビジネス以上に油断できない。

　プラットフォームビジネスを長持ちさせるためには、いくつかの条件があると、ヨフィー教授は指摘する。

　まず、スピード感ある展開で「ネットワーク効果」を最大化すること。

　合わせて「スイッチングコスト＝プラットフォームを切り替えるコスト（労力を含む）」を高める。

　さらに「マルチホーミング＝ユーザーが競合するプラットフォームを同時並行で利用すること」を防ぐ。

　こうして、高い「参入障壁」を築く。そのうえで「ニッチでユニークな競合から受ける影響」を最小化しなければならない。

　それゆえ、絶え間ない「投資の継続」が求められる。

　そして、これらの条件をクリアしていくうえで、忘れてはならないのが「ユーザーとの信頼構築」だという。具体的にどういうことなのか。

## ● イーベイはなぜ、中国事業で失敗したのか？

　プラットフォームで大切なのは、知らない者同士が安心してやり取りできる場になることだ。逆にいえば、信頼を築き、維持できないなら、勝ち残ることはできない。

　オークションサイトの米イーベイが中国で失敗したのは、現地で信頼を醸成できなかったからだ。例えば（イーベイを模倣してスタートした）中国のアリババがアリペイを導入して実現したような、消費者が納得してから支払えば済む仕組みを作れず、信頼を獲得できなかった。つまりイーベイは、プラットフォームビジネスで競争するうえで最も重要な局面の一つである「信頼基盤の構築」に失敗した。

　アリババは、ユーザーが安心して取引できる新たな仕組みを構築した。

アリババは、決済にクレジットカードを使わず、資金をあらかじめ置いておけるエスクローの口座をつくり、商品を受け取り、販売サイトに表示されていた通りのスペックであるかを消費者が確認してから、支払えるようにした。この仕組みがプラットフォームを快適にした。ぼったくられたり、偽物をつかまされたりすることを抑制したのだ。

信用を得られなければ、そのプラットフォーマーは失敗する。実にシンプルだが、普通のビジネス以上に信頼が重要だ。

## ● ネットワーク効果とスイッチングコスト

信頼を獲得するには「時間」も必要だ。

市場に入るのが遅すぎた場合、たとえはるかに出来のいいプラットフォームであっても、成功しない可能性がある。

参入の遅れは「ネットワーク効果」を生み出すうえでも大きなハンディになる。プラットフォームビジネスでは、より多くの熱心なユーザーを囲い込むことにより、プラットフォームの価値自体が増し、売上と利益をたくさん稼げるようになるからだ。

市場が1つのプラットフォームに向かって勢いづくと、もっと出来のよい仕組みを携えて参入しても、時既に遅しとなりかねない。プラットフォームを切り替える際のスイッチングコストを嫌うユーザーは多く、たとえより良い仕組みでも、囲い込みに失敗してしまう。

とすれば、素早く参入し信用を築いた後は、スイッチングコストを高め、ユーザーの離反を防げばいい。スイッチングコストが高ければ、ユーザーが競合するいくつものプラットフォームを使い回す「マルチホーミング」も阻止できる。

ヨフィー教授は米マイクロソフトのスマホ用OSをケースに挙げる。

米マイクロソフトが、米アルファベット（の子会社グーグル）のアンドロ

## ユーザーとの信頼醸成が大きなカギ

● 「プラットフォーム競争」に勝つ5条件

「ネットワーク効果」を
最大化する

スイッチングコストを
高める

「マルチホーミング※」を阻む

参入障壁を築く

ニッチで異色な競合の
影響を最小化する

※1人のユーザーが、
同じ目的で複数の
プラットフォームを
利用すること

イドや米アップルのiOSと競争するため、携帯端末向けのOSを打ち出した時、そのシステムはiOSやアンドロイドより優れていた。

しかしそれまでに、数多くのアプリケーションがアップルやアルファベットのOS向けに開発されていた。マイクロソフトの仕組みがどんなに優れていても、ユーザーは乗り換えるのをちゅうちょした。自分が使いたいアプリがなかったからかもしれない。基盤自体がより優れていて、簡単で、使いやすく、より速いとしても、それ自体はユーザーにとってもはや重要ではないのだ。

## ● インターネットエクスプローラーの転落

では、プラットフォーマーの世界では、勝者総取りを築いたプレーヤーはいつまでも安泰なのだろうか。

確かにプラットフォームビジネスでは、「最初に勝った者」がその後しばらく総取りし続ける傾向にある。

だが、たとえ一度勝ったとしても、そのポジションを維持するには条件がある。プラットフォームに投資し続けることだ。勝者総取りを続けるには、ユーザーを巻き込み続け、無限に変化し続けなければいけない。プラットフォームが劣化したら、負ける可能性が出てくる。マイクロソフトのブラウザー「インターネットエクスプローラー」は、その好例だ。

　インターネットエクスプローラーはかつて90％程度の市場シェアがあった。しかしマイクロソフトは投資をやめ、技術開発をストップした。このことが、問題だらけのブラウザーだった「ファイアフォックス」を改善して市場に投じた「グーグルクローム」にとっては、非常に有利になった。

　マイクロソフトはブラウザーへの投資を中止し、変革を続けることをやめたから負けた。つまり勝者総取りとはいえ、変革を止めれば、いったん圧倒的にトップを取っても負ける。そして実際には、長期間トップでい続けることは難しい。たゆまず投資して革新を続けなければ、緩やかに負け組に落ちていくのだ。

　投資し続けなければいけない点が一番困難だ。手綱を緩めたらたちまち追いつかれる。つまりプラットフォームビジネスのように一度勝ってしまえば絶大な力を得られるビジネスですら、投資をやめてしまえば、やがては負けうる。伝統的なビジネスに比べてあっという間に勝ち組にのし上がることが可能である一方、開発を怠った勝者が時間の経過とともに負け組に転落する余地もある。

## ● 「利用者は誰か」を見極める

　競争の激しいプラットフォームビジネス。プラットフォームの価値を高めていくうえで、着目すべきポイントが3つあるという。

　まず1つ目は、誰が「利用者」になるか見極めることだ。実はこれが後々、かなり効いてくる。誰と誰をプラットフォーム上でつなげるのがふさわしい

のか、実は当事者ですら明確に認識していないことも多い。

　米フェイスブックはよい例だ。一体誰が、フェイスブックがつくる市場の参加者であり、利用者なのか？

　一番分かりやすい利用者は、ユーザーとその友人たちである。そもそもそこから始まったビジネスだ。

　しかしもし、ただユーザーとユーザー、友人と友人をつなぐだけのプラットフォームを構築しただけだったら、これほどに面白いビジネスにはならなかっただろう。

　フェイスブックがパワフルなビジネスになっていくには、さらに2つの利用者層を育てる必要があった。一つは広告主だ。もう一つはアプリ開発者である。例えばフェイスブック上で動くソーシャルゲームなどを開発する米ジンガという会社がある。数多くのこうした企業により、プラットフォームの力を高める数百万単位のアプリが開発されている。


## ● 共通IDもフェイスブックの強み

　しかし、フェイスブックの強さを決定的にしたのはそれだけではないとヨフィー教授は言う。

　さらにフェイスブックがユーザーとして招待したのは、フェイスブックの共通IDを使って別のプラットフォームにログインするビジネスパートナーだった。パートナーのプラットフォームにフェイスブックからログインする時、フェイスブックのIDを使うようにしたのだ。これがフェイスブックをこれほどまでに強くした理由の一つだ。

　どのユーザー層を巻き込むかの見極めが、ビジネスモデル構築を成功に導く、第1の視点だとすれば、第2の視点は「卵が先か鶏が先か問題」だという。どういうことか。

　2番目の「卵が先か鶏が先か問題」について説明しよう。

既に説明した通り、プラットフォーム市場には基本的には最低でも２つの
ユーザー層がある。一方にとってのプラットフォームの価値が高まると、も
う一方にとっての価値も高まることも説明した通りだ。たとえプラット
フォームの仕組みが良くても、ユーザーの数が少なければ、ビジネスは拡大
しない。

　米ウーバー・テクノロジーズのサービスを思い起こしてほしい。もしドラ
イバーがたくさんいなかったら、どんなにアプリの利便性が高くても、乗客
は登録しない。そしてもし私がドライバーなら、登録している乗客があまり
いないプラットフォームには、ドライバー登録しない。

　この場合、ウーバーは、まず乗客を増やすべきなのか、ドライバーを増や
すべきなのか。これが「卵が先か鶏が先か問題」だ。

　正解は、両サイドの市場参加者をバランスよく増やすしかないわけだが、
同時に同じ数だけ増やしていくことは難しい。既に述べた通り、よくあるや
り方は、最初は、一方に強いお得感を与えることだ。例えば、一方は無料、
あるいは無料同然にする。

　米ハフィントンポストはよい例だ。ニュースプラットフォームである彼ら
は、書き手を集めるのが先か、読者を集めるのが先か悩んだ。試行錯誤の末、
彼らは、書き手にお金を払ってプラットフォームに書いてもらうことにした。
それから読者向けの広告を打って読者を獲得し、さらに多くのユーザーを引
きつけることができた。

　参加者集めに加え、プラットフォーム構築で難しいのは、マネタイズだ。


## ● どちらを「収益源」とするか

　３番目の問題は、あなたが構築しようとしているビジネスモデルの「収益
源」は何か、ということである。

　もし独身者向けクラブをスタートするとして、男性を収益源にするか、女
性を収益源にするか、それとも両方に課金するのがいいのか？

　先日、日本で質問したところ、回答者の全員が男性に課金すると答えた。

## 「どこで稼ぎ、誰を巻き込むか」見極める

● 複数のユーザー市場を巻き込む例

世界中の数カ所で調べたが、答えは同じだった。100％ではないにしろ、国境を越えた類似性があるようだ。

　それぞれのプラットフォームに独自のビジネスモデルがあるため、誰に課金するかについての正解はないが、原則はあるという。

　第1の原則は、「価格に敏感でない、価格弾力性の小さい方」に課金することだ。ほとんどのクレジットカード会社では、カード発行は無償で、店舗側に課金する。一方、消費者から発行料や年会費を取ると他の無料カードに乗り換えかねない。

　それは、消費者にとってクレジットカードは「代替財」だからだ。すなわち、消費者はクレジットカードについて、代替できるほかの選択肢を多く持つ。だから価格に敏感になりやすい。これが「価格弾力性が大きい」ということだ。

　2番目の原則は、「よりプラットフォームに関心の高い層」に課金せよ、ということだ。その意味で、独身者クラブの場合、男性に課金するのがやはり正解だろう。一般的に男性の方が異性との出会いに関心があるからだ。

3番目は、なるべく「一方の市場だけ」に課金をすること。双方に中途半端に課金するより成功する確率が高いことが分かっている。

　巨大プラットフォームの影響力が大きくなるにつれて、偽物や不正取引が横行し、制御不能になるケースも出てきた。今後プラットフォームビジネスはどのような方向に向かっていくのか。

## ● ガバナンスが課題

　過去数年、プラットフォーマーにとって、より重要になってきたのがガバナンスだ。2～3年前は話題にもならなかった。しかし米フェイスブック、米アマゾン、米グーグルに個人情報漏洩をはじめ様々な複雑な問題が発生した。当事者が考えるべき点は4つある。

　1つ目は、誰でも参加できるのか、あるいは参加資格に制約があるのか？プラットフォームは設計上、できるだけオープンでなければならない。

　2番目は、当たり前だが、ルールに基づいた運用と順法性を確立しているか。

　3番目は、規模拡大が容易かどうか。拡大したときの人数を十分に管理できなければ、やはり問題が発生する確率は高まる。

　そして4番目は、質の悪い取引が起こるのを最小限にするため、目利きする方法を作り上げているか。詐欺や偽ニュース、まがい物の流通や売買の場になれば、そのプラットフォームに未来はない。これは一番解決が難しい問題だ。

　とりわけ4番目の課題については、欧州連合（EU）がプラットフォーマーの規制に動き、米国も調査を始めた。

　昔ほどではないにしても、ネット通販で偽物がよく売られているのは誰もが知っているだろう。米フェイスブックには偽ニュースがあふれていたが、これが選挙に破壊的な影響を与え得る問題にまで発展した。だが、偽の商品

や偽のニュース、暴力などは、より多くのページビューになり、広告になり、利益を増やす。悪いことの方がもうかる。

　現状を改善するには、ヨフィー教授は2つの選択肢しかないと断言する。

　はっきり言って、プラットフォーマーが自制するか、政府が規制するかの二択しかない。

　さらに言えば、プラットフォームが重要になればなるほど、政府の介入を待たずして自身で責任を持って問題に向き合うべきだ。放置するようならそのプラットフォームはやがて世の中に必要なくなる。

　具体的には「目利き」に重点的に投資すべきだ。プラットフォームが何を受け入れ、何を受け入れられないかを決めるのだ。大抵のプラットフォーマーは、これを検閲と受け止め、やりたがらない。

　だがプラットフォーマーが、自分たちから自由を奪いかねない政府の規制を避けたいなら、悪いコンテンツを切り離すしかない。もちろん費用がかかるし、利益を圧迫する。AI（人工知能）のような新しい技術に投資し、活用する必要もある。まずは、目利きできる人材を大幅に増やし、コンテンツを吟味することから始めるのだ。短期的に利益を損なうが、長期的な会社の未来を損なうよりましではないか。

## ● プラットフォーマー分割論

　プラットフォーマーを分割すべきだとの主張も目立っている。

　プラットフォーマー分割論はホットな政策トピックだ。しかし分割で問題は解決しない。例えばフェイスブックがインスタグラム、ワッツアップ、そしてフェイスブックの3社に分かれても、問題は変わらない。質の低いコンテンツや、プラットフォームの価値を毀損する行動がプラットフォームに巣くう状況は、解決しない。

結局、会社の分割で解決できる課題は限られるというのがヨフィー教授の考えだ。やはり重要なのは目利き機能の強化だと強調する。

　プラットフォームが21世紀のビジネスモデルであることは間違いない。しかし進化するには目利きを徹底すべきだ。なくしてしまうには惜しいビジネスモデルだ。消費者にもたらされる有意義な恩恵が大きすぎる。

　一方で、そうした問題さえ解決すれば、プラットフォームというビジネスモデルにはまだ可能性があると見る。

　最先端の技術もプラットフォーマーになり得る。
　例えば、「ボイス・ウォー」を呼ばれる、米アマゾンの「アレクサ」と米アップルの「シリ」の戦い（は、先端技術におけるプラットフォーマーの座を巡る競争）だ。アレクサを搭載したデバイス「エコー」には、既に膨大な数のアプリがある。
　ほかにも量子コンピューター、あるいはクリスパー（CRISPR）と呼ばれるDNA領域におけるゲノム編集（など、競争が起きている分野）がある。
　現代のほとんどのプラットフォームはデジタルだ。しかし量子コンピューターやゲノム編集について考えてみると、インターネットとは必ずしも同じではない新しい領域に結びつき得る。
　プラットフォームとは何かという基本に立ち返ると、2つの独立したグループを結びつけるものだ。それは新しい計算ツールでもできるし、バイオテクノロジーでもできる。つまり、プラットフォームには幅広い応用領域がある。

## ● 仮想通貨もプラットフォーム化？

　近い将来、登場が期待される技術プラットフォーム予備軍は、まだたくさんある。

　例えば、仮想通貨やブロックチェーンの分野もクラウドコンピューティン

## 新しい技術がプラットフォームに

● 次世代プラットフォーム技術の予備軍

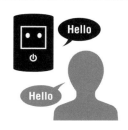

[例] クリスパーなどの遺伝子編集技術　　[例] アレクサ、シリ

グも、プラットフォームになり得る。進化したAIはプラットフォームに内在していくだろう。グーグルは機械学習とディープラーニングの技術で、プラットフォーマーとなるべく突き進むに違いない。今後も多種多様な分野で新たなプラットフォーマーが現れるに違いない。

　ウーバーは、（乗客と運転者の取引を仲介するという）古いタイプの取引のプラットフォームだが、自動車が自動運転に移行したら取引も別の形に進化するだろう。顧客がいて、自動運転自動車があって、両者をつなぐサービスができるだろう。

　新しいプラットフォームビジネスのタネは、新しい技術の到来とともにまかれるとも言えそうだ。簡単には予測できない未来である。

# 第6章

# DXとAI

　第1講で、ポーター教授が日本の弱みとして指摘したデジタルトランスフォーメーション（DX）の遅さ。奇しくもコロナ禍で広く認識され、ようやく日本社会も重い腰を上げたようだ。しかし、このままではAI（人工知能）の活用で世界からさらに数周回後れで取り残される。より精緻なアルゴリズムで、より使いやすく、膨大なデータセットを収集、解析、反映できるインフラが整備され、好き嫌いに偏りがちな人間の意思決定をサポートする。そんな未来が、もうすぐそこまでやってきている。

第 **12** 講　デジタルトランスフォーメーション(DX)

# 日本式マーケティングが
# 稼げない理由

マイケル・ウェイド　*Michael Wade*

スイスIMD教授兼DBTセンター所長

1968年生まれ。デジタルがビジネスモデル、ストラテジーやリーダーシップに与える影響の調査、研究、教育に取り組む。IMDによる幹部向け公開短期研修「Leading Digital Business Transformation（LDBT）」のディレクターを務める。

## ➤ 講義の前に ── 教授の横顔

　本講の取材をした2019年9月、マイケル・ウェイド教授は共著『DX実行戦略』（日本経済新聞出版）の翻訳出版に合わせて来日されていた。

　来日に合わせて非公開の研修セミナーに登壇するなど、多忙を極めたスケジュールの合間に時間をいただいた。所属するスイスのビジネススクール、IMDにおいてデジタルトランスフォーメーション（DX）の第一人者であり、来日時にIMD北東アジア代表の高津尚志氏に聞いたところによれば、「IMDで今、最も忙しい教授の一人」ということだった。

　IMDは、世界のビジネススクールの中でもかなり特殊な存在で、エグゼクティブ教育に特化し、教授陣は基本的に「研究者」ではな

く、実践に重きを置く「教育者」として位置づけられる。ウェイド教授もその一人である。

　DXは、2004年にスウェーデン・ウメオ大学のエリック・ストルターマン教授が最初に提唱した言葉とされる。企業経営においては、デジタル技術をツールとしてのみならず、価値の創造や戦略全般、企業文化、顧客体験に取り入れていくことを指すことが多いようだ。クラウドを使う、あるいはオンライン会議を活用するなどといった、単に情報処理や業務改善ツールとしてデジタルを使うのではなく、本格的にビジネス戦略そのものを、デジタルを基盤として発想し、変えていくのである。

　インタビュー当時から、日本ではDXの重要性が叫ばれながらも、なかなか浸透していなかった。折しも、2019年版のIMDの世界競争力ランキングが発表され、日本は30位、「変革力」では最下位に沈むなど、世界との比較におけるビジネス環境の相対的な質の劣化が浮き彫りになり、DXへの関心も急速に高まっていた。

　ウェイド教授は日本に英会話講師として滞在した異色の経歴もあり、日本の国民性に対する理解も深い。企業管理職向けの研修を数時間傍聴させていただいたが、データを提示しながら歯に衣着せぬ言い方で、「いかに日本が、DXにおいて世界的に後れをとっているか」を説き、「まだ競争の余地があるにもかかわらず、危機感の欠如ゆえに置いてきぼりになっている現状を日本人としてどうとらえているのか」と、ミドル層の社員たちを相手に、情熱的に語る姿が印象的だった。

　そんなウェイド教授の言説の鋭さは、奇しくも今般の新型コロナウイルスの感染拡大で、日本の誰もが嫌というほど痛感することになった。必要に迫られた途端、デジタルツールの活用は一気に進んだ。とすれば、日本のDXの遅れとは、やればすぐにできることを、我々がずっとサボっていただけのことではなかったか。

　そしてウェイド教授に言わせれば、それらはすべて経営者の責任であると同時に、ミドル層の責任である。つまりは互いに「あいつ

らは何も分かっていない」と他責を続け、自ら動かないでいたことが、「技術革新への乗り遅れ」という傷口を深めていったといっていいだろう。素晴らしいアイデアはあちこちにあるのに、日の目を見ずに死ぬ。イノベーションに限らず、マネジメントにも「死の谷」があると思わされた。

　ちなみに、本書編集中に発表された2020年版のIMDの世界競争力ランキングで、日本は34位。インタビュー当時に言及していた2019年の30位を、さらに下回った。本講は2019年の取材に基づくが、データ部分は最新の2020年版のものに更新した。数字が変わっても、ウェイド教授が伝えたいメッセージは同じである。

　世界中で企業のデジタルトランスフォーメーション（DX）に注目が集まっているが、日本企業は世界に比べ、動きがとにかく遅い。

　DXの権威として知られるIMDのマイケル・ウェイド教授は、「世界に比べ、日本のデジタル改革はスピード面で大きく見劣りする」と指摘する。2020年版のIMDの世界競争力ランキングで34位。2019年版で、63カ国・地域で30位と大きく順位を下げて話題になったが、そこからさらに下げた。組織の問題か、日本の企業文化か、それともマネジメントの資質か。ウェイド教授に聞く。

## ●「変化対応力、世界最下位」の衝撃

　日本ではデジタルに関して良い話と悪い話の両方がある。

　良い話は、デジタル技術そのものについてである。ロボティクスや通信技術、AI（人工知能）といった多くのデジタル技術力で日本は世界をリードしている。競争力に関するデータでも、日本はこの領域で強い。

　悪い話は、「企業の順応性」だ。例えば2020年のIMDの世界競争力ランキングで、日本は起業家精神と俊敏性の2つが63カ国中、2年連続で最下位だった。アフリカ諸国、ベネズエラ、モンゴルといった国より下だ。ショッキン

## 「ビジネスの効率性」の調査結果が著しく悪化

● IMD 世界競争力ランキング日本の順位

| | 2014 | 順位 | 2020 |
|---|---|---|---|
| **「企業の俊敏性」**<br>企業は俊敏である | 55位 | ↘ | 63位 |
| **「起業家精神」**<br>マネジャーの起業家精神が<br>ビジネスに広がっている | 55位 | ↘ | 63位 |
| **「企業の感度」**<br>市場の変化への企業の感度は高い | 42位 | ↘ | 60位 |
| **「大企業」**<br>大企業は、国際基準に照らして効率的である | 44位 | ↘ | 62位 |
| **「労働力の生産性」**<br>労働力の生産性は、国際基準に比べて<br>競争力がある | 22位 | ↘ | 55位 |
| **「国の文化」**<br>国の文化は、国外からきた発想にオープンである | 52位 | ↘ | 62位 |
| **「グローバル化への姿勢」**<br>社会がグローバリゼーションに対して前向き | 29位 | ↘ | 50位 |

## 人は良いがデジタル・国際経験が貧弱

● 調査における「日本のビジネスの効率性」の強みと弱み（2020）

| | 日本の強み | | 日本の弱み | |
|---|---|---|---|---|
| | 回答値 | 順位 | 回答値 | 順位 |
| **「顧客満足」**<br>顧客満足度が企業内で強調されている | 7.79 | 8位 | | |
| **「社会的責任」**<br>ビジネスリーダーの社会的責任が強い | 7.28 | 9位 | | |
| **「人材の獲得と維持」**<br>人材の獲得と維持は、企業の優先事項<br>である | 7.76 | 14位 | | |
| **「国際経験」**<br>シニアマネジャーの国際経験が全体的<br>に豊富 | | | 2.75 | 63位 |
| **「ビッグデータとデータ分析の活用」**<br>企業は、意思決定の参考に、ビッグデー<br>タやデータ分析をうまく活用している | | | 3.17 | 63位 |
| **「有能なシニアマネジャー」**<br>有能なシニアマネジャーをすぐに活用できる | | | 3.16 | 61位 |

グだ。厳密にいうと日本は極めて進んだ国で、世界をリードする分野もある。しかし変化に対する順応性、つまり組織文化の変えやすさやそのスピードを考えると、かなり問題が多い。

　IMDのランキングは、統計データとアンケートからなる。アンケートは世界中に多数のパネル（調査対象者）があり、日本であれば、日本に1年以上住み、国際経験がある経営者や上級管理職が回答に協力している。これら回答者には日本人もいれば外国人もいる。こうした調査結果をさらに詳しく見ると、日本企業はシニアマネジャーが国際経験に乏しく、ビッグデータの活用やデータ分析ができておらず、有能なシニアマネジャーの人材層が薄いという傾向が読み取れる。

　だが残念ながら、日本企業に危機感があるとは思えない。変革や技術に興味はあり、社長やリーダー層は、変わらなければいけないと一応分かっている。しかし、2〜3階層下の人々は全く変革への意欲が見られない。中間管理職層だ。

中間管理職は、コンクリートのように硬くて重く、容易に動かせない。ハードワーカーと言えば聞こえはいいが、新しいことに後ろ向きで、俊敏に動きたがらない。日本のデジタル改革では、抵抗する中間管理職が最大の障壁だといえる。

　中間管理職に多様性が欠如するのも大きな問題だ。データでは外国人と女性の比率が国際的に見て極端に少なく、両方とも最下位だ。かなり改善する必要がある。例えば私の研修には日本企業から優秀なビジネスパーソンが参加するのだが、男性が大勢いる中に女性がたった1人しかいないということが、ままある。

## ● 中間管理職が「岩盤」だ

　日本の中間管理職が頑なに変わろうとしない背景には、日本企業の恵まれた国内環境も関係しているという。

　これは強みとも言えるが、今はまだ日本国内で十分に利益を稼げるから、企業がさほど頑張る必要がない現実がある。世界展開で損失を出しても、国内で稼げるので大した問題ではない。成功しているグローバル企業、例えば英蘭ロイヤル・ダッチ・シェル、英蘭ユニリーバ、スイスのノバルティス、デンマークのレゴなどは皆、小国の大企業だ。国内市場が小さく、最初からグローバルに戦う。

　さらにウェイド教授は、日本の労働市場の流動性の低さに起因する面もあるという。

　もう一つのポイントは、日本人が自らのキャリアをあまり動かそうとしないことだ。もし私が、日本人ビジネスパーソン40人程度に2社以上で働いたことがあるかどうか聞けば、ほとんどの人は手を挙げないだろう。逆に生涯1社で働いている人を聞いたらほとんどが手を挙げるだろう。ずっと同じ部署で働いている人に挙手を求めたら、3分の1〜4分の1になりそうだ。人

材の流動性が低く、新しい人や洞察を取り入れない風土で変革を起こすのは難しく、もともといる人も変わろうとしない。

　これは、大企業だけの問題で、零細企業やスタートアップでは異なる状況があるのだろうか。

　スタートアップでは大企業よりは外国人を雇うケースがある。だがある日本の会社ではこんなことがあった。外国人のメンバーが小集団を形成し、その中に日本人が一人もいなかったのだ。日本人と外国人が、同じ部署にいても別々に行動している。多様な外国人、多様なスキルを持った人々を雇うだけでは不十分で、一緒に行動しなければ意味がない。
　ちなみにこの外国人集団は不満を抱えており、組織をよりよく変えようとしているのに、誰も話を聞かないと感じていた。文化的な障壁は、変革のうえで試練だ。

## ● 日本の大企業は厳しい

　日本人トップ層も、本音では「変わる必要はない。私が現役の間は大丈夫」と思っている場合もあるのではないか。

　デジタル改革に取り組む立場の幹部層は、変えなければならないと分かっているが、やり方が分からない。
　たくさんのPoC（概念実証）をつくるし、小さなイノベーションは起こす。アイデアもある。

　PoCとは「Proof of Concept」の略で、「概念実証」と訳される。新しいプロジェクトが実現可能かを検証するプロセスのことで、例えば、医療業界では、新薬を有効性を実験で確かめることなどを指す。近年は、ITツールを導入する際に、投資判断の材料として、その効果や効用、技術的な実現可能性を検証するという意味で使われることが増えている。

しかし、PoCやアイデアの大半が概念で終わり、形にならない。大企業では、「その他大勢」の人々が、大胆な改革を拒絶するからだ。実際にそうした話を数多く聞く。

　日本の大企業は、今は良くてもやがて状況はかなり厳しくなる。まず、グローバルで戦えなくなる。やがて国内市場ですら、戦いづらくなる。

　外資の競争相手はしばしば、強力な独自のプラットフォームを持つ。あるいは規模の小さな日本企業が、低価格で攻めてきたりする。大企業は苦境に陥りかねない。だが今なら、巻き返しのチャンスはある。


## ● 「サイロの罠」

　日本におけるデジタル改革の最大の壁は中間管理職だと指摘するウェイド教授だが、変革を阻む要因はそれだけではないという。とりわけ強調するのは「サイロの罠」だ。

　「サイロの罠」は、多くの組織が抱える大きな問題だ。日本企業に限った話ではない。ほとんどの組織には、非常に強力な「サイロ」が構築されているといっていい。サイロとは、つまり縦割りの組織のことだ。マーケティング部署は、ファイナンス部署と口をきかない。人事やIT（情報技術）、エンジニアリング、販売も互いに話さない。人を分断する縦割りのサイロは強力だ。

　せっかく苦労して変革を起こしても、その成果がサイロ内だけにとどまってしまうと、当然、恩恵は限られてしまう。とりわけ、デジタル技術によって組織を変えるDXを実践する際は、部署の壁を越えて人材、データ、インフラをつなげることが実現して初めて、成果が生まれる。

　例えば、組織全体に強力なデータ基盤があるのなら、横串でも使えるようにした方がサイロ内に閉じ込めておくよりはるかに強力な武器になる。データ分析は、組織横断的な方がパワフルだ。研修や製品開発についても、組織を横断させた方が、スケールメリットがある。

　だが一方で、縦割りのサイロを壊すのは難しい。サイロの打破がうまくいかないのは、企業のDXが失敗する原因の一つでもある。

## リーダーに必要な資質の比重が変化

● これからのリーダーに必要なスキル

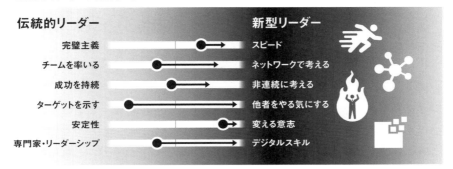

出所：IMD提供の資料を基に作成

## ● ルールを変え、インセンティブを与える

　企業内改革を成功させるために不可欠なサイロの破壊。そのためには、具体的にどうすればいいのだろうか。

　岩盤のような中間管理職が問題であることについて話した。中間管理職は、あらかじめ決められたルールに合わせて動くのは得意だ。そうであるならばルールを変えればよい。

　トップが中間管理職に対してよく漏らす不満は、中間管理職は動きが遅い、何も新しいことに動かない、ということだ。だがそれはそのような組織にしたリーダーにこそ責任がある。そう行動する方がよい仕組みを作ったのはリーダーだ。

　組織で長く働いている人々は皆、賢いので、社内でのゲームの仕方は心得ている。つまり彼らは、ただシステムに合うように働いているだけなのだ。

　既存のシステムの中で忠実に働く中間管理職を責めても、問題は解決しない。システムを目的にふさわしいものに変え、中間管理職に「自らを変えよ

う」と思わせるようなインセンティブを与える。すなわち、ゲームのルールを変える。これは、まさにトップの仕事である。

　変革は終わりなき取り組みだ。繰り返し、絶えず変わって適応し続けなければいけない。世界は絶えず変化し、私たちは皆適応し続けなければならない。ゴールまでの時間軸は問題ではない。問題を見つけ次第、着手するスピードが重要だ。

　変革したい企業は常に、オーケストラのように組織全体を最適化するアプローチをとるべきで、（部分最適を積み上げるような）サイロ型アプローチはとるべきではない。とにかく組織横断的に同時進行すべきだ。これは極めて難しいことだから、変革にどのぐらい時間がかかるかについてはっきりと答えることはできない。

　だからこそ、トップの力で、まずはゲームのルールを変えなければいけない。IMDには「変革のオーケストラ」という、手強いサイロを破壊するための変革モデルがある。それは、構造、インセンティブ、文化、従業員との関わり、顧客、製品といった複数の要素を横断的に眺め、どう変化させるか考えることから始まる。そして各要素を並行して改革するのがポイントだ。

　組織図を変えるだけならすぐにできるし、見かけのサイロは簡単に壊せる。しかし本当のサイロを破壊するには、破壊する動機を現場に与えることが必要だ。

　サイロを壊し、互いに交流するメリットを現場に訴えて回るのは、トップの役割となる。

## ● プロジェクトベースの業務を積み重ねる

　リーダーが辛抱強くコミュニケーションすべきだ。そして、（自らを変えることにメリットを感じるような）インセンティブを与え続ける。ほとんどの中間管理職は今、何もしないように動機づけられている。（事なかれ主義の）企業文化も変えなければいけない。

　社員の序列意識を壊すことも重要だ。日本企業はヒエラルキー型になりがちだ。しかし俊敏な組織ではプロジェクトが優先だ。プロジェクトを仕切るのが、上司とは別の人間になることもある。

　そのためには、年齢と年功主義を切り離すべきだ。従業員を勤続年数だけで評価することは全く意味がなくなっている。特筆すべき実績がなく、ただ年齢が上なだけの人間がなぜ、最上位にいなければいけないのだろうか？最もその役割にふさわしい資質と実績を備えた者を選べばよい。

　サイロ型で序列型組織から脱却する動機を組織に浸透させた後は、具体的にまず何をすべきか。

　まずは、業務をプロジェクトベースに切り替えることだ。取り組むべき業務があれば、人材からデータ、インフラまで何事も極力、縦割りでなく横断的に集めて、実行するようにする。1つプロジェクトが終わったら、そのチームは解散させ、また別のプロジェクトを作り、もう一度人材やデータを組み合わせ直す。

　これを繰り返すことで複雑な会社組織は少しずつ解きほぐれていくことだろう。人々の意識は絶えず変わらねばならなくなっていき、やがてサイロがなくなっていくことになる。

## ● 「PoCの罠」

　変革にインセンティブを与え、業務をプロジェクトベースに切り替える。この取り組みで改革のスピードが上がったとしても、その先にも課題がある。デジタル改革の初期にありがちな「間違い」がいくつかあるとウェイド教授は指摘する。

　デジタル改革にあたってはまず、小さなことから始めると、活動が最後まで小さいままになりがちであることに要注意だ。

　とりわけPoCには落とし穴がある。プロジェクトの効果や効用、実現可能

性といった「コンセプトの検証」をしただけで、終わってしまうのだ。PoC
はあくまで出発点であるはずなのに、である。それに基づいて新しいやり方
を受け入れられるよう俊敏に企業文化を変革することこそが重要であるはず
なのに。

　日本には年功意識が深く根付いていて、変化を嫌う傾向があるから、特に
「PoCの罠」に陥りやすい。若者も、最初は野心的に変えようとするのかも
しれないが、上を説得するのがあまりに大変で諦めてしまうのではないか。


## ● 「デジタル化のためのデジタル化」

　「PoCの罠」に陥らず、デジタルツールの導入までは進んだとしても、そ
こから停滞することも多いという。


　もちろんデジタルは、企業文化を変えるパワフルなツールになる。ただ、
企業はしばしば、技術を導入すること自体に注力しすぎて肝心の変革が不十
分に終わる。あるデータによれば、95％のデジタル変革は失敗するとされる。
失敗の主な理由はほかにもある（右ページの図）。

　1番目の「デジタル化のためのデジタル化」は、デジタルツールを導入し
ただけで進まない、というケース。典型的な失敗だ。

　こうした事態を避けるには、「何を実現するためにデジタルを使うのか」と
いう、目的を社内に浸透させるしかない。

　デジタルは単なる手段だ。ホテル業界が苦境に陥ったのは、米エアビーア
ンドビーがデジタル技術を駆使したからではない。高価格なだけで魂のない
滞在経験しか提供できなかった自分たちのサービスが大本の原因であり、エ
アビーはデジタル技術を用いてそうした消費者の不満を解消しただけだ。

　米ウーバー・テクノロジーズがタクシーに勝ったのは、タクシーがつかま
りづらく、料金が高く、運転手が失礼だからだ。ウーバーはそんな既存のタ
クシーに対する消費者の不満足を改善するためにデジタル技術を使った。

　同じように、何のためのデジタル技術なのかに納得できれば、改革が導入
のみで終わる可能性は低くなる。

## 「手段が目的化する」と失敗

● デジタル改革、よくある7つの間違い

① 「デジタル化のためのデジタル化」に集中
② 変革した内容でなく変革した企業に注目してしまう
③ 変革の担い手を選び間違える
④ 戦略と計画に時間をかけ、目的と素早さを軽視
⑤ サイロ内での変革に終始する
⑥ 組織文化の変革が不十分
⑦ デジタルスキル向上に投資しない

　一般企業がデジタル技術を使う目的の一つは、組織内での情報共有を活発にすることだろう。サイロを壊す変革につながる。デジタルツールをうまく使って協働を促進し、現場をやる気にさせることが可能になる。

　ツールや技術を使うこと自体が目的ではない。デジタルは、我々が答えを見つけることを容易にするために使うのだと、常に忘れてはいけない。

## ● 蔓延する「ITサイロ」

　導入しただけで終わるパターンに陥らないためには、社員に対するデジタル技術のトレーニングも重要になる。

　社員のデジタル能力向上に対する投資が不十分なことも、DXの大きな失敗理由になる。先日、研修に参加していた150人の日本人に尋ねた。社員に対する自社のデジタルスキル開発が不十分だと思う人は挙手してほしいと聞くと、全員が手を挙げた。

　DXを本当に成功させたいのなら、まずは安定していて、安全で柔軟なITインフラが必要だ。そしてデータが自由かつ安全に共有でき、利用できる職場環境が必要だが、社員のリテラシーが低ければ、それすら簡単ではない。

　組織のサイロに加え、多くの企業はITインフラもサイロ化している。つま

り、1つのビジネスユニットが隣のユニットと違うシステムを使っている。互換性もなく、社員同士も没交渉だ。この「ITサイロ」は、本当によく見られる問題だ。

　システムをよく理解したうえで改修し、整理する必要もあるが、これがしばしば大変困難だ。家の掃除どころではなく、心臓外科手術ぐらいの難度だ。大変でかつ、痛みを伴う。ごく基本的な技術を改善することですら難しい。失敗したらビジネスがストップしてしまう。

　DXのインセンティブ、デジタル技術への理解、デジタル人材……。ないないづくしの日本企業に、改革の道筋はあるのか。


## ● 自発的に目覚めるわけがない

　そうはいっても、まずはクラウドを使ってとにかくデジタル技術を導入してみるしかない。多くの企業はデータをクラウドに置いている。クラウド自体は、大体標準化されていて使いやすくなっている。そのうえで、今挙げた課題を意識しながら少しずつ進むしかない。あらかじめ待ち受ける難関を理解していれば、それをくぐり抜ける手間は大きく減る。

　そして、小さなことを始めてうまくいったら、とにかく素早く全社に展開すること。小さくとどめてはいけない。

　研修の日本の受講生の中に、社員の心の準備ができるまで待つべきではないかと質問してくる人がいた。実にいい質問だった。私の答えは、すぐに始めよ、だ。1分、変革のスタートを遅らせるごとに、競争相手がより有利になる。

　始めさえすれば、やっているうちに社員の方が「これはまずい、やらなければいけない」と分かる。社員が目覚めるまで待っていたら、永遠に改革の時は訪れない。絶対、自発的に目覚めなどしない。始めてしまえば、動きたくない社員も目が覚める。

　DXを進めるうえでの課題として、社員の心の問題を指摘したウェイド教

授。しかし、本当に真っ先に変わらなければいけないのは経営者だという。どう変わらなければいけないのだろうか。どうすれば変わるのか。

　環境が急速に変化していないのなら、社員が変わるのを待つのも悪くはない。しかし予測不可能に変化する中では、待つことはリスクの高い戦略だ。そしてやると決めたら直ちにデジタル投資をし、改革の土壌となる器を大きく広げなければならない。そうしなければ得てして改革のスケールが小さいままになってしまう。やみくもに改革せよとの指示を増やすだけではだめだ。

## ● 視察でビジネスクラスに乗るな

　改革のスケールアップを素早く実現するにはどうすればよいか。ウェイド教授は、ドイツの老舗出版社アクセル・シュプリンガーが参考になるという。例えば同社は2015年、経済メディア「Business Insider」を買収した。

　アクセル・シュプリンガーではデジタル改革に会社全体を巻き込み「紙メディア企業」から「デジタルメディア企業」にシフトすることに成功したが、改革は大変な労力を要した。社員たちは古い企業文化ゆえに変革に後ろ向きだった。経営者は変革を決意したのだが、どうやって岩盤のような文化を変えればよいか分からず、途方に暮れていた。

　彼らは、完璧主義過ぎた。あらゆる面で、時間がかかってもいいから完璧なものにしたい風土だった。そのせいで、スピードが極めて遅かった。そこで、まず、経営幹部をシリコンバレーに同時に送り込んだ。スピードを体感してもらうためだ。70人もの幹部全員が同じものを見、同じ危機感と方向感を持つようになった。

　先端地域の現地視察なら、どこの企業もやっている。何が普通と違ったのだろうか。

　シュプリンガーの学びの旅は、通常とは全く異なった。全員が、この旅で

「快適ゾーンの外にあるもの」を本気で体験したからだ。

役員の視察でありがちなのは、ビジネスクラスやファーストクラスで快適に移動し、現地では空港からメルセデス・ベンツに乗って五つ星ホテルに泊まり、高級レストランで美食を味わい、旅先で楽しむことを優先し、ほとんど人と会わず、遊んで終わることだ。

だが彼らは、わざとエコノミークラスで渡航した。ドイツからサンフランシスコまでエコノミーで約12時間かけて飛んだ。しかも、最も危険なエリアにある最安値のホテルに泊まり、数人で1部屋をシェアした。普段過ごしている快適ゾーンを抜け出し、学習モードに入ってもらった。

身の危険を感じると、人間は五感が研ぎ澄まされる。普段なら見過ごすような小さなことにも敏感になる。一つのショック療法だ。シリコンバレーの最先端の状況を研ぎ澄まされた五感で熱心に学び、リーダーたちは「変わらなければいけない！」と腹の底から思うようになった。

日本企業の中にも同じようなことをやっている会社があるかもしれないが、彼らは総じて散発的だ。1人が来て、しばらくしたら別の人が来て……を繰り返す。あるいは役員数人を数日滞在させるだけ。それでは全体に広がらない。

見た人間が現地で感じたことを誰も本当の意味で理解せず、報告をさせて、それで終わりだ。


その後、シュプリンガーの業績はどうなったか。


同社は2006年、売上高と利益の50％を10年以内にデジタルから稼ぐとの目標を定めた。16年までに彼らは約70％の売上高と利益をデジタルから稼ぐようになった。多くの地方紙を売り、大きい媒体だけを手元に残した。求職掲示板や不動産情報を扱うプラットフォームに積極投資した。完全に違う会社に変わり、20年前より規模も大きくなった。わずかな間に、スタートアップなど230社もの会社を買収したり、投資したりした。それも、企業文化を変えるのに役立った。

## 変革のための「海外視察」の心得

● 独アクセル・シュプリンガーのやったこと

ビジネスクラス、
ファーストクラスに乗らない

高級レストランで
食事しない

一等地のラグジュアリー
ホテルに泊まらない

空港で高級リムジンに
乗らない

　人材の入れ替えはどうしたのだろうか。解雇と新規採用を繰り返したの
か。

## ◉ 会社の売買で人員入れ替え

　シュプリンガーには１万3000人の従業員がいるが、数は12〜13年前と
同じだ。しかし、同じ顔ぶれは3000人しかいない。１万人のほとんどは、投
資先からの資本撤収や売却によりいなくなり、新たな人材と交代した。これ
は時代の流れと言える。

　アクセル・シュプリンガーでは、売上高の90％、利益のほぼ100％を新
聞・雑誌の販売、広告と求人広告から稼いでいたが、すべてもたなくなった。
選択肢はなかった。読者はもはや新聞をあまり読まない。日本でさえ、1990
年代初めには、電車の中ではみんな新聞を読んでいたが、今はみなスマート
フォンだ。

　ウェイド教授が、日本企業が改革を成し遂げるためのポイントを総括す
る。

　会社のブランディングに投資し、従業員を教育してより高いレベルに引き
上げる努力をし、インセンティブを変える。細部は異なるかもしれないが、

ここまで述べてきたデジタル改革を進めるための作業は、日本企業もやろうと思えばできるはずだ。

　自分たちは何者かについて、真剣に考え抜かなければいけない。大抵の企業は、自分たちの企業文化を理解することにあまり時間を割かない。「これが我々の企業文化です」などと言ってみるだけで、要素分解しようとはしない。しかし自分たちが何者かを考えれば、変わらねばならないことに気づくだろう。

　中間管理職が自分から変わることなどない。まずシニアマネジャーが変わるべきだ。シニアマネジャーが本気で変革が必要だと信じない限り、何も起こらない。ボトムアップだと中間管理職で止まるから、トップダウンが必要になる。

　構造、文化、そしてインセンティブの変革。その3つが変われば、会社は変わる。我々の結論だ。

第 **13** 講 AIと雇用の未来

# AIは人間から仕事を奪うのか?

マイケル・オズボーン  *Michael Osborne*

英オックスフォード大学工学部機械学習教授

1981年オーストラリア生まれ。西オーストラリア大学で、純粋数学と機械
工学を専攻。2010年、英オックスフォード大学で機械学習の博士号を取得
(Ph.D.)。同大学でポスドク、リサーチフェローなどを経て12年准教授、
19年から現職。日本のAI(人工知能)ベンチャー、エクサウィザーズの顧
問も務める。

## ➤ 講義の前に ── 教授の横顔

コンピューターサイエンスのベイズ機械学習を専門とするマイケ
ル・オズボーン教授が欧米メディアを中心にその名をとどろかせる
きっかけになったのは、2013年に共著で発表した「The Future of
Employment(雇用の未来)」と題する論文である。米国において、
今ある職業のうち47%は機械に取って代わられると推計。職業別
に機械に代替される可能性の高さを数値化し、ランキングした。職
種ごとに「代替率」が、具体的な数字として示されたシミュレー
ションは大きな反響を呼び、その後、多くの経済学者らが、様々な
データや分析手法を用いて、AIによる自動化と雇用の関係につい
て論じるようになった。

例えば、経済学者の立場から、技術の進歩がもたらす雇用の喪失
を論じた著作『機械との競争』(日経BP)が話題になったMITの

エリック・ブリニョルフソン教授も、このテーマに精力的に取り組んでいる。ほかにも MIT のダロン・アセモグル教授、スタンフォード大学のポール・ミルグロム教授ら、経済学界のスター教授たちが「一体どのような職業が自動化できるのか」に関する研究に取り組むようになった。

AIの社会的影響について、分野を超えた研究が積み重ねられたことの意義は大きい。機械が人間を支配するディストピア映画の世界を思い起こさせるように漠然としていた「AI社会」の輪郭が、徐々に浮かび上がってきたからだ。

この論文が話題になって以降ずっとインタビューの機会をうかがっていた筆者が、オズボーン教授にインタビュー依頼のメールを出したのは2019年6月ごろだった。ところがオズボーン教授は育児休業中で、冬までは仕事をしないという自動返信が戻ってきた。これは当面、無理だと諦めていたところ、その秋にオズボーン教授から突如「日本に行くので、インタビューを受けられますよ」という返信をいただいた。こうしてオズボーン教授が顧問を務める日本のAIベンチャー、エクサウィザーズの会議室にてインタビューが実現した。

育児にも前向きな若きオズボーン教授の優しそうな語り口を耳にしながら、AIがもたらす新しい暮らしについて考えると、また違った未来予想図が描けるように感じた。


「米国の全雇用の約47％が、コンピューターによる自動化で10〜20年先に失われるリスクにさらされている」——。2013年、「雇用の未来」と題した共著論文でそう結論づけ、一世を風靡した英オックスフォード大学の気鋭の研究者、マイケル・オズボーン教授。ベイズ機械学習の専門家としてAI（人工知能）研究の最先端を追ってきた。オズボーン教授から見た雇用の未来、そしてAIの未来とは、どのようなものなのか、話を聞いていく。

AI導入は不幸なのか、救いの神なのか。

## ● 意思決定もAIに代替される

AIが持つ潜在的な可能性は、実に変革的だ。AIはまず『意思決定の独占権』を人類から奪う。そもそも巨大で複雑なシステムの中で、人間が全てを知るのは不可能である。しかし、アルゴリズムには限界がない。全システムからデータを取れる。アルゴリズムはどの人間より情報通になり得る。これにより意思決定を人間だけに頼ることで生じていた様々な問題が、解決に向かうことは明らかだ。

そのため多くの組織は、アルゴリズムをうまく活用し、これまで人間が作ってきた仕組みを再考し始めている。

歴史をひもとけば、人間だけがやってきた多くのタスクが、次々と技術で自動化されてきた。だが、アルゴリズムやAIは、ただ単に人間に取って代わるだけではなく、これまでにない利便性を提供する。

私たちがここ数年注目してきたものの一つは、電子商取引で消費者が買いそうな商品を薦めてくるAIだ。消費者の膨大な購買データにアクセスできるアルゴリズムの力で、人の販売員より、よい提案をするようになってきている。

こうした状況を踏まえれば、AIによる変革は、単純労働だけが人から置き換わるわけではない。意思決定や微妙な判断すらAIに取って代わられる。定型的な情報処理は最初に置き換わりそうだ。バックオフィスの仕事や、税理士や会計の仕事の一部も置き換わるとみていい。

そうなればAIによって職を失う人が続出し社会が混乱するのは避けられない。だが歴史を振り返ると、それでも技術革新は社会に普及してきた。

かつて社会の支配者は、技術革新に積極的に反対した。古い例として、英国のエリザベス1世による抵抗がある。繊維工場のウィリアム・リーが1589年に完成させた編立機械に特許を認めなかった。女王は、機械が平均的な労働者の仕事を奪い、政治が不安定になるのを嫌ったようだ。

これは、歴史を通じて、驚くほど繰り返された現象である。為政者は国家

の崩壊を懸念し、技術が人の仕事を奪うのを許さなかった。

転機は15世紀末、アメリカ大陸が発見されたことだろう。社会に大きな変化が起きた。新しい貿易の機会が開かれ、新興の商人階級に政治力が移った。商人や実業家は、技術を導入すれば利益が得られると分かっていた。徐々に着実に政治力を高め、技術導入に反対する勢力に対抗していった。

新大陸の発見による取引機会の拡大によって得られた民間の経済力の高まりが、社会の意思決定のゲームチェンジャーになり、技術革新の実用化につながったというわけだ。では、新大陸がもはや存在しない現代では、痛みを伴う技術革新の導入には歯止めがかかる可能性はないのか。結論から言えば、それはない。

## ❯ 技術革新の不可逆性

現在の（AIの）技術革新の状況は、歴史上の多くの出来事に当てはめることができる。恐らく一番似ているのが、18世紀に起きた英国の産業革命だ。産業革命では、まず紡績業が自動化され、後に蒸気機関などの自動化手段が導入された。これらは社会に変革をもたらし、多くの付加価値が生み出され、社会はとても豊かになった。だが、機械の素早い導入は労働者にとっては不都合であり、多くの人が反対した。

18世紀に紡績業で新たな技術が導入された時は、労働者からの抵抗を政府が鎮圧した。暴徒を遮断するため、軍も派遣した。フランスのナポレオンと戦うより、技術導入に対する反対勢力の鎮圧を優先した。スムーズな機械導入の背後に、強力な政治力があった。

機械が導入された後、労働者の収入は40年間低迷した。英国のリバプールやマンチェスターのような労働者が集中する主要都市では、多くの労働者の平均余命が31〜32歳と短命化し、世界平均より10年も短くなった。

しかし、そうした状況は次第に変わっていく。技術革新は長期的には社会全体にメリットをもたらすからだ。

## 自動化できる仕事が増えていく

● 自動化しやすい職業ランキング

❶ 電話営業
❷ 不動産の審査
❸ 裁縫師
❹ 数学的技術者
❺ 保険の裏書担当者
❻ 時計修理
❼ 運送代理店
❽ 税理士
❾ 写真処理業、機械処理業
❿ 新しいレジ会計係

● 自動化しづらい要素

**認知と操作**

手や腕による操作
手指の器用さ　悪い姿勢を強いる職場

**創造性**

独創性　芸術

**社会的知性**

交渉　社会的認知
補助や世話　説得

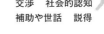

出所：Carl Frey, Michael Osborne共著、
「The future of employment: How susceptible are
jobs to computerisation?」(2013年)

　流れが変わったのは、機械が生み出した富が社会全体で共有され、平均的な労働者も利益を得るようになってからだ。労働者を守る規制の影響もあり、人々は、技術が人から労働を奪うのでなく、人間にできないことを補完したり、つらいことを代わりに担ってくれたりすることを理解した。機械の導入は、長期的には人に新たな機会をもたらし、幸福につながると納得した。AIでも同じだろう。

## ● AIに勝つための仕事選び

　もっとも、技術革新が人類にもたらす恩恵を享受するには、個人として技術変化の波に乗り、過渡期を乗り切らねばならない。つまり労働力としてAIに勝たねばならない。では人間がAIに勝てそうなこととは、何だろうか。オズボーン教授らは、2013年に発表した共同論文で「交渉、説得」などを、機械が取って代わるには最も難度の高い部類の「社会的な知性」としている。

21世紀は、AIが人間の仕事を覚えていく時代になりそうである。逆に言えば、AIは、人間ができることの全てをできるようにはならない。人間らしさは備わらないだろう。アルゴリズムでは、人類を根本的に理解することはできない。例えばAIが、葬儀業のような共感が必要なサービスができるとは思えない。こういう仕事では、個別対応と心のこもったケアを最優先する方が、理にかなう。加えて、人間的な認知、型にはまらない創造性や独創性を使う仕事もAIには難しい。

　AIは、人間の仕事のうち、何を容易に習得し、何の習得を困難とするのか。オズボーン教授は具体的な例を挙げて解説する。

## ◉ 知性は「計算アルゴリズム」

　いわゆるチャットボットや日常的な会話を担えるアルゴリズムを作ることはたやすい。しかし予測可能な限りの未来ではまだ、（駆け引きの必要な）交渉、説得、指導などは、人間にしかできない。シンギュラリティ（技術的特異点）は、AIが本格的に人の知的思考や作業を全てできる時と定義できると、私は考えている。

　これは、一笑に付せるほど非現実的な話ではない。知性とはそもそも生物というハードウエアで実行する「計算アルゴリズム」だ。そう考えれば、アルゴリズムに人間同様の知性を取得できるわけがない、と言い切れる根拠はない。

　もっとも、すぐに実現しそうだとも思えない。人間並みの知性を達成するまでの障害を考えると、容易ではないことがたくさんある。膨大なデータのインプットで鍛える以外に、アルゴリズムを革新する方法は何か。これは難しいテーマだ。

　そこで、AIがいつどこまで進化するかの議論はいったん置き、未来社会にAIがもたらす課題を予測したい。今、人が担う単純労働がAIに自動化されることで世の中は変わる。現代社会に真の変革を起こす可能性があるのは間違いない。

## 雇用はますますサービス産業に集中

● セクター別雇用シェアの変化（予測）

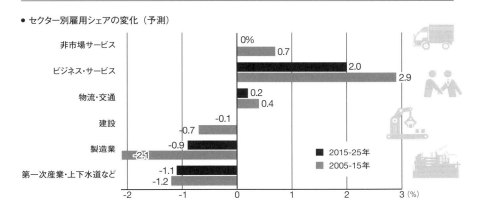

出所：Cedefop skills forecast 2016, as published in Cedefop(2016a)and Cedefop(2016b)


　単純労働の消滅に加え、AI技術の進化によりオズボーン教授がとりわけ早期の実現を見据えるのは、自動運転だ。

　自動運転は、AI革命の形を明示する技術だ。自動運転タクシーについてはその是非が長年議論され、実験も続く。米アルファベット（グーグルの親会社）傘下にある企業ウェイモは、自動運転タクシーサービスの公道実験でリードしている。画期的な技術である。しかしそれでもなお、ある程度の人間の監視が必要な状態だ。

　私は、少なくとも予見可能な未来では、「いつ」ではなく、「どこ」で自動運転が実現するかに焦点を置くべきだと考える。米アリゾナ州チャンドラー市が（実験場所に）選ばれたのは、単純な運転環境が確保できるからだ。道路が車や歩行者であまり混雑していない。天候が適度に安定し、地方政府も実験に協力的だ。実験が成功するよう手助けすらしている様子だ。チャンドラー市に限らずどこかの地方で、自治体が喜んで道路を設計し直し、かつ地元の運転手が協力的なら、自動運転をより早く実現できそうだ。

米国や中国で先進的な社会実験が進む自動運転。実現する日は、場所によるというわけだ。では場所を問わず、自動運転が普及するのはいつか。そこまでいくには、技術的側面に限らず様々な課題をクリアする必要がある。

## ● 運転常識の再構築が必要

倉庫や病院、工場などのような限定された場所での自動運転は、シンプルで構わない。だが、身近な道路で実現するとなると、目的地までの運行は、地面に設置されるバーコードを自動車が常時読み取るなどして、クルマが自ら状況変化に対応できなければならない。そのため公道で運転する場合、実用化の課題は技術面に加え、インフラの再構築も必要になる。

結果として、自動運転に影響を与えないよう、人間が道路で自動車を運転することが禁止されるかもしれない。不合理ですぐに気が散る人間が運転しない条件下であれば、自動で道路を巡行するタスクがより簡単になる。車の運転の常識を大きく組み直す必要があるだろう。

自動運転同様、必ずしもすぐには実現できないとみられていたものが機械翻訳だ。こちらもグーグル翻訳の進歩で、急速に実用的になりつつある。オズボーン教授はどう見るか。

機械翻訳では、1つの言語で書かれた文章を他言語に自動翻訳するアルゴリズムを使う。長い間、それがアルゴリズムにできると信じられていなかった。

信じないことが不合理なわけではない。我々の言語は曖昧な要素を含み、言葉に込められた多くの文化的なニュアンスは、アルゴリズムには置き換えにくい。だからグーグル翻訳のようなサービスの登場には本当に驚いた。

ビッグデータや、脳の神経回路のような仕組みを持つ機械学習アルゴリズムがこうしたサービスの成功を大いに支えている。グーグル翻訳は豊富な文例データにアクセスできる。その1つが、国連の公式文書だ。国連の公式文書は、同じ内容を6言語で利用できる。グーグル翻訳は、文書に蓄積された

膨大な数の単語にアクセスし、6言語に翻訳できる。

だからといって6カ国語の公文書データによる翻訳が万能なわけではない。

グーグル翻訳に何ができ、何ができそうにないかはっきりさせよう。文学翻訳のように、文章に繊細な言葉遣いや文化的ニュアンスを含んだ（言語化できない経験に裏打ちされた理解が必要な）部分を、機械が翻訳することは難しい。データドリブン手法で、人間の翻訳家の技を再現できるかどうかは、定かでない。

自動運転にせよ機械翻訳にせよ、膨大な利用者情報を握るGAFA（グーグル・アップル・フェイスブック・アマゾン）といったプラットフォーマーが先行する。特定企業が革新的技術を握ることに懸念はないか。

歴史的に、革新的な技術は常に政府の監視下にあった。巨大なハイテク企業でさえ、規制から逃れられるとは思えない。新しい科学技術は、常に政治的な形で出現している。

大切なのは誰が革新的技術を開発するかより、その技術を、本当に人類が望み、必要とするのかどうかだ。科学技術は、私たち人類の力を超越した、制御不可能な力を我々に与えるものではない。確認することが重要だ。

オズボーン教授は、AIによって新しい手法やビジネスが実現していく経済を「AIドリブン経済」と表現する。

## ● 「AIドリブン経済」へ混乱必至

AIドリブン経済への大がかりな移行が近づくと、混乱は必至だ。まず起きるのは失業問題だ。AIドリブン経済への移行におけるこの最悪のシナリオを緩和するには、政府の介入がどうしても必要になるだろう。例えば英国の18〜19世紀の産業革命では、膨大な富が生み出された一方、平均的な労働者

が取り残された。影響を最小限にするため、政府が介入した。例えば、14歳の子供が18時間交代で働いている工場では、児童労働に制限をかけ、平均的労働者を保護する動きもあった。

　ディープラーニングによりAIの高度化が進んだタイミングで、新型コロナウイルスの感染拡大が起きた。期せずして起きた対人接触を避ける風潮がある意味で後押しとなり、「機械とデータによって成長していく経済」が本格的に幕を開けようとしている。

　AIが進化すればするほど、ゆっくりと人間の出番が減っていくのは間違いなさそうだ。では、仕事を奪われた人間はどのようにして新たな生活の糧を得るようになっていくだろうか。

　私たちが模索し始めなければいけない道はたくさんある。その一つが、働くためのスキルの再獲得だ。暗記型の手法に頼りすぎている現行の教育制度には、かなり問題がある。AIが広がっていく将来、我々に必要になるのは、知識量ではなく、変化適応力だからだ。そして国民がこのスキルを確実に再取得できるよう、政府が投資すべきだ。

　ほかに、ベーシックインカムのような政策も提唱されている。国が全ての市民に生活に必要な最低限のお金を与えることだ。

　仕事をなくした人々を保護するうえで、お金を配ってしまうことは、確かにやり方としては魅力的だ。技術変化に労働者が取り残され食べていけない状況だとしたら、助けなければならない。しかし私自身は、ベーシックインカムが適切な手法なのかどうかは、分からない。技術変化の影響を受けた労働者以外にまで、お金を与えるのはやり過ぎだ。理にかなうのは取り残された人に的を絞る支援だ。

　つまりオズボーン教授は、ベーシックインカムを実施するにしても、AIによって仕事を奪われた人への直接給付に限定すべきと考えている。

　直接給付より、将来の経済に役立つ、より良いインフラ開発の方が重要

だ。取り残された人々がまず困るのは、住宅の欠如などといった、ごく基本的なことだからだ。米国のベイエリアや英国ロンドンのような技術ハブとなってきた都市では住宅コストが高すぎるため、好景気でも労働者が住む場所を得られない。政府は、交通政策の改善と同時に、手ごろな住宅の整備を促進すべきだ。

そうやって混乱を最小限に抑え「AIドリブン経済」に突入すると、世界には本格的なデータ社会が到来する。その結果、新サービスが次々に生まれる。

## ● データ社会の混乱と希望

データ社会への移行は、人々がお金をどこでどう使っているか、多くの情報をAIにもたらす。そのデータは私たちの経済で今、何が起きているかを知るうえで役立つだけでなく、AIが分析することによって、これまでになかった新しいサービスを生み出せる。

既に個人のお金の使い方は「見える化」されつつある。急速にキャッシュレス化が進み、お金の使い方に関するデータが加速度的に蓄積されている。

もっとも、AIの進化が影響を及ぼすのは実体経済だけではない。地球環境にも影響を与え得る。AI研究者の間では、AIが地球温暖化問題に果たし得る役割の研究も盛んだ。225ページの図に示した、カナダ・マギル大学助教授のデビッド・ロルニック氏らが2019年6月に発表した共著論文「Tackling Climate Change with Machine Learning」には22人の研究者が参画。産業界に対する提言として、サプライチェーンの業務効率化などを挙げた。AIは地球温暖化防止に、大きな役割を果たせそうだ。

AIは地球温暖化など、喫緊の問題を解決できるかもしれない。とりわけ持続可能なエネルギー源を導入するのに役立つ。再生可能エネルギーの問題は、供給が断続的になることだ。太陽光発電や風力発電は、常に存在するわけで

はないため一日中、一年中頼ることができない。

　だが、太陽光や風力がいつどれだけ集められるかAIが正確に予測できれば、エネルギーをどのように割り当て、備蓄していくか決められる。AIで太陽エネルギーと消費者需要のビッグデータを使い、エネルギー問題を解決していけるかもしれないのだ。

　必要なデータはどのようなものか。

　エネルギー需要を予測するためには、人のエネルギーの使い方に結び付くあらゆるデータが必要だ。また雲の動きを把握し、太陽光発電所に太陽光がどのように当たるのか追跡できたら、エネルギーを確実に適切に効率よく蓄えられるだろう。

　世界的にはSDGs（持続可能な開発目標）を念頭に置くことが企業経営の大前提となっており、AIがいかに社会課題の解決に貢献できるかについても、多くの専門家による研究が進んでいる。
　今、AIの進化がもたらす課題と可能性の両面が見えてきている。
　このような新しい世界で人間が活躍するための条件とは、何か。


## ● 「AI」は概念の総称

　まず言いたいのは、AI（人工知能）に関する議論が大げさに語られているということだ。様々な分かりづらい専門用語が織り交ぜられることによって、議論がますます難解なものになっている。だが、AIもまた「既知の概念の総称」にすぎない。

　やがて訪れるAI社会を正確に展望するには、専門用語を平易な言葉で理解することが不可欠。代表的な難解キーワードが機械学習である。機械学習とは、AIがデータを取り入れながら自ら進化していく手法だ。

## 設計から配送まで、できることは多い

● 機械学習が温室効果ガス削減に生かせる主な場面

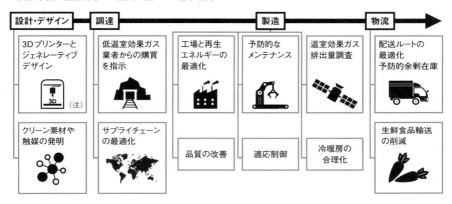

注：ジェネレーティブデザイン＝自然が進化していく様子を模倣してデザインする技術
出所：「Tackling Climate Change with Machine Learning」掲載の図版を翻訳して作成

　機械学習は、AI研究の中でもほかの分野より一段と重きを置かれている領域でもある。一口に機械学習といっても、「統計手法をベースにした機械学習」、私の専門分野である「ベイズ機械学習」、そしてさらに別の発想が取り入れられたディープラーニングがある。

　「統計的手法をベースにした機械学習」では文字通り、人間がプログラミングによって構築したアルゴリズム、すなわちあらかじめ決められた計算や情報処理などの手順を使うなどで、コンピューターが特徴を学習していく。
　オズボーン教授の専門でもある「ベイズ機械学習」も、統計的手法を基礎にした学習方法だが、ベイズと名付けた特別な手法を活用するため、こう呼ばれる。
　一方で、統計的な考え方から離れた機械学習がディープラーニングだ。近年、このディープラーニングが登場したことで、それまでの方法を「古くなった」と論評する研究者や実務家も出てきており、オズボーン教授も、機械学習の中身が違うフェーズに移ったと考えている。

## ● 想像を超える「機械学習」の威力

　ベイズ機械学習では、同じ統計的手法でも人間が知性を宿していくメカニズムに近い手法の下、AIが知識を吸収していく。人が自分の知識が不完全であることをきっかけにより必要な情報を得ようとするように、AIは自らの知識の隙間を埋めようと自発的に知性を獲得し続けようとする。ベイズ機械学習の歴史は古く、19世紀初頭、フランスの天才数学者（ピエール＝シモン・）ラプラスが示した知見を源流とする。

　ベイズ機械学習には、このラプラスのアイデアを中心に数多くの概念が組み込まれているが、特徴的なのはAIに「不確実性が常に存在する」という前提の学習方法を採用していることだ。AIの動作環境の複雑さから考えて、完全な知識を備えることなどできない。そう考えれば本来であれば、不確実性が必ずあるということを意思決定の過程に組み込まなければならないのだ。

　そしてディープラーニング。いわゆるディープラーニングの確立こそが、ここ数年のAI研究の飛躍的な発展の原動力になったといえる。AIのディープラーニングのアルゴリズムは、統計的手法をいったん離れ、人の脳の働きをヒントにしてつくられた。脳でいう神経細胞の部分が、AIの計算ユニットだ。

　なお、AI全体の歴史でいえば、金字塔ともいえる「アルゴリズムによる画像認識」ができるようになったのも機械学習の成果だ。画像認識技術を支えるコンピュータービジョンは、機械学習によって動いている。

　こうして分かりやすく説明されると、AIが少なくともある一定範囲の学習能力では着実に人間に近づきつつあることを改めて痛感できるはずだ。このままの状況が続けば、右ページのグラフに見るように、技術進歩とともに中間層向けの仕事は減っていき、恐らく機械に取って代わられていく。そんな新しい世界で、人間はどうすれば社会的に活躍し続けられるのだろうか。オズボーン教授は「教育を変える必要がある」と力説する。

　既存の教育で身に付けられるスキルと、これから必要なスキルが全く異なることははっきりしている。まず学生が（暗記能力などではない）真に自ら

## 中間層向けの仕事は減っている

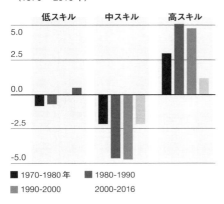

● 米国における職業のスキル別シェアの変化
（1970〜2016年）

出所：Autor, David H. (2019) "Work of the Past, Work of the Future"

## 最先端技術導入はスキルが課題

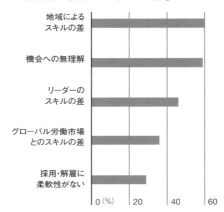

● 米国企業が考える2022年までの「壁」

出所：調査は2018年。
世界経済フォーラム
「Towards a Reskilling Revolution」2019年

学ぶ力を身に付け、生涯のキャリアを通じて学び続けられる人材になるように育てていくべきだ。暗記教育に頼りすぎている現行の教育制度では、早晩行き詰まるといっていい。

## ● 変化対応力の養成がすべて

これまでにも触れたが、競争力のあるスキルは、少なくともすぐには機械に代替できそうにない創造性や、高いレベルの社会的知性、そして複雑な環境を敏感に認識する認知力などが挙げられるだろう。まずは、既存の教育システムの中で、政府や国がこういったスキルの重要性を強調してみるべきだ。

そのうえで、誰もが身に付けねばならないのが変化対応力だ。

これから社会に出て行く学生は、50〜60年に及ぶキャリアを経験していくことになるだろう。人生の初期に教育で習得したスキルが、人生のすべてのキャリアにおいて通用する素養になるとは考えられない。

極めて長い人生のキャリアの間、ずっと通用し続けるたった1つのスキルなど、もはや存在しないからだ。であれば、（変化に対する）適応力の高さを身に付けるしかない。

　環境がどれだけ複雑になっていこうとも、その変化をすぐ認識し、対応していける。そんな力こそが、AI時代に路頭に迷わぬよう、人々が身に付けるべきスキルとなるだろう。

第 **14** 講 AIとアルゴリズムの進化論

# 情報格差をAIが解消、
# 明るい未来は描ける

**スーザン・エイシー** *Susan Athey*

米スタンフォード大学経営大学院教授

1970年生まれ。2007年、40歳以下の最も優れた米国経済学者に贈られる
ジョン・ベイツ・クラーク賞を女性で初めて受賞。6年間米マイクロソフト
のチーフエコノミストを務めた。専門は産業組織論。

## ➤ 講義の前に ── 教授の横顔

　米スタンフォード大学経営大学院のスーザン・エイシー教授は、将来のノーベル経済学賞の受賞者候補として注目される経済学者だ。既にノーベル経済学賞の登竜門といわれる、40歳以下の優れた経済学者に贈られる米国のジョン・ベイツ・クラーク賞を女性として初めて受賞した。経済学とコンピューターサイエンス、そして計量分析に明るく、それぞれの分野に深い見識を持つ。21世紀の情報技術社会の進歩を牽引する研究者の1人である。

　近年、コンピューターサイエンスと経済学を中心に、複数の分野で高い専門性を身につけた研究者が増えており、異分野の融合が進んでいる印象がある。エイシー教授はその先駆的存在ともいえる。第10講に登場したスコット・コミナーズ准教授もやはり、領域を

超えて活躍する若手研究者である。

　筆者が米国のスタンフォード大学を訪れ、エイシー教授に初めてインタビューしたのは、2010年のことだった。当時、エイシー教授は米マイクロソフトのチーフエコノミストも務め、AI（人工知能）の学習を効率化させる数多くのアルゴリズム開発プロジェクトに携わっていた。

　AIという言葉自体は、以前から存在した。だがここ数年、統計的なツールが急速に進歩する中で、機械学習、さらにはディープラーニングといった、AIが自らデータを取り込みながら学んでいく技術が長足の進歩を遂げた。AIがデータをどう学んで選択していくかという計算方法やデータ処理手順、あるいは法則をプログラムしたものが、アルゴリズムである。

　機械学習、ディープラーニングに関する最新情勢についての説明を、エイシー教授から1時間超にわたってうかがったが、科学技術やビジネスのみならず、社会科学全般に及ぶその議論のスケールの大きさを、半分も理解できていなかったように思う。

　そんな2010年の米国出張は、2日間でエイシー教授への取材に加え、米グーグルのチーフ・コンサルタントであるハル・ヴァリアン氏と大阪大学の安田洋祐准教授との対談、そしてオークション理論の大家であるポール・ミルグロム米スタンフォード大学教授のインタビューも敢行する弾丸ツアーだった。

　ヴァリアン氏といえば、もともとはカリフォルニア大学バークレー校の教授で、ミクロ経済学の代表的な教科書の著者として知られる。そんな大家が、米グーグルのチーフ・コンサルタントに就任し、活動の軸足を民間企業に移すと聞いて驚いたのもこの時だった。取材では、そんなヴァリアン氏などとの会話から、グーグルはその後も次々と計量分析の俊英を大学から引き抜いていることが分かった。

　米国のアカデミアとスタートアップ、ベンチャー企業の関係には、日本では想像もつかないダイナミズムがあった。その一端に触

れることができたという意味でも、非常にぜいたくな2日間だったと感じる。

　本講のインタビューは、それから9年の歳月を経た2019年、電話取材として実現した。日進月歩の分野であり、取材から本書刊行まででも1年以上経つので、状況が変わっている可能性はあるが、アルゴリズムをめぐる基本的なメッセージは変わらないと思う。日本でも昨今、計量分析などに明るいトップクラスのミクロ経済学者が、マーケティング分野を中心に、民間企業に参画する例が珍しくなくなってきた。しかし、そこから生まれるダイナミズムは、いまだに彼我の差が大きいのではないだろうか。

　本講では、アルゴリズム開発の最前線で活躍してきたエイシー教授に、「AI（人工知能）のリアル」について見解を聞く。

　アルゴリズムとは、計算手順や、コンピューターの処理手順のことを指す。優れたアルゴリズム開発にはデータに基づく実験が必要で、例えば、AIを「いつ値下げするのが最適か」などといった判断を下すのに使いたくても、分析に十分なデータがそろったころには、タイミングが過ぎてしまうことなどが課題だ。

　長年、経済学者としてAIの研究に携わってきた。ごく最近、新しいアルゴリズムを開発し、AI関連の学会で発表した。データが十分にそろっていなくても、AIの判断をより最適なものに近づけるための新しい仕組みだ。基になったのが、既にビジネスなどで活用されている「バンディットアルゴリズム」による実験なので、まずそこから説明したい。

　例えば、政治活動のため大勢の有権者に電子メールを送るとする。送る側としては、どのような内容の電子メールを送れば最も効果的に反応を得られるかを素早く知りたいものだ。そこで実験をする。最もシンプルな実験は、次のようなものだ。

　まず、10タイプ電子メールをつくり、1万人ごとのグループをいくつか

つくる。1週目にグループAの1万人に対して、10種類の全電子メールを1000通ずつ送信する。その後、どの電子メールが効果的だったか判定し、最も反応の悪い電子メールを候補から除外する。

　次にBグループに、生き残った9タイプのメールを同じく均等に送信し、ワーストを落とす。これを繰り返せば、9回目の実験で最後には最適なメールを選別できる。ワーストサンプルがどれほど悪かったかを、後で検証する必要がない時に有効だ。

　バンディットの正式名称は、「マルチアームド・バンディット（腕の多い盗賊）」という。カジノのスロットマシン（右ページのイラスト）の遊び方に由来する。カジノに複数並ぶスロットマシンのうち、どのスロットを引くと一番当たりやすいか、スロットの腕を引き続けていく。結果を見ながら出の悪いスロットが落とされていけば一番いいスロットにたどり着く。これと同じ道理である。

　この実験手法は、新薬の実験やオンライン広告などで実際に活用されている。例えば10種類の新薬がある中で、実験の初期に効き目がない薬が分かったら、いつまでも患者に与え続けない方がいい。時間をかけず早めに悪手を落とす必要がある場合に、とりわけ有効な手法だ。

　エイシー教授らは現在、上記のバンディットを深化させた「文脈付きバンディット」を開発し、提案している。

## ● 「あなたに似た人」のデータを分析

　私が提案した「文脈付きバンディット」は、バンディットを一歩進めた考え方だ。バンディットは、試し打ちを繰り返して、どの電子メールがベストかを徐々に探すやり方だが、ここで見抜けるのはその手法上、あくまで「世の中の平均的な人々に最適なメール」に限られる。

　その点、文脈付きバンディットなら、ある特定の個人にとってどの電子

メールを送ればよさそうかを、突き止めることが可能になる。

　文脈付きバンディットとは、これからメールを送ろうとする特定の個人に統計的に「似た人」を探し出し、その「似た人」が過去、最も反応したメールを送るような手法、という言い方でイメージが伝わるだろうか。ここでいう「文脈」とは、個人の特徴を指す。

　例えばあなたが窓口にやってきたら、あなたの特徴を踏まえた一番ふさわしい薬を渡したいし、あなたにふさわしい電子メールを出したい。文脈付きバンディットでは、過去に、あなたと完全一致ではなくても、よく似た特徴がある人のデータを検索し、その結果から判断して、あなたに最適な薬やメールを出そうとしてくれる。

　米マイクロソフトでは、この文脈付きバンディットをMSNウェブサイト上で実際に使い、実験しているグループがいた。

　ただ、いずれにしても、現時点ではこうしたアルゴリズムによる判定の精度は、100％とはいかないのが現実のようである。

　より効率よく高い精度でAIに学ばせようと思えば、例えばその時点の人間関係やつながりなどといった、最終結果に影響を与え得る定性的な情報でも、何らかの方法でコンピューターが使えるようなデータに置き換えなければいけないからだ。そしてこれがまた、最大のハードルのようでもある。

## ● VCのような投資判断はできない

オンライン広告のようにAIが活用できているように見える分野はあっても、全体としてはAIを適用できる範囲はやはり、限られる。

例えばVC（ベンチャーキャピタル）がどのスタートアップに投資するかを見極める場面で、AIが意思決定をすることはできない。判断材料が複雑すぎるからだ。例えばVCの人々が、投資先の良しあしの判断について正しい答えを見つけられるようになるまでに10年かかっているなら、AIが短期間で答えを見つけることは、やはりできないのである。

とはいえ、AIが起業家のSNS（交流サイト）の略歴を見て、それを採点することはできる。VCとは別の判定を出せるだろう。

例えば、この人は技術者とたくさんつながっている、とか、重要な起業家とつながりがある、とか、VCが見逃した情報を拾うかもしれない。起業家がウェブ上で書いたテキストを探すこともできる。VCが投資対象を検討する会議の準備に10分しかかけられなかったとしても、AIを使うことでより多くの情報を集めることができる。

このように、AIにはできないことがまだまだ多いが、人間の意思決定の一部に関わり、判断をよりよいものにすることができるツールといえる。

エイシー教授は、AIに関連するいくつかのプロジェクトに携わっているという。自ら開発した「文脈付きバンディット」のアルゴリズムにより何が可能になるのだろうか。

最先端のアルゴリズムの理論面については、多くの研究が積み上がっている。シミュレーションも数多い。だが、実はまだあまり現実への応用例は多くない。多くの理由によって、アルゴリズムを実際に使うのが難しい。

まず、AIに問題を解かせようとするなら、「何ができたら成功か」を示すよい指標が必要だ。例えば「特定個人に合致する情報」といっても、何をもって「合致する」「合致していない」と判定するのか。AI研究者は、実験を繰り返し結果を検証し、果たしてよい判断だったのかどうかを見極めて次の

## 「試し打ち」しながら一番良いものを探す

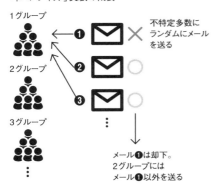

● 「バンディット」実験の概要

1グループ

不特定多数に
ランダムにメール
を送る

2グループ

3グループ

メール❶は却下。
2グループには
メール❶以外を送る

## 過去に会った「似た人」の結果から推定

● エイシー教授の提示した「文脈付きバンディット」

文脈付きバンディット

個人的
特徴データ

過去の
結果データを
照合

不特定多数の
個人

その個人に
ふさわしそうなメールを
送る

実験に生かすことで、精度を高めていく。しかし、現実社会の大きな課題の多くでは、AIの判断が正しかったか否かを判断するのが難しい。正解があるにしても、すぐには解が見つからない。

### ● AIが得意な分野はまだ限定

　確かに現時点でのAIの成功例は、成功・失敗の判定が分かりやすく、はっきりしている分野に集中している。例えば目立つのは、ビデオゲームや碁、チェスなどだ。

　ゲーム関係はたくさんの成功例がある。コンピューターはミリ秒単位でチェスができる。2つのコンピューターがあって違う戦略を持っていれば、試合をさせればどちらが勝つかが分かる。コンピューターだから深夜に単独でゲームをすることもでき、何度でも繰り返せる。しかし、現実社会の諸問題の多くはそうはいかない。

　社会やビジネスにAIを生かすため、コンピューター科学者がアルゴリズムを考える際に一番難しいのは、目的を「翻訳」することにある。目的が曖昧

では、AIが判断を確立できないからだ。まず目的を言葉で描写しなければいけない。しかしどうやって、その目的に関する情報の質を計測可能な統計数値などに翻訳するのかとなると、とても難しい問題になる。

　AIをビジネスに応用する可能性を広げていくうえで試練となるのは、AIの成果を判断する定性的な基準を、数値化する難しさだけではない。

　そもそもそんなにたくさんの実験ができないものや、実験失敗のコストが高くつき繰り返せないものも多い。大きな試練の一つは、検証をする機会の確保にある。
　ゆえに、AIを使って検証する課題は、現実社会にとって重要で役に立つ課題であり、AIに対して素早くフィードバックでき、そこに学びがあり、もしAIが間違えても危険ではない、といった条件を備えていなければならない。

　世の中では、「仕事をAIに任せる時代」が来ると漠然と語られているが、こうした状況は直ちに雇用への大きな影響は及ぼさないと、エイシー教授は考えている。むしろ注目しているのは雇用に対するプラスの側面だ。

　雇用面の懸念がしばしば語られるが、私は心配していない。当面、ビジネスに応用されるAIは、人間から仕事を奪う敵ではなく、生産性を高める味方となるだろう。
　実際、人間とAIは既に、いくつかの問題を上手に解決していると思う。
　電子メールを使ったキャンペーン、オンライン広告、詐欺の発見。これらは数値化が簡単で、正誤が分かりやすいから、早くからAI応用の研究が進んだ。問題が複雑で全部を解くのは無理でも、断片的に解くことはできる。つまり、AIは優秀な研究助手、ととらえるとよいかもしれない。最終決定をさせることはできないが、仕事をさせることはできる。
　例えばAIに関する過去の論文トップ10を見つけるよう指示したら、AIはウェブ上ですべての論文を検索し、内容の質と著者の実績で点数をつけ、論文中にどれだけのファクトがあり、内容がどれくらい複雑で、どのくらいの

長さで、使われている理論モデルは何かなどを調べることができる。人間の助手の方が良い仕事をするかもしれないが、AIよりもコストがかかるし、AIは人間よりはるかにたくさんの記事を探せる。

　また、AIによるテキストの文法チェック能力も急速に進化しているし、パワーポイントには今やスライドをデザインし直す提案機能まで付いている。5年前には不可能だった。

　そして、AIが人間に取って代わることはまだまだできないとエイシー教授は話す。

　AIは確かに、テキストや資料の間違いを指摘できるが、それでも、プレゼンテーション用のスライドをつくるのは人間であるし、論文を書くのも人間だ。現時点でAIにできるのは、事前にはっきり定義ができ、解決可能だと分かる問題に限られる。しかし、AIは必ずしも、人間がするように、すべての関連する要素をうまくまとめて編集することまではできない。当面のAIが威力を発揮するのは人間の補佐的業務で、その代表が検索や情報収集のサポートだ。

　では、この先、AIはどのような進化をたどるのか。

## ● AIが情報格差を解消？

　私自身が今取り組んでいるテーマの一つは、AIを使って、利用者の意思決定をサポートするアプリケーションの開発だ。例えば、女性が避妊を選ぶサポートなどだ。

　学生がもれなく奨学金を申請できるように注意喚起をするプロジェクトにも取り組んでいる。ある学生に、特定のローンや奨学金を申請できるような資格があれば知らせるのだ。学生自身に申し込む資格があり、申し込む意思があるにもかかわらず、ローンや奨学金の存在を知らなかったために機会を逃すことがないようにする。AIが役に立つ社会問題の一つは、情報格差だろ

う。

## ● 個人情報保護、国際摩擦……AI活用、受益とコスト見極めを

エイシー教授の研究では、国家間の緊張や競争にAIがもたらす影響とどう向き合っていくべきかも重要なテーマだ。まず米中間で高まっているとされるAIの開発競争。研究の最前線でどうみているか。

AIコミュニティーでは、規模の経済が働くことが極めて重要である。例えば（グーグルなどのような）巨大なテック企業が米国に次々現れる一方で、欧州からは出てこないことにも、ここに多くの理由がある。欧州市場は、投じる研究開発費用に見合う市場規模がないというのが、スタートアップが盛んにならない理由の一つである。米国市場は投資に見合う。十分に規模が大きい。

AIに対する投資は、研究開発費用が膨大な場合もあるが、その成果は、国の市場規模と直結しているということだ。言い換えれば、AIは大国に有利な、大国向けの技術。となれば、米国にとって中国は大きな脅威になる。

中国市場は米国市場よりさらに大きいし、技術面でも、米国の先を行く分野がある。

例えば、中国には、子供の教育に最先端の技術を使いたい人が多く、いわゆる教育技術関連のAI開発に取り組むスタートアップの裾野が広い。

AIの学習には、どれだけの違った組み合わせの実験が試せるかが重要なので、ユーザー数が多ければ多いほど有利で、早く進化する。だから、中国が、技術の一部ではいったん米国に追いついたとしても、全く不思議ではない。

さらに、中国人も中国社会も、欧米ほどプライバシーを重んじないため、米欧ほど気を使わないで実験を展開することが可能とされる。これもAI開発では大きな強みになる。

## AIを社会貢献に活用

● 文脈付きバンディットで実現を目指す応用例

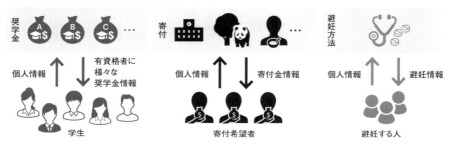

　ただエイシー教授自身は、AI開発を国家の覇権争いという視点では捉えていない。

## ◉「デュアル」な用途に注視を

　個人的には、米中でAI開発競争が激しくなっていると言って警戒するのは、やや大げさだと思う。なぜなら、AIコミュニティーはグローバルなものだからだ。AIの研究に携わる人々はみな、知見を世界中で共有している。その産学官の開けた関係については、目を見張るものがある。あらゆる情報が、世界中でオープンソースになっているのだ。だからAI研究に関しても、グローバルなコミュニティー、いわゆるAIコミュニティーが成り立っている。

　おそらく、世界中のAIコミュニティーの中にいる人はみな、国家の覇権争いなどには関心がなく、この最先端技術をどうすれば社会にとって良いことに使えるかだけを考えているはずだ。

　AIコミュニティーの人々が抱く懸念は、むしろAIの有害性だという。

　意図はどうであっても、最新技術は害にもなり得てしまう側面を持つ。我々はこうした技術を「デュアル・ユース・テクノロジー」と呼ぶ。イン

ターネットもデュアル・ユース・テクノロジーの一つであるし、電子メール
もまたそうである。

　例えば、インターネットが現れた当初、ごく初期に活発な活動が見られた
分野は、ポルノグラフィーと犯罪での利用だった。

　そしてAIもまた、ポルノグラフィーと犯罪に利用することが可能だ。それ
だけでなく、政府が調査に使うこともできるし、さらにほかの危険な目的に
使うことだってできてしまう。

　危険そうだと分かっていても、AIの開発を止めることはできない。このよ
うな状況に対して我々が何をすべきかが、重要な問題だ。


　一度生み出された先端技術が生まれる前の時間に、時計を逆戻りさせるこ
とはできない。ならば、できることとできないことの詳細を少しでも把握
し、将来起こり得るリスクに備えるしかない。


　恐らく我々にできるのは、悪い影響についてすべて学び、政策の専門家と
ともに直接的な害と、潜在的な害、潜在的に危険な利用の仕方について深く
理解しそれを適切な方法で人々に伝えることと、国民を守るための国内政策
と国際的な政策を立てていくことだろう。

　例えばスタンフォード大学では専門の研究機関（The Stanford Institute for
Human-Centered Artificial Intelligence ／人間中心のAI研究所）を立ち上げ
た。AIが、人間社会の福祉向上に使われるよう、活動する。


　では、AIが社会にもたらし得る「負の影響」で、最も深刻になりそうな
ものは具体的には何だろうか。


## ● 監視と軍事への応用に警戒

　心配なのは、監視と軍事利用だ。サイバーセキュリティーとデジタル戦争
の問題だ。小さなレベルの軍事攻撃は既にみられる。今は小さくても、だん
だんと規模が大きくなる懸念もある。

## 新技術の進化を予想し、備える必要

● 新しい技術のメリット・デメリット

　ただ、AIの軍事目的への活用は脅威だが、偵察力は役に立つ面もある。犯罪を減らすこともできる。その点では、バランスをとっていくことが必要といえるだろう。

　例えば仕事を得るため、性的被害に遭うリスクが高い場所に住まなければならないとしたら、監視の厳しい住環境の方がむしろ安心だ。しかし一方で、治安のよい場所に住んでいたら、監視されていることが不安になる。これは監視の適切なバランスを見つけるうえで、大変難しいポイントだ。政府が、監視の程度についてバランスをとっていけるように、注視しなければいけない。

　漠然と人の仕事を奪う脅威が語られたり、いくつかの事例だけで「大して役に立たない」とみなされたりもするAI。世界中のAIコミュニティーが取り組んでいる最先端の研究開発から目を離さず、注視することが、新しい技術がもたらす未来を予測するうえで大きな助けになりそうだ。

第 $7$ 章

# 日本型経営の課題と可能性

　海外の識者から日本への問題提起を聞くとき、今ひとつピンとこないことがよくある。それは、日本の置かれた状況や、前提とする社会の共通認識に関連付けずに、持論や自説を展開することがままあるからだ。本章では、日本の社会や企業との付き合いが長く、日本の風土や文化、さらには日本語も理解する世界トップレベルの教授2人と、親日家で知られる大御所、ヘンリー・ミンツバーグ教授に登場いただく。グローバル経済における日本の立ち位置と課題を確認し、未来に向けた提言を展開する。

# アジアに広がるMITモデル

**マイケル・クスマノ**　*Michael Cusumano*

米マサチューセッツ工科大学（MIT）経営大学院
「スローン・マネジメント・レビュー」主幹教授

1954年生まれ。1976年米プリンストン大学卒業、米ハーバード大学で博士号取得（Ph.D.）。ビジネス戦略と情報技術の研究で知られている。2016年から17年まで、東京理科大学特任副学長を務めた。

## ➤ 講義の前に ── 教授の横顔

　米マサチューセッツ工科大学（MIT）スローン経営大学院のマイケル・クスマノ教授は情報イノベーション戦略を専門とする。米国のマイクロソフトやシスコシステムズ、旧ネットスケープ・コミュニケーションズといったIT企業の戦略を分析する著作のほか、第11講に登場した米ハーバード大学のデビッド・ヨフィー教授との共著『ストラテジー・ルールズ』（パブラボ）がある。これは、米マイクロソフト創業者ビル・ゲイツ氏、米アップル創業者スティーブ・ジョブズ氏、そして米インテルで会長兼CEO（最高経営責任者）を務めたアンディ・グローブ氏という3人の技術系起業家について、それぞれの強さなどを分析するものだ。これらを含め合計13冊の執筆を手がけている。

　そんなクスマノ教授は、MITスローンきっての日本通でもある。

米フルブライトや日本財団の奨学生として東京大学で学んだのを皮切りに、計8年以上に及ぶ日本への滞在経験がある。一橋大学に客員教授として勤めたほか、2016年から17年まで、東京理科大学特任副学長を務めた。日本語も堪能で、本講のインタビューも、一部は日本語で応じてくれた。

クスマノ教授は、MITメディアラボの立ち上げにかかわった経験がある。MITメディアラボは、MITから学問領域を超えた、新しい価値を生み出すことを目指した組織なのだという。

そして、東京理科大学では特任副学長として、同校をMITのような、イノベーティブな組織にするサポートをしてきたという。クスマノ教授は、中国の清華大学で、同様の「MIT化」のプロジェクトを成功させていて、清華大学は将来、MITを超えるのではないかと評されている。

MITでは、学生の起業だけでなく、教授がベンチャーの役員を務めたり、起業に携わったりすることを奨励しており、クスマノ教授も複数のベンチャーで取締役や顧問などを務めてきた。さらに日本や米国、中国、インドなどの大手電機メーカーや通信、情報技術会社の経営陣に助言をしたり、社員向けに講義したりといった活動もしてきた。


本講のインタビューをした2019年。クスマノ教授は、東京理科大学の取り組みをフォローするために来日していた。

日本の大企業が、異能の人材を組織の圧力で潰してしまったり、ベンチャーとの協業でパートナーとして尊重しなかったりすることが多いことなどを指摘。企業規模と資金力に物を言わせた尊大な対応と、官僚的な組織の構造が、せっかくのイノベーションの芽を潰しているという、大きな問題意識と危機意識を持っていた。インタビュー中、日本人以上に日本の将来を憂慮しているように見えた姿が印象的であった。

IoT（モノのインターネット）やAI（人工知能）の開発などで米国や中国に水をあけられ、イノベーション力の弱さが目立つ日本。活性化するためのカンフル剤はないのだろうか。日本企業の組織改革やイノベーションを長年研究してきた米マサチューセッツ工科大学（MIT）のマイケル・クスマノ教授の分析を聞こう。

　イノベーションとは、端的にいえば「新しいことをする」ことだ。日本のイノベーション力が弱いとは思わない。日本は、特定の分野のイノベーションではむしろ強い。MITでは東京理科大学のチームと組み、日本のイノベーション力について研究してきた。
　そこで分かったのは、日本は、「つくること」には強い。（ハード面を）少しずつ進化させていくイノベーションは得意だ。特許数も多く、他国とは違う技術があり、種類も豊富だ。
　しかし一方、組織的なイノベーションに強くない。あるいは、ビジネスモデルのイノベーションには強くない。これらは「ソフト面のイノベーション」だ。
　これからはソフト面でのイノベーションがより必要な時代になる。日本は商業的な技術イノベーションに強いのに、起業する余力があまりない。我々は、そのギャップを埋めようと活動してきた。

　積み上げる力が強いという日本のイノベーション力だが、では世界でどのぐらいの位置にあるのだろうか。


## ● 特許数なら世界2位だが

　順位はイノベーションをどう定義するか次第だが、指標の一つにその国が生んだ特許技術の数がある。人口当たりで調整すると、韓国が世界一で日本は2位だ。特許を物差しにすれば、日本は大変イノベーティブといえる。
　イノベーションの中身を見ると、新素材や医療機器、加工技術など積み上げるタイプとなろう。だが新しい産業や新会社を創出するイノベーションと

## 国・企業の変革する力を測る

● クスマノ教授の提唱する「変革力」指標

**イノベーション力**

❶ 国の研究開発費
❷ 特許
❸ インフラの整備
❹ インターネットのスピード
❺ 大卒者・博士号取得者の数
❻ 文系・理系比率 　など

**起業力**

❶ 起業の数（人口調整後）
❷ ベンチャーキャピタルの投資額
❸ IPO（新規株式公開）の数
❹ 起業講座がある大学の数
❺ 事業計画のコンペの数 など

なると、日本はかなり順位を下げる。

　日本が不得意なのはまさに昨今、必要性が叫ばれている「ゼロイチ」のイノベーションなのである。

## ● ものづくりに偏りすぎている

　起業を（イノベーションの）指標にするなら、米国が相当上位にくる。イスラエルでも、技術力を強みとする膨大な数の会社が新しく生まれている。イスラエルの会社は、米国を除くと、世界で最も多く米国で上場している。フィンランドなど北欧の零細企業もイノベーティブだ。それは、ノキアのような大企業が苦境に陥った時に数多くの従業員が退社し、起業したことが理由の一つだ。

　また、科学技術が基盤のイノベーションがどの国で起こっているのかを見てみると、国際的に優れた大学のある国が目立つ。

　とりわけ米国と英国だ。いずれも大学が国際的で、米国ならMITやハーバード、スタンフォード、カリフォルニア大学バークレー校などに世界中の優秀な学生や研究者が集まっている。英国ではオックスフォードやケンブ

リッジ、インペリアルカレッジが強い。長年の蓄積があり、財政的にも豊かで助成金に頼る必要がないため、政府に管理されずに済む。

大学は、思想の自由、創造の自由が、繁栄する場所だ。しかし日本にはそうした世界トップクラスの大学は見当たらない。これは日本の将来に禍根を残しかねない。

俯瞰すると、日本の問題の一つは、ものづくりに集中しすぎてきたことにあると思う。近年のイノベーションのほとんどは、ものをつくった後の情報技術分野で起こった。現在はものづくり分野でなく、ものをつなげる分野が主戦場だ。

デジタル業界では、ソフトウエアとネットワークを活用した新たな開発が進んでいる。また、異なる分野同士の組み合わせでさらなるイノベーションが起きている。驚くことに、これが日本の大学や企業ではあまり見られない。

日本では、企業のみならず、大学でもイノベーションが起こりにくいという。クスマノ教授はなぜそう見るのだろうか。

## ● サイロに閉じこもる日本

あらゆる製品やサービスは、企業が作り出している。コンピューターソフトウエアやインターネット分野の研究などに数十年携わってきたが、米IBM、米マイクロソフト、米アップル、米アルファベット（グーグルの親会社）などといった企業が偉大なイノベーションを起こした。だが基本的な技術は、米国の政府と国防総省、英国政府の投資、そして英米の大学の投資が生み出した。決して企業だけの力で発展したわけではない。

つまり、大学と政府が生み出した英知が企業により商用化されていくという流れで、先端技術の発展がスムーズに進んでいったのが米国の強みになったのだ。

日本で企業と大学が取り組む活動は、特定の半導体機器や特定のソフトウ

## イノベーションには2種類ある

● 漸進的なイノベーションと、「ゼロイチ」イノベーション

**サイロ状積み上げ型**

閉じられた組織で、下から少しずつ積み上げて改良、改善を加えていくイノベーション。ものづくりにはこうしたイノベーションスタイルが多い。

**ネットワーク展開型**

異なる分野の人たちがつながって、これまでにないビジネスモデルを生み出すイノベーション。情報技術イノベーションの主流。

エアだったりと、規模が小さい。日本のほとんどの大学は、閉じられたサイロ（縦割り組織）で活動している。学生も、電気工学部、経営学部、機械工学部など学部別の履修だ。大抵、大学の研究者は専攻分野だけを研究し、大学生は所属学部だけの講義を受ける。ほとんどのイノベーションは、異なる分野の組み合わせから起こっているというのに、そうした試みが日本の大学や企業では驚くほど見られない。

　1985年、MITが新たな研究所「MITメディアラボ」を立ち上げたのは、イノベーションを起こすためだった。その結果、デジタル技術に関連するコンピューターサイエンスとメディアをベースとして、様々な分野の教授、そして多様なスキルを持つ学生や研究者があちこちから集まった。

　日本に多いサイロ状積み上げ型の組織では、イノベーションは起きにくい。多様な知がつながるネットワーク展開型に変えていく必要があるというわけだ（上図）。

　「近年の日本では業界再編を引き起こすほどの画期的なイノベーションが起こりづらくなっている」と指摘するクスマノ教授。一方で、1980〜90年代には、日本にも画期的なイノベーションを起こす底力があったともいう。では当時の底力はどこに消えたのか。

## ● 「ものづくり」でなく「ものつながり」

　本当に画期的で、既成概念を覆すようなイノベーティブな新製品や新サービスのほとんどは、米国の情報技術分野の企業が起こしてきた。そうしたイノベーションの源泉となったのが、大学での研究成果だった。例えば、数学の基礎研究がコンピューターサイエンスにつながったし、コンピューターのプログラミング技術を開発したのは大学の数学者だ。

　さらに、半導体製品などの機器を開発している人と、コンピューターサイエンスの研究者をつないだことも、のちのイノベーションに発展した。

　米国政府はこうした大学発の技術を取りまとめ、結果的に企業の研究室につなげる役割を果たした。当初は防衛利用目的だった技術が、のちに幅広く商業利用できるようになったのも、こうした政府主導による「異分野の協働」があったからだろう。

　日本企業も個々には様々な新技術の開発に取り組んではいたが、政府と企業、大学が一体となって協働し、つながる状況や環境はなかった。こうしたつながりのなさこそが、日本のイノベーションを起こす底力が開花しなかった大きな理由だろう。

　これからのイノベーションは「ものづくり」ではなく「ものつながり」が大事だ。


　「ものづくり」でなく「ものつながり」と、クスマノ教授は繰り返し強調した。教授の日本に対する提言の核心部分だ。つなげる力が弱かった結果、本来あったはずの日本のイノベーション力が開花しなかった例として、クスマノ教授が挙げるのがかつてのソニーだ。


　ソニーは20～30年もの長きにわたり、米アップルすらしのぐ技術を持っていた。ソニーが単体の機器だったウォークマンを発展させ、iPodのような機器を生み出し、通信機能をつけてiPhoneのような機器を世に送り出しても全く不思議ではなかった。

　しかし現実は、端末の開発で後れを取ったのみならず、iTunesといった仕

組みの提供でも、アップルの後塵を拝した。携帯電話が現れた時も、ソニーはそれを自社製品とつなげるのでなく、エリクソンとの合弁会社に任せてしまった。私は、組織の構造に問題があったと思う。

クスマノ教授が言う構造問題とは、一体どのようなものだったのか。

当時、ソニーのコンピューター部門は独立しており、テレビゲーム機器を扱う部門も、別組織になっていた。デジタルコンテンツ部門、音楽、動画なども別々の組織が担当していた。そして、それぞれが互いに競争をしていた。

そこには、互いに協力してイノベーションを起こすような、横ぐしの情報の流れが存在しなかった。そして会社の主たる関心は機器の開発、つまり「入れ物作り」のままだった。

だが世界の関心はむしろ、デジタルコンテンツによって、電話やテレビやビデオゲームといった「入れ物同士」の壁をいかに取り払いつなげていくかに移っていた。

米グーグルなどは入れ物を作ってつなぐどころか、ソフトウエアを通じて世にある入れ物をつなぐことに突き進んだ。だが、日本勢はそうした世界の潮流に気づかなかった。ソニーだけではない。シャープのような優れた技術力のある電機メーカーでさえ同様の状況に陥った。

## ● 日本は元々"起業的"だった

そんな日本勢とは対照的に、「分野の垣根を越えた協働」こそがイノベーションを生むとの結論にたどり着いていた米国勢は「ものつながり」にますます磨きをかけていく。中でも、MITはメディアラボを立ち上げ、意図的に「異分野の組み合わせ」をつくる環境を構築した。

ほとんどのイノベーションは異なる分野の組み合わせから起こることが分かっている。そこでメディアラボにはコンピューターサイエンスに詳しい者に加え、心理学や社会学の研究者、機械工学に明るい専門家たちなど様々な

人材を集めてきた。その効果は今も変わらず、ロボットやウエアラブルなど新しい技術を展開するうえで役立っている。異なるスキルがスムーズに結び付く環境ができているからだ。さらにメディアラボには、次々に生まれる新しい技術を使いたいビジネスパーソンや経営者も集まってくる。

　日本がイノベーションで劣勢に立つ理由を語るクスマノ教授。だが、本来日本は「"起業的"国家だった」と指摘する。

　私が1980年代にMITの大学院で書いた2番目の査読論文は、日本における科学技術に基づく起業がテーマだった。20世紀初め、東京大学の大河内正敏教授が理化学研究所所長となり、研究所の成果を工業化して発展させ、リコーなどが生まれた「日本の起業の歴史」をつぶさに研究した。つまり、日本には優れた起業文化の長い歴史がある。

　言うまでもなく、優れた起業はイノベーションと表裏一体だ。この論文を執筆した後、私は、まだ"起業的"時代だった自動車業界のイノベーションについて比較研究をし、『The Japanese Automobile Industry:Technology and Management at Nissan and Toyota（日本の自動車産業：日産自動車とトヨタ自動車の技術と経営）』という書籍にした。

　では日本から起業家精神が失われてしまったのは、なぜか。私は、大企業が大成功し過ぎたからと考える。大卒者が皆大企業に就職したがる。

　実際、日本経済を仕切っているのは大企業だから、気持ちは分かる。サプライチェーンも強固だ。大企業が川下まで隙間なく囲い込んでいるので、イノベーション力を秘めた新興企業が立ち上がる機会が減り、産業全体としてもイノベーションが起きにくい。

　ではどう解決すればいいのか。

　大企業に優秀な人材が集まるのはある意味避けられない。だとすれば、日本を代表する大企業に集まる人材の意識を刷新するしかない。私たち研究チームは、日本の将来にとって重要なことの一部は、大企業に勤める人たち

やエンジニアに、起業家精神を植え付けることだと信じるようになった。

　起業家精神が備われば、新卒で大企業に就職した人材も、創造的に新規事業開発に取り組めるようになる。日本で大卒者を起業家にしたり、新興企業に就職させたりするのは、文化的にも社会的にもプレッシャーが強過ぎる。

## ● 大企業に起業家精神を吹き込むしかない

　大企業の社員、エンジニアをイノベーティブにせよと主張するクスマノ教授。具体策として、大企業の社員に起業的発想を教育することを挙げる。

　私は日本で大企業がより創造的に、"起業的"になれるようにと、様々なプロジェクトに携わった。東京理科大学でMOT（技術経営）の社会人向け専門職課程の刷新に取り組んだのが一つ。新規事業開発や起業家精神に着目した科学技術系の講座をつくり、技術系の人に経済学、財務会計、戦略論、リーダーシップ、組織論を教えた。

　日本では、エンジニア教育や科学教育で扱う領域が狭い。起業的発想を養うには、ビジネス研修も必要だ。起業家精神の植え付けは言うはやすしだが、実際、実行はかなり難しい。

　さらに言えば、起業家精神を持つ人材が育ったからといって、直ちにイノベーションが起きるわけでもない。大企業ならではの制約がある。

　大企業では財務部門が投資をコントロールするため、失敗しそうな投資は合意が得られにくい。だから、積み上げ型の無難な投資にしかゴーサインが出ない。例えば、誕生前のiPodなら投資は認められない。緑や赤のウォークマン、ボタンを足したウォークマンに投資するのはOK。失敗しなそうな積み上げ型イノベーションだからだ。

　こうした大企業に共通する「積み上げ型イノベーションの罠」として、クスマノ教授は米IBMの例を挙げる。

　大企業では、意欲的な社員がアイデアを試そうとしても、社内で潰されが

ちなことが分かっている。1980年代、パーソナルコンピューターを開発した米IBMも、独自の基盤技術がつくれずだめになった。初期にさほどもうからず、投資に足踏みするうち、新しいOS（オペレーティングシステム）の「ウィンドウズ」を出してきたマイクロソフト、さらにマイクロプロセッサを委託していた米インテルに、パソコン基盤の主導権を奪われた。2社は今それぞれ、世界で最も価値ある企業の一つだ。一方IBMはその後、約30年苦戦した末、サービス企業として出直すことになった。

　では大企業が、こうした「才能潰し」「イノベーション潰し」圧力を自ら取り払うには、何が有効だろうか。

## ● 中途社員がイノベーションのカギ

　カギを握るのは中途採用だ。新卒で入社した社員に起業家精神を注入するのと同時に、既に“起業的”マインドを持つ者の中途採用を強化する。重要なのは、生え抜き社員と別のキャリアトラックを設けること。日本ではどんなに優秀でも、中途入社の社員は好待遇を得にくい。

　新卒社員とは全く別のキャリアトラックにして、中途社員にとってもキャリア形成上、魅力的な会社にすれば、より良い人材が集まる。あるいは、中途社員を受け入れるため新部署や子会社を立ち上げる手もある。

　「大企業の社員をイノベーティブに」と提案するクスマノ教授。起業的発想の育成が重要だと強調するが、ではそれはそもそもどのようなものか、またどうすれば育つのか。

　どうすれば新しいことをして世界に影響を与えられるか、いかなる新製品や新サービスをつくればいいか——。優れた起業家は常にこの視点で物事を考え続ける。これが起業的発想だ。

　起業的発想を高めるには、製品やサービスといった形にする力と、それを市場に届けビジネスとして成立させる力の両方を磨くことが必要だと我々は

## 起業家は考え、伝え、巻き込み、稼ぐ

● 起業家に必要な行動のイメージ

それぞれのポイントで働きかける必要がある

教える。斬新なアイデアを形にするだけでなく、顧客にお金を払ってもらい、収益になる価値を創造するところまでが起業だからだ。言い換えれば、起業的発想とは、アイデア、カタチ、収益といった「点」をいかにつなげるか考える作業とも言える。

### ● 起業は1人では成功しない

もちろんアイデアは、事業創造の出発点にすぎない。アイデアを見いだした後、その良さを周囲に伝えて巻き込み、形にするためのチームをつくる。その後、市場に投入するための収益モデルをつくっていく。起業家はこれをすべて管理しなければいけない。

1人で会社を成功させられる起業家などいない。常に創造的なやり方で取り組み、周囲を巻き込むべきだ。同じやり方では、新しい価値を創るチームは生み出せず、消費者からお金を払ってもらえない。有効なチームをつくるには、リーダーシップの基本原理やチーム構築スキルが欠かせない。優れた起業家を育てるには、この部分を、まずは例題、演習などを繰り返して鍛える必要がある。

どんなに優れた起業家の卵でも、アイデアを周囲に伝えず、自分の中に囲い込んでしまえば、話は進まない。大成功した米マイクロソフトのビル・ゲイツ氏や米アップルのスティーブ・ジョブズ氏、米インテルのアンディ・グローブ氏のような起業家を見ると、アイデアを伝え仲間を説得する力にもたけていた。

　ただ人を巻き込むだけでなく、巻き込んだ人を最適な部署に配置するチーム構築力も重要とクスマノ教授は話す。

　トップがすべての能力に秀で、下の者を束ねるようなチームは成功しない。その意味で、チーム作りが苦手だったのはスティーブ・ジョブズだ。
　失敗し、会社を追われ、あるいは会社を破綻寸前に追い込み、そこでようやく、様々な専門能力を持つメンバーが集う組織こそが最も強いと気づいた。再びアップルに戻った時、ジョブズは素晴らしいチームを作った。チーム構築力こそ、起業家にとって最も重要なスキルの一つなのだ。

　起業的発想、アイデアを伝えて人を巻き込む力、チーム構築力……。こうした起業家の必須スキルはどうすれば効率的に学べるのか。クスマノ教授はMITでの教育例などを挙げる。

　MITではチーム構築スキルの講座で長年教えた。東京理科大学でも同様のカリキュラムを導入したが、難しいのは教え手の確保だ。MITでも大変だったが理科大ではさらに大変だった。
　起業家に必須のスキルは、体験しないと習得し得ない部分もある。理想的なのは、教え手が生徒とともに事業を創造することだ。実際、学生たちは私を自分たちのつくった会社に引き入れた。そこで、役員だったり顧問だったりという形で、30〜40社のスタートアップに関わった。MITでは、ほぼ全教授が、何らかの形で教え子の起業に関わる。企業経営に関わらない方がまれだ。

　クスマノ教授は、大学がこうした動きをするには、大企業側の意識改革も必要だと指摘する。

## ● 学生がリスクを取らない理由

　米国や中国では大勢の若者が起業家を志望する。恐らくMITの学生や卒業生の20%程度が起業家志望、あるいはベンチャー志望。そしてベンチャーは大体失敗する。MITのデータでみると、ベンチャーの3分の2は失敗した。とはいえスタートアップ全体では90%が失敗するので、悪くない。米ハーバード大学も似た数字だ。トップスクールは様々なコネクションに恵まれ、成功率が高い。

　米国では、例えばAI（人工知能）の起業で失敗しても、また起業したり、大企業のAI部門で働いたりできる。大企業も失敗経験がある人材を好み、新規事業に起用したりする。中国では、米国帰りの学生をアリババやファーウェイなどの大企業が歓迎する。

　日本は違う。起業に失敗して、例えば日立製作所クラスの大企業に入りたいと思っても、企業側の対応が難しい場合が多い。だから日本の若者は起業を嫌がる。失敗すると、たちまち人生がつらくなる。

　欧州は、日米の中間ぐらい。大企業の雇用の柔軟性は国・地域の起業力を決定づける重要な要素だ。

　国の起業力を高める出発点は、大学の起業力を高めることというのがクスマノ教授の基本的な考え。そのためには、大学ならではの専門知識を生かしつつ、卒業生とのネットワークを強固にし、資金調達の手段やノウハウなどを整えていく必要がありそうだ。クスマノ教授は、大学は、イノベーションによる事業を起こす取り組みの育成を担ったり、推進役になったりすることができるという。

　大学は、起業家の卵に、創業の理念や事業計画の立て方、試作品の作り方などを直接指導できる立場にある。メンターになれるし、インキュベーター

やアクセラレーターのように振る舞って、VC（ベンチャーキャピタル）とアイデアをつなぐことができる。

　MITは30年以上前から、多くの授業で事業コンペをしてきた。これらのコンペはMIT起業フォーラムに引き継がれ、同窓生同士が競う。MITではないが、私自身も20年以上前に「ソフトウエアと起業」というコースを作ったことがある。数十億ドル企業を創業した教え子がいる。

　基本原理や事例の講義と、プロジェクト立案やメンタリングを組み合わせた授業や、投資家を巻き込むコースもある。研究成果を商用化する助成金を教授に与える研究所もある。MITは、こうしたことを少なくとも40年ほど続けてきた。私は30年以上、MITで教育活動をしているが、こうした動きはMITで加速し続けている。そして、どんどん横のつながりを広げている。

　クスマノ教授は、日本でも、東京理科大学特任副学長として勤務していた時に、そうした取り組みを展開してきた経験がある。

　当初、東京理科大学に顧問として雇われた時には起業講座がなかっただけでなく、起業や商用研究を後押しする動きもなかった。理科大の当時の理事長は、MITのような組織に変えたかったようである。今は理事長も代替わりしたが、活動は続いていると聞く。

## ● MIT出身者だけで3万社を起業

　日本に学生も学者も社会人も起業しやすくなるようなエコシステムの確立を、と提言するクスマノ教授。リーダーシップはどうあるべきか教え、起業家候補を育てるシステムの中核には大学があるべきだと指摘する。

　（MITには）数十億ドル企業を創業した学生が何人もいる。例えば米グーグルの自動運転子会社ウェイモのジョン・クラフチックCEO（最高経営責任者）は教え子だ。私自身は彼がやり遂げたことと直接関係はないのだが、きっとMITの環境で多くのことを学んだはずだ。MITの環境には、企業を生み育て

る土壌がある。MITの存命する卒業生の起業実績は約3万社、年間売上高で総額1.9兆ドル（約205兆円）に上るとの推計もある。

　前述の通り、MITでは多くの授業で事業コンペがあるので、世界から集まる同窓生同士が競いながら、起業力を磨く場となっている。MITでは起業の基本原則や事例を知るだけでなく、コンペを通じて企業と一緒にプロジェクトを立案する機会もあり、メンタリングを組み合わせた授業もある。また、大学が人脈のネットワークを生かしてエンジェル投資家やVCとそれらをつなげたりもする。そうして若者が大学在学中に起業する。

　MITは、いわば起業をプロデュースし実践するハブとして機能しているわけだ。しかも起業を支援する対象は学生だけではない。そこに働く教員にもまたサポートがあり、ビジネスに乗り出しやすい環境が整っている。

　MITの研究センターには、教授に対して研究成果を商用化するための助成金を授与するところもある。様々なアプローチで、研究の商用化を促進している。MITではそうしたサポートを、恐らく40年ほどは続けてきている。研究部門の壁を越えた活動を展開できている。さらに学部間の調整を一元化するため、最近では「MITイノベーション・イニシアチブ」を設立し、活動を加速させている。

　MITでは、各学部はそれぞれ独自のやり方で日々運営されているが、学生たちは学部を横断する形で勉強をすることができる。私自身は7年間、工学部所属のまま経営大学院で教えたことがあるが、受講する学生の半分が工学部生だった。彼らは、学部を超えて経営学部まで学びにやってきたのである。

　工学部にいた私は理系の人々が取り組んでいることをよく理解していたし、一方で情報系のメディアラボにも関わり、ラボの人々の活動も理解している。だから、両方の学生やメンバーの間に立ち、この20〜30年間、どちらのプログラムを担当する時も必ず「MITのエコシステムの中にはこのようなリソースがある」という情報を、双方のプログラム参加者に伝える努力を続けてきた。

教員自身が組織横断的に活動して情報の媒介役を果たすことにより、縦割り組織のいわゆる「サイロ」の中に閉ざされてしまいがちな情報が、組織の壁を越えて広がる。それがやがてはイノベーションにつながるような出会いを学内で促す効果がある。

## ● 4歳から始めるプログラミング教育

　クスマノ教授には、真の起業家を育てるには、大学からの起業教育では既に遅いという問題意識がある。将来活躍するため、子供たちは、どのような素養を身につけておくべきか。

　米国では、コンピュータープログラムを設計、作成するためのプログラミング技術は誰もが理解すべしとされている。文章力と数学、それに加えてプログラミング知識が必要という認識だ。プログラミングを学べば、コンピューターへの指示をプログラミング言語、すなわち「コード」で記述するスキルが身につくだけではない。新しい何かを新しい発想で考え、創造する機会を得られる。

　コーディングが分かる人は、やりたいことをコードに書き留め、何が起こるかコンピューターの画面で確認したり、指示通りに動くロボットを作ったり、といったことができる。もっとも、起業家に不可欠な創造性を育むという目的に限れば、プログラミングの専門家になる必要はない。一つ新しいことを実現したらどんな課題が生まれ、どうすれば解決できるかと思考する感覚に親しむことが重要だ。子供の間に身につければ、大人になった時、創造的に考えることができる。

　センサーは安くなり、無線インターネットが普及した。IoT（モノのインターネット）もインフラ化した。ここまで発達した科学技術社会の中でさらに新しいものを作る創造性を育むには、幼少期から始めることが大切だ。日本の文部科学省も、小学生にプログラミングを習わせることを決めた。

　米国人には、自ら新しいことを学び取り、変革を起こす人間が自然に出てくる傾向がある。米国人が、一般的にしつけにそれほど厳格ではないという

こともあるだろう。

　ビル・ゲイツやジェフ・ベゾスは13〜14歳でコンピューターのプログラミングの仕方を学び取っていた。その結果ゲイツは学生時代に2つの会社を設立したが、それは米国では珍しいことではない。

　多くのベンチャーでは、コンピューターやソフトウエアへの理解が必要だ。しかし、例えば新素材で花瓶を作るのに、プログラミングスキルは必要ない。プログラミングで訓練した思考回路があれば、試行錯誤を効率化できる。基礎知識があればいい。ソフトウエアをつくるためのコーディングは専門職に任せればよい。大事なのは、どんな花瓶を作れば社会を変えられるか、そのためには何が必要なのか考えられることだ。

　創造性を高めるうえで必須に思えるプログラミング。何歳から親しめばよいのか。

　4〜6歳の幼児にも創造的な考え方を教えることは可能だ。世界を違った目で見られるようになる。彼らは世界を、デバイスとサービスが相互につながる場所のように眺める。つまり世界をIoTの視点で見る。それこそが次世代のイノベーションの基盤、プラットフォームとなる。（これからは）「デバイス＆サービス」。IoTの次に何が起こるか見据えて私が示すキーワードだ。

　MITには今、プログラミングを幼少期より自学したような若者たちが多数集まる。彼らは次世代に向けて何を起こそうとしているのか。

　MITの最近の大きな出来事は、世界的な投資ファンド、ブラックストーングループのスティーブン・シュワルツマンCEOから3億5000万ドル（約324億円）の寄付を得たことだ。

　巨額の資金提供の目的は、私がこれまで述べてきたことと似ている。AI（人工知能）関連のスキルを早急に開発し、MITの全学部に広げることである。AI関連の講座は現在、コンピューターサイエンスの学部にある。しかし他の多くの学部もAIを使う。コンピューターサイエンスに機械工学、都市工学の

部門のほか、経営大学院でも使うし、金融部門の人々は投資ツールとして使っている。

　世界的に見ると、中国・清華大学が、MITに追いつけ追い越せと、学内環境を急速に整えている。実はシュワルツマンは、清華大学にも同様に寄付した。私は今年（2019年）後半、清華大学で1カ月過ごす予定だが、同大学はMITと似た取り組みをし、力を入れている。

## ◉ 未来に積極投資が必要

　科学の領域は、VCやエンジェル投資家の資金を投じるにはまだ早いイノベーションもある。科学的発明、生命工学、AI、新素材、ナノテクなどは、大学が育てるべきだ。インパクトは絶大だ。対象を厳選し、インキュベーターやアクセラレーターの役割を果たすべきだ。

　世界の最先端は一歩も二歩も先を行く。日本も後れを取り続けるわけにはいかない。まずはプログラミング教育の充実、そして大学改革である。教育を変え人材を育て、彼らが活躍できる環境をつくれば、国の革新力は確実に高まるだろう。

第 **16** 講　**デジタルマーケティング**

# アジャイルな経営は
# 「謙虚なリーダー」を求める

ドミニク・テュルパン　*Dominique Turpin*

スイスIMD教授・前学長

1957年フランス生まれ。スイスのビジネススクール、IMD教授。2010年
から16年まで学長を務める。IMD教授として四半世紀にわたり、世界各国
の企業に対する教育や調査研究に従事してきた。専門はマーケティング。

## ➤ 講義の前に ── 教授の横顔

　スイスのビジネススクール、IMDの前学長であるドミニク・テュ
ルパン教授は、日本の上智大学で博士課程を修了し、妻も日本人と
いう日本通だ。日本語も流暢だと聞く（筆者はテュルパン教授が日
本語で話すのを聞いたことはほとんどないのだが）。

　テュルパン教授の専門はマーケティングだが、マーケティングは
デジタルと親和性の高い分野でもある。今のこのデジタルトランス
フォーメーション（DX）が進む世界において、デジタルを駆使す
るマーケティングと従来のマーケティングとの違いをどう見ている
か、それをどう日本で展開すればいいのか。これらの質問をテュル
パン教授にぶつけたのが、本講だ。

　DXは、世界の経営学者たちが「日本の弱点」とこぞって指摘す

る分野。第一人者であるテュルパン教授の意見に耳を傾ける価値は
高いはずだ。

　筆者はテュルパン教授がIMD学長に就任する前に知己を得て以
来、そのときどきの企業経営のトピックについて取材してきた。
　2009年には、IMDのOrchestrating Winning Performance（OWP/
最高の結果を出す組織づくり）という一週間の研修プログラムにも
参加させていただき、取材した。定員200人ほどで一般参加が可能
なプログラムだが、参加費は、日本円にして1人当たり100万円ほ
ど。IMDの人気教授による講義が多数ラインアップされ、なかで
もテュルパン教授による実践的なマーケティングの講義は大変人気
で、受講者がひしめいていた。
　日本人参加者は筆者を含めて3人しかいなかったが、周囲を見渡
すと、欧州からはブルワリーやスーパーなど中小企業の経営者、ア
ジアからは奨学金を得て参加するビジネススクールの講師、中東や
東南アジアからは政府の関係者や閣僚など、世界各国からそうそう
たる顔ぶれが参加していた。ランチの時、たまたま同じ円卓テーブ
ルに座っていたドイツ人の経営者に、「なぜこれほど高額な研修プ
ログラムにわざわざ参加するのか」とぶしつけにも尋ねたところ、
「IMDブランドを信頼しているし、参加者と交流できるのが有益だ
から」との回答を得た。
　レマン湖のほとりにあるIMDのキャンパスから眺める風景は、
絵画のように美しかった。当時、テュルパン教授の愛車はポルシェ
のオープンカー。ご家族とともにご自宅でのディナーに誘われ、
キャンパスから愛車で送っていただいたのが、おそらく、筆者がポ
ルシェに乗った初めての経験だった。名門IMDといえどオープン
カーで乗りつける教授は珍しいのか、キャンパスを徐行するテュル
パン教授のクルマを目にしてびっくりしていた大学関係者の顔を今
も覚えている。

　デジタル時代の今、マーケティングの手法も日々刻々と進化している。「マーケティング4.0」時代に必要な発想を、スイスのビジネススクール、IMDの前学長であるドミニク・テュルパン教授が解説する。

　デジタル時代のマーケティングは、これまでとは発想も手法も違ってくる。だが、既存の方法がすべて陳腐化するわけではなく、変わるべきものもあれば、変わるべきでないものもある。テュルパン教授が本題の前に提案するのは「まず基本からおさらいすること、そもそもマーケティングとは何かを再考すること」だ。

　マーケティングには現在、様々な定義がある。中でも私が日ごろ好んで使い、経営学界や世界の企業経営者と共有している定義は、「価値を理解し、創造し、届け、顧客に伝えること」というもの。これが（自分のマーケティング論の）基本だ。

　ではここでテュルパン教授の言う「価値」とは何だろうか。教授はまず、何がその製品、サービスの価値であるかは顧客が決めるものであり、企業のエンジニアやマーケターが決めるものではない、と強調する。

## ● 人により「価値」は異なる

　マーケティングでいう価値とは何かを考える時の問題は、価値とは何かについて、人は常々、誤解しがちなことだ。例えばリモコンメーカーのエンジニアなら、リモコンにボタンを増やすことこそが価値だと言うかもしれない。では、消費者にとっては、何がリモコンの価値だろうか？　マーケティング上の正しい答えは「時と場合による」というものだ。

　確かに、若者がターゲットなら、最新機能の装備によってボタンの数を増やすことを歓迎するユーザーも多いだろう。一方で50代以上なら、老眼がつらいため、ボタンの数を減らし、その分、ボタンを大きくしてほしいという要望が増えるはずだ。つまり価値とは「セグメント」、すなわちターゲット顧客の購買行動次第で決まるということになる。よってマーケティングを考え

る際は、何より、顧客にとっての価値が何であり、顧客がどのように（商品やサービスを）選択するのか、丁寧に理解する必要がある。

マーケティングの世界ではここ数年、「マーケティング4.0」という言葉をよく聞くようになった。第5講に登場した「近代マーケティングの父」、米ノースウエスタン大学ケロッグ経営大学院のフィリップ・コトラー教授が、著書『コトラーのマーケティング4.0 スマートフォン時代の究極法則』（朝日新聞出版）で提唱し、広まった概念である。原題は『Marketing 4.0: Moving from Traditional to Digital』であり、2016年に刊行された（邦訳は2017年）。

## ❷ 最初に重要な「4P分析」

コトラー教授の提唱した「マーケティング4.0」とはつまり、デジタルマーケティングを進めていくことである。SNS（交流サイト）など、ソーシャルメディアを通じて効率的なコミュニケーションをし、AI（人工知能）やビッグデータをより活用して展開していくマーケティングのことだ。デジタルはもちろん、先に挙げたマーケティングの使命を実現するためのツールの一つでもある。

マーケティングの基本ツールとして、まず3つの概念を挙げたい。

それは、「提供価値（Value Proposition）」と「差異化（Differentiation）」、そして「セグメント化（Segmentation）」だ。

さらに、基本的なフレームワークとして「4P分析」がある。

4Pは「製品（Product）」「価格（Price）」「流通（Place）」そして「プロモーション（Promotion）」の頭文字を表したものである。別の「P」を加えるマーケティングの専門家もいるが、基本は4Pである。

マーケティングが専門の研究者は、得てしてこうしたフレーズやフレームワークを考えるのが得意である。

マーケティングミックスとも呼ばれるこの4Pのうち、「製品（Product）」

## 消費者に対して価値を訴える

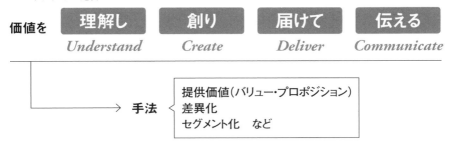

● マーケティングの定義

価値を　**理解し**　**創り**　**届けて**　**伝える**
　　　*Understand*　*Create*　*Deliver*　*Communicate*

→　**手法**　＜ 提供価値(バリュー・プロポジション)
　　　　　　　 差異化
　　　　　　　 セグメント化　など

とは、顧客が求める機能やブランドイメージをモノやサービスの開発にあたって追求していくこと。「価格（Price）」は最も利益が出る値段を検討することで、「流通（Place）」はより多くの顧客がより多く購入できる方法などを考えること。「プロモーション」はいかに製品の認知度を上げ、訴求していくか模索することだ。

　この4Pは、コトラー教授も師事したというジェローム・マッカーシーが1960年に提唱したマーケティングの基本コンセプトだ。

　テュルパン教授は、こうしたマーケティングのフレームワークに照らし合わせて、日本で展開されてきたマーケティングを次のように評価する。

## ● 日本式マーケティングが稼げぬ理由

　興味深い話がある。恐らく世界で最も著名な経営学者の1人であるピーター・ドラッカーは、マーケティングは日本で生まれたと主張していた。ドラッカーの考察は、17世紀に、呉服店の越後屋（現・三越）が、丈の長さや予算など、顧客のニーズに合わせた衣料品を売っていたことを指していたようだ。

　ただ一方で、現代の日本企業はマーケティングの巧みさというよりは、技術面、とりわけ自動車、電気製品の技術力で世界に勝ってきた側面が強い。

このため、とりわけサービス業のマーケティングではあまりうまくいっていない印象がある。例えば、日本発のホテル・宿泊施設には、米国のマリオット・インターナショナルや傘下のウェスティンホテル＆リゾートに匹敵するような、世界トップクラスのシェアやブランド力があるホテルはないし、銀行業界にも、パリやロンドンで大きく稼ぐグローバルな邦銀は見られない。

先に指摘した通り、製造業でも、日本企業による製品のマーケティングは最先端の技術を売り物にしていることが多い。だが日本がサービス業にシフトしてサービスを売ることを目指す場合は、携わる人材の質を会社が管理しなければいけない。そのため、日本でどれだけハイレベルな顧客サービスを展開できていても、（異文化の）海外で展開するのは難しく、通用しづらい。

## ● 5Cは状況分析、4Pは意思決定

デジタル時代のマーケティングであっても、基本である「4P（製品、価格、流通、プロモーション）」を分析することが重要だと、テュルパン教授は指摘する。

さらに4P分析の以前に必要なのが、「5C」分析だ。マーケティングの意思決定をするためには、分析が優れていなければいけない。4Pについては既に解説したが、それに加えて知っておくべき「5C」を考察する。5Cとは「文脈（Context）」「顧客（Customer）」「競争（Competition）」「チャネル（Channel）」そして「コスト（Cost）」である。

「文脈（Context）」とは、消費者が置かれた状況や心情、背景事情などを指す。そして、どのような経緯をたどって今の状況があるかを意味する。

まずは「文脈（Context）」だ。例えば、インドに進出したい日本の自動車メーカーを考えよう。インドで日本と全く同じ自動車を売ろうとしても、うまくいかないことは自明だろう。よく知られるように、日本の市場は傾向として高い品質を求めがちだが、他国の市場は、そこそこの品質でも十分だ。

## 状況を知り、適切な意思決定につなげる

● マーケティングに必要な「5C」分析

| 文脈 | 顧客 | 競争 | チャネル | コスト |
|---|---|---|---|---|
| *Context* | *Customer* | *Competition* | *Channel* | *Cost* |

これが、文脈だ。また文脈には業界事情も含まれる。日本の家電メーカーのような成熟した業界と、自動運転向けのソフトウエア業界のような新しい業界とではマーケティングの前提が異なるからだ。

5Cの2番目は、「顧客（Customer）」。テュルパン教授は、マーケティングの定義を、「価値を理解し、創造し、届け、顧客に伝えること」とするが、その中の「誰に届け、伝える価値なのか」に関わる。3つの基本概念のうちの「提供価値（Value Proposition）」とは、表裏一体だ。

3番目の「競争（Competition）」は、3つの基本概念のうち、「差異化（Differentiation）」に関わる。

「顧客」とは、「提供価値」を示すセグメントにおいて、誰が顧客なのか、ということだ。

「競争」は、どのようにして自身の製品やサービスを競争の中で「差異化」するかだ。ここでは、いかに競合がまねしづらいようにするかを考えるのが肝だ。提供価値の差異化を考えるとともに、その提供価値が競争に巻き込まれず、まねしづらくする必要もある。

4番目の「チャネル（Channel）」は、4Pの「流通（Place）」と重なる。

「チャネル」が意味するのは、直接販売か間接販売か、リアル店舗がふさわしいのかネット販売なのか、といった分析だ。

そして最後が「コスト（Cost）」だ。

## ● コストプラスか、バリュープラスか

5番目の「コスト」については注意が必要だ。

多くの起業家は「いくらかけて商品開発をし、そして流通させる」か、という「コストプラスアプローチ」で考える。

だが、ここでは違う考え方を検討する必要がある。それが「バリュープラスアプローチ」である。バリュープラスアプローチは、「消費者は、この商品がいくらならお金を払ってくれるだろうか」を起点にコストを考えることだ。（提供価値から）逆算していくのである。歴史的に最も有名な例が、ソニーの故・盛田昭夫氏がウォークマンを世に出した時のアプローチだ。盛田氏らは、消費者がいくらなら払ってくれるかから考えてウォークマンを生み出した。

これら5Cは重要な視点であり、5Cを分析した後で4Pを決める。いわば5Cは状況分析のツールで、4Pは意思決定のツールだ。

そして、本格的な実行に際しては「7S」が重要になる。

4P、5Cに加え、7Sもマーケティングに必要な概念だ。7Sとは、経営資源を分析するフレームワークであり、経営実務においては重要だ。コンサルティング会社のマッキンゼー・アンド・カンパニーが提唱した。

マーケターが7Sを考えることで目線が上がり、経営の視点から、マーケティングのあり方を考えることになる。

Sとは、「戦略（strategy）」「組織構造（structure）」「システム（system）」「人材（staff）」「スタイル（style）」「能力（skill）」「共有価値（shared value）」だ。一気に説明しよう。

## ● 7Sで経営資源を分析

「戦略（strategy）」とは、選択である。セグメントやターゲット・非ターゲットを取捨選択することだ。

「組織構造（structure）」とは、会社にどのような組織構造が必要かを分析することである。

「システム（system）」とは、主にどのような社内プロセスが必要かを考えることだ。

「人材（staff）」とは、どのような人材が必要かを考えることだ。強力なライバルを打ち負かしたいなら、それにふさわしい資質とやる気のある人材が必要だ。

「スタイル（style）」は、経営のスタイルだ。例えば、自立した少数精鋭の人材に任せたいのか、大勢を巻き込む必要があるのか。10人で社内ベンチャーを始めるのと、1万人を巻き込む大事業とでは、リーダーシップのあり方も異なる。

「能力（skill）」とは、人材に求める能力。どのようなスキルがこのビジネスに必要か考えることだ。

「共有価値（shared value）」は、決して忘れてはならないものだ。ビジネスを推進するうえでの理念は何か、である。

この中でもテュルパン教授が最も重要だと考えるのが「戦略」だ。

戦略がすべてを推進する。戦略次第で組織構造、システム、人材、（経営）スタイル、スキル、そして共有価値が決まる。日本企業には、技術からモノを考える傾向があり、どこの誰に売るかという視点に乏しい。日本には素晴らしい製品があるのに、世界中に流通させることができていない。

とりわけ日用消費財業界に顕著だ。グローバルといえる日本の大手食品メーカー味の素は日本、アジア、アフリカで活躍しているが、多くの日本企業は機会をみすみす逃している。例えば英蘭ユニリーバやスイスのネスレは、日本のイノベーションを観察し、あわよくば先取りし、世界展開したいと

狙っているかもしれない。

　ここまでは、マーケティングに必要な基本的な分析手法を概説した。次に、業界の栄枯盛衰を分析する「Sカーブ」について、考えていく。

　デジタル化は様々な業界に質的な変化をもたらす。その転換点はどこか。デジタルマーケティングの手法を駆使すれば、市場で起きる「トレンド転換」を読み解くことも可能だとテュルパン教授は説く。その鍵を握るのが「Sカーブ」だ。

　とりわけ画期的な技術の登場は業界に想定外の「下克上」をもたらす。

## ●業界定義を変える技術革新

　世界は劇的に変化し、業界の定義自体が変わってきている。例えば、自動車業界の有力プレーヤー、独ダイムラーは、マーケティングの視点からいえば自動車製造業ではなく、自動輸送とサービス業の領域に入ったとの認識を打ち出している。

　同社が2016年に公表した経営ビジョン「CASE」は読者もご存じだろう。「Connected（接続性）、Autonomous（自動運転）、Shared & Services（共有 & サービス）、and Electric（電動化）」だ。ネットの接続性を高め、自動運転化をし、カーシェアをはじめ自動車をとりまくサービスに柔軟に対応し、次世代動力源であるEV（電気自動車）に力を入れる──。ダイムラーが目指す姿は、明らかに従来の自動車業界のそれとは違うといえる。

　自動車業界ではMaaS（モビリティ・アズ・ア・サービス）の概念も打ち出され、サービスとしての移動手段の提供が強調されている。つまり自動車業界は目下、業界の定義を一変させる技術トレンドの転換点にある。テュルパン教授は、こうした市場の大転換期が、業界に想定外の「下克上」をもたらすと説く。

　既存企業の経営者は、変化を感じていても、現在展開している事業の維持

## 業界の「Sカーブ」に要注意

● 技術革新とプレーヤーの変遷

「乗り物」のSカーブ

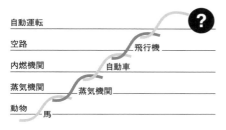

自動運転

空路 ———————— 飛行機

内燃機関 ———— 自動車

蒸気機関 —— 蒸気機関

動物 — 馬

欧米携帯電話業界のSカーブ

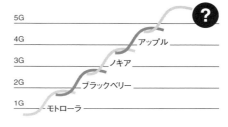

5G

4G ———————— アップル

3G ———— ノキア

2G —— ブラックベリー

1G — モトローラ

のために守りに入ってしまう。その結果、新ビジネスの立ち上げが難しく
なってしまうのだ。裏を返せば、トレンド転換期は、新興企業にとっては
願ってもないチャンスとなる。既存企業の経営者も新興企業の経営者も、自
分の業界がどのようにトレンド転換期を迎えるかについて再考する必要に迫
られている。

## ●トレンド転換を予測する「Sカーブ」

　その転換期を見抜く上で役に立つのが「Sカーブ」だ（上図）。画期的な
技術革新があった場合、当初は、経営資源を投入しても思ったほどの利益は
上がらない。だがその後、技術の成果は一気に現れ、業界に大きな利益がも
たらされる。だが、そんな活況も一定期間が経つと落ち着き、最終的には利
益の伸びが見込めなくなる。

　このS字こそがトレンドの指標で、当然のことながら、S字が終わりかけ
てから動いても、企業は大きな収益機会にはありつけない。だからこそ、企
業は自分の業界がS字カーブのどこにいるのか敏感になる必要があるわけだ
が、過去の歴史を振り返ると、トレンド転換期を捉え急成長を遂げた新興企
業は数あれど、業界の地殻変動を事前に察知し下克上を防いだ既存企業は少

ない。

　例として挙げた自動車の大変革を考察するために、ここでは「乗り物」という枠組みで考えてみよう。乗り物は、最初は馬から始まった。馬は馬車に使われ輸送人数が増えたが、蒸気機関が発明されると蒸気機関車が登場した。
　汽車は、移動にかかる時間と運ぶ人数において効率を劇的に高めた。その後、内燃機関が発明されて自動車が登場したことで、個人の移動における時間と場所の自由度が向上。次に旅客飛行機が登場して陸だけでなく空の旅が可能になった。
　今述べた一つひとつが紛れもなく「乗り物」の技術トレンドの転換点だ。だが、トレンド転換の前後両方で勝ち続けたプレーヤーはいない。鉄道会社から自動車メーカーになった企業はなく、自動車から航空機メーカーになった企業もほとんどない。
　蒸気機関、自動車、飛行機でのトップ企業はすべて違う。そして今、自動運転の時代がやってくる。例えば、果たして、自動運転時代のトップ企業は、トヨタ自動車や日産自動車などのような、既存の自動車メーカーのままなのだろうか。

## ● アマゾンの「次」は誰なのか

　テュルパン教授はさらに、携帯通信業界についてもSカーブで分析する。

　携帯通信業界の移動通信システムは1Gから始まり、2G、3G、4Gと進化してきて、これから5Gになろうとしている。前ページの右側の図で、1Gから5Gまでの変遷と、欧米におけるそれぞれのトップ企業を示した。
　1G時代の勝者はモトローラだった。しかしモトローラは、2Gへの移行に失敗した。2Gではブラックベリーが台頭した。だが今ではブラックベリーも姿を消した。3Gではノキアが飛躍したが、4Gの勝者はアップルだった。
　さてこれから5Gの時代になったとき、果たしてトップ企業はどこになる

のだろうか。おそらく、5Gのトップは上記以外の会社だろう。

このSカーブは、技術系の企業にだけしか当てはまらないわけではない。小売企業についても、同じような考察が可能だ。テュルパン教授の解説を聞こう。

次に小売業界を考えよう。最初は個人商店からスタートし、スーパーマーケットへと進化した。次に、ディスカウントストアが登場した。一方で百貨店も登場したが、それぞれの業態のトップ企業は異なる。

百貨店はディスカウントストアを手掛けず、米ウォルマートのような実店舗を持ち、低価格で台頭した業態は、デジタルの世界で多大な影響力があるネット通販を主力ビジネスにはしていない。

そのネット通販で、米アマゾン・ドット・コムはウォルマートより強大な存在だ。ここでマーケターは、あえて自問する必要がある。小売業界に登場する次のSカーブは何か、それをどうしたら示せるか?

テュルパン教授の分析が示すのは、Sカーブの入り口でトップだった企業がSカーブの出口でも首位にい続けるのは極めて困難、という現実だ。それができた既存企業こそ、産業界に新たな歴史を創ることになるわけだ。

## ● 15分以上の動画は価値が低い

デジタル時代のマーケティングで最も注意すべきは、情報の受け手、すなわち視聴者の変化だ。日々、GAFA(グーグル・アップル・フェイスブック・アマゾン)が提供するデジタルプラットフォームの情報検索に慣れきった人々は、より短く、素早い情報伝達を望むようになっている。

マーケティング戦略のマネジメントでは、スピードがますます重要になっている。売ろうとする商品やサービスについての優れた分析だけでは不十分だ。戦略を実行する場面では、スピードこそが重要だといえる。情報の受け

手の意識も激変している。グーグルで何でも検索することに慣れてしまった人々の多くは、もはや250ページの本を、時間をかけて読むことに耐えられない。

　情報の受け手がスピードアップしている事例として、テュルパン教授が挙げるのが教育分野だ。

　同じことが教育でも起こっている。5〜10年前、教育関係者の間ではMOOC（大規模公開オンライン講座）について盛んに議論していた。その結果、革命的なサービスになると期待が高まった。世界的に著名な大学教授の2時間の講義を、誰もがどこにいてもフォローできるからだ。

　だが問題は、誰も2時間の講義動画など、最後まで通して見ないことだった。また、対面の講義では学生を引き付けることに長けている教授が、録画の講義でも引き付け続けられるとは限らない。実際、MOOCのフォロワーの95％が講座を修了できず、当初期待したほどの人気が出なかった。視聴者がしっかり集中できるのは、せいぜい12〜15分だった。

　そこで次に、TEDトークというプラットフォームが誕生し、人気を博した。TEDは12〜15分で、最大20分程度の動画を配信できるフォーマットだ。私自身は、TEDの次はモバイルラーニングだと感じている。講義などの動画をスマートフォンなどモバイル端末で学ぶ形だ。新世代の人々の集中力は、せいぜい2〜3分だろう。15分で伝えたいメッセージがあっても、2〜3分単位に切り分けなければいけない。

　次世代の動画の主力は2〜3分の長さになると予測するテュルパン教授。実際、そのビジネスでグローバル展開をしているスタートアップがシンガポールにあるという。

　私はシンガポールのノビ（Gnowbe）という会社で顧問をしている。この会社は韓国系米国人の女性が起業したオンラインラーニングの会社だ。マッキンゼー・アンド・カンパニーを経て米ハーバード経営大学院を修了した。

## 動画ユーザーの時間をどう確保するか

● オンライン動画コンテンツの変遷

　彼女は破壊者である。MOOC は機能しないと認識しただけでなく、TED す
ら長すぎると考えた。そこで、スマートフォンを通じて地下鉄や電車、自宅
のどこでも見られる、2 〜 3 分で完結する短編の教育研修用動画をつくった。
この仕組みについて同社はモバイル・マイクロラーニングという呼び方をし
ている。これは革命的な試みだった。英語で言えば「エデュケーション・オ
ン・ザ・ゴー」、つまり「移動教育」である。同社は今、ビジネスの世界展開
を進めている。東アジア、北米、欧州の企業と協働しているところだ。

　最先端のマーケティングを活用するには、情報の受け手の変化のみなら
ず、情報の発信場所が変わってきていることも念頭に置く必要がある。

## ● デジタルも、基本はコトラーの教科書

　デジタルマーケティングに特化した書籍が、今日数多く出版されている。
無数に参考書がある中で新動向を学ぶことも重要だが、最初に基本を知るう
えではフィリップ・コトラー教授らの『コトラー＆ケラーのマーケティン
グ・マネジメント』（丸善出版）を薦める。ブログやウェブ上にも専門家によ
る良好な記事が見つかることがあるが、基本は押さえたい。

ただ、新動向の情報源としてはSNSもしっかり押さえたい。その一つに私も記事を書いている。SNSに記事を書くと、たった2日程度で1万人の目に触れる。しかし、本を1万冊売ろうとすれば、3カ月はかかってしまう。書籍を売る時も、ほかのデジタルマーケティングと同様に、（メッセージを）創造的に考えて、素早く「伝える」必要があるだろう。

　デジタル化に直面する中、テュルパン教授は、こうした情報の受け手や発信場所の変化に本当に敏感な日本人経営者は少なく、社会的評価も十分ではないと指摘する。

## ● デジタルに鈍感な経営者たち

　私は日本の企業社会を25年ほど見つめてきた。日本に必要なのは、日本という国を一つ上のレベルに引き上げることができる新世代の起業家だ。20年前に、シャープが破綻したり、東芝が問題を抱えたりなどということは誰も想像もしなかったが、現実には起こった。いずれもハードウエア系企業で、広義でのデジタル革命に後れを取ったことが凋落の要因だ。異能のイノベーターとされたソフトバンクグループの孫正義氏や、楽天グループの三木谷浩史氏など日本にもデジタル感度の高い経営者はいるが、米国に比べ評価されていないようにみえる。

　日本は今、ハード、すなわち技術中心の国から、技術とソフトウエアの国へとゆっくり移行している。この移行をスムーズに実現するには、情報の受け手や発信場所の変化を含めたデジタルマーケティングに精通した起業家の登場が欠かせない。AI（人工知能）を活用したソフトウエアを開発し、ロボットメーカーのファナックとも親密なプリファード・ネットワークスの西川徹社長は素晴らしい起業家の一人だ。

　起業においてアジャイル（俊敏）を追求しすぎることの危険性を米ハーバード経営大学院のスコット・コミナーズ氏が指摘した（第10講）。だが、既存企業の経営ではやはり、スピードは重要なポイントだ。

## トップの資質で組織は変わる

● 素早く意思決定する「HAVE」モデル

| 謙虚さ | 適応力 | ビジョン | 良好な関係性 |
|---|---|---|---|
| 知的に謙虚。他者からのフィードバックを受け止められる。異なる人の意見や情報が、正しいと認められる | 考えを変えることは弱みではなく強みであることを、受け入れている | 短期的な不確実性に直面しても、長期的な方向の感覚を明確に持っている | 様々な人や情報と深く関わり中心になれる |

　変化が激しい市場における「情報戦」で鈍重に構えていては、組織としての停滞や後退は免れない。では、「俊敏な意思決定」が可能な組織をつくるには、どうすればよいのか。

　イノベーションを起こすために意思決定速度を上げたい組織は、官僚的なサイロ状の縦割りでなく、上下関係がフラットな組織になる必要がある。企業がアジャイル経営を模索するうえで役に立つのが、IMD が考えた「HAVEモデル」だ。組織をアジャイルにするために必要なトップの姿勢を挙げたものだが、組織をフラット化することはまず手をつけるべき最重要事項となる。

## ❥ デジタル推進には「謙虚さ」が必要

　IMD 流の HAVE モデルは「謙虚さ（Humble）」「適応性（Adaptable）」「ビジョナリー（Visionary）」そして「良好な関係性（Engaged）」を指す。アジャイル経営ができている企業のトップが身に付けている4要素で、逆にいえば鈍重な企業経営者の多くはこれらを持ち合わせていない。

　最初の謙虚さは、アジャイルを追求するすべてのトップに求められる。新

任の経営トップ、マネジャーなど管理職は、「私がすべてのことを分かっているわけではありません」と言える謙虚さがなければいけない。そして、「私は自分より物知りな人たちに囲まれて仕事をしている」と、公言できるぐらいでなければいけない。そのためには、何よりフラットな組織が不可欠だ。

IMDでも、多くの企業幹部が「すべてのことを分かる」ために切磋琢磨している。特にデジタル関連は人気で、DXやデジタルマーケティング、デジタルリーダーシップなどといった講座に需要がある。確かに、こうした知識の有無は、経営幹部のその後の人生も変え得る。

だがたとえ知識があっても、トップは謙虚でなければならない。講義に出てくる経営幹部はよくこういう質問をする。「データとAI（人工知能）をどう使えばよいのか」と。

だが、そこを考えるのは現場の仕事であり、トップがこんな問いの立て方で現場に介入すれば組織としての意思決定は確実に遅れる。経営幹部が考えるべきは、消費者にどのような価値を提供すべきかというゴールを見据え、どうしたら競合に勝てるか、より良い新技術をどうより安く速く使うかだ。

一方、中高年のマネジャーの中には、自分はデジタルが分からない、子供の方が詳しい、と不安がる人もいる。だがこうした人も、マーケティングの基本に立ち返り、消費者が抱えるどの問題を解決するのかを突き詰めれば管理者は務まる。AIやビッグデータは現場を効率化するツールにすぎない。

## ● アジャイル経営を実現する「HAVEモデル」

では、HAVEモデルの「H」の後、「AVE」は何を意味するのか。

「HAVE」の「A」、「適応性（Adaptable）は、変化への対応力だ。私たちはVUCAの世界——不安定（volatility）、不確実（uncertainty）で複雑（complexity）、かつ曖昧（ambiguity）な世界——を生きている。将来の予測は極めて困難だが、環境が極めて速く変化しているため、以前より戦略を柔軟に変える必要がある。

適応力を高めるには、好奇心がカギだ。自分の業界には詳しい一方、業界

横断で起きていることに無関心なマネジャーが少なくない。だが完全に視点の違う、別業界から来るトレンドに普段から興味を持っていれば、いざ自分の業界に想定外の環境変化が起きても慌てずに適応できる。

変化の激しいデジタル時代を生き残るには、縦割りの同質な価値観にとらわれず、裾野を広げ、好奇心を持ち、幅広く学ぶ必要があるということだ。

## ◉ 世代の違いも「多様性」

「ビジョナリー（Visionary）」は、長期的な問題意識のことである。VUCAで、変化の激しい時代にあって、不安な従業員は現状維持を好む。たとえ有効でも、短期的に多少の問題が起こり得る施策に対しては俊敏に動きたがらない。これを解消するには、経営者が何かを即決した時、従業員が安心できるよう「当社はこれをするためこうした」とはっきり示せなければならない。

そしてアジャイル経営を実現するため、トップが備えるべき最後の要素は、良好な関係性だ。

HAVEモデルが、最後に挙げる「良好な関係性（Engaged）」とは、社内外の人々と良好な関係を築く力だ。それが迅速で適切な意思決定をもたらす。日本が一番改善しなければならない点だ。

多くの日本企業は、ダイバーシティーといえば男女の性差、または日本人か外国人かと受け止める。だがダイバーシティーにはそれ以上の意味がある。

一つは異なる出自、異なる機能を果たせる人材といった、成育歴・職歴やスキルの多様性だ。生え抜きかどうかなどにこだわっている場合ではない。

もう一つは世代の多様性だ。デジタルを一番理解しているのは20代だ。一方、多くの企業で意思決定者は50〜60代だ。20代、40代、50〜60代という多様な世代が協働する必要がある。現代のダイバーシティーだ。

迅速な経営を実現するには、本当の意味で多様性あふれる組織を構築する

ことが避けられない。社内外で関わる多彩なバックボーンを持つ人と良好な関係を築けなければ、アジャイル経営は成立しない。

では、これまでの議論を振り返りつつ、"テュルパン流"ビジネスで成功する条件を最後にまとめていこう。

デジタル化の波の中で業界の定義が変わっているという話をした。自動車メーカーはもはや乗用車だけではなく、自動輸送の領域にいる例を挙げたが、話は自動車業界に限らない。例えば食品業界でも、健康業界に進出しているメーカーがたくさんある。消費者は体に良い食事をしたいものだから、そもそも親和性が高い。

健康業界には製薬メーカーなどが既に多く参入していたが、ここにもデジタルの波が押し寄せている。米アップルは、アプリなどで「デジタル社会のウェルネス業界」に参入した。米ナイキも、歩数と健康を手掛かりに参入している。このようにビジネスの世界が劇的に変化していることを肝に銘じなければいけない。そして、破壊者や起業家は、完全に目の付け所が違ううえに、大抵は別業界からやってくる。世の中の動きに興味を持ち、自分の業界以外にも目を向ける必要がある。その視点の有無は、経営幹部の人生をも変える。

## ● VUCAな環境における意思決定

デジタルの時代、業界定義の変化はあらゆる業界に及ぶ。テュルパン教授が身を置く経営大学院も例外ではない。

経営大学院の古き良き時代にはMBA（経営学修士）課程で1〜2年勉強すれば、受講生は一生分学んだと思ってくれた。しかし今、私たちは、継続的に学ばねばならない世界にいる。今の受講生はより短い時間で取り組める、対面やオンラインのコースを好む。世界が瞬時に変化するから、手早く学びたいのだ。

そもそも経営大学院は、教育産業にいるのか、教育娯楽産業にいるのか？

## つかず離れずの距離感を保つのがカギ

● 組織で成功するための「軌道理論」

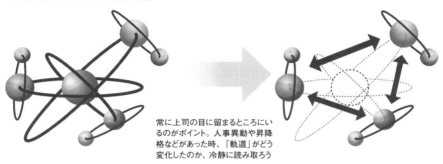

常に上司の目に留まるところにいるのがポイント。人事異動や昇降格などがあった時、「軌道」がどう変化したのか、冷静に読み取ろう

　私が若手教授のころ、企業は厳しい研修を望んだ。だが今の時代、娯楽性の乏しい厳しい研修を受講生が評価するのかどうか分からない。今の受講生は、学ぶ楽しみがあるコンテンツを求める。そのため次世代の新任教授にはユーモアのセンスが必要だ。旧世代は厳しくてドライだったが、それではもう支持されにくい。その意味で、ビジネススクールは教育娯楽産業だ。

　デジタル時代の経営で成果を上げるため様々なポイントを指摘してきたテュルパン教授だが、業界定義の変化とともに重要と考えるのは「柔軟性」だ。第9講のナラヤン・パント教授もリーダーシップにある種の柔軟性を求めるが、雇用形態やキャリアなどの点において多様な人材で構成される組織になればなるほど、それは重要性を増してくる。

　不確実な環境で素早く意思決定するには、従業員が安心できる長期的な方向感覚を持ち、説明できなければならない。そして組織をある程度柔軟にする必要がある。「組織が柔軟」というと、企業は長期雇用の正社員より短期雇用のパートタイマーを採用したがるが、ここで言う柔軟性は雇用調整のしやすさではない。様々な人や組織に受け入れられる風土という意味だ。長期雇用であろうとなかろうと、社内外のプロジェクトで業務に関係する多様な

人々を巻き込まなければならない。

　日本はこの点でもっと変わる必要がある。多くの企業が官僚的になりすぎた。まず若者に実験を許し、失敗するチャンスを与えるべきだ。1960年代、70年代の日本企業は、もっと若手に権限があった。

　また多くの国でいまだに男女の賃金に差があるが、日本はこれも顕著だ。IMD学長の時、経営者として男女の同一労働同一賃金に注力した。同じ仕事、同じ責任を果たしているのにもかかわらずなぜ男女で賃金に差をつけるのか、全く理解できない。

　多様性ある組織をフラットに処遇し、ビジョンに納得してもらいながら謙虚な姿勢でまとめ上げ、従業員に挑戦するチャンスを与えれば、いずれは新ソニー、新ホンダが生まれるだろう。彼らはもともと一匹狼で、必ずしも業界ルールに従わなかった。日本は昔の情熱を取り戻し、より多くの人々にチャンスと責任を与えるべきだ。


　最後に、ビジネスパーソンが気になる「個人の成功の条件」について、テュルパン教授の意外な助言を聞こう。


　マーケティング、そしてビジネス全般で成功する、言い換えれば、意思決定できる立場に上り詰めるにはどうすればいいのだろうか。まずは結果を出すことに集中すべきだが、もう一つの真実がある。目立つことだ。

　昇進できる人はそもそも存在感がある。私の助言は、エレベーターに上司と一緒に乗り、上司と同じバーに行くこと。読者は一笑に付すかもしれないが、これが昇進に効くというのは重要な事実だと思う。上司と同時にトイレに行き続けて昇進した人を何人も知っている。3回もやると、声をかけられるそうだ。


## ● 上司とエレベーターに乗れ

　これを「軌道理論（theory of orbit）」と呼ぶ人もいる。本当に社業に影響力がある人を知り、つかず離れず目に留まる場所にい続けるからだ。同時に

この「軌道」がどう変わるのかも察知しておく。キーパーソンたちの昇進の有無などで軌道は微妙に変わる。

　キーパーソンは必ずしも肩書のある役職者ではなく、キーパーソンに忠実である必要はない。目に見えない軌道を見抜くには、人付き合いを良くし、つかず離れず、社内で何が起こっているか、政治抜きで冷静に理解すること。

　最後に、必ずしも出世したい人が出世するわけではないことも強調したい。昇進できる力があることを、仕事で示し続けさえすればいいのだ。

# 資本主義が勝ったのではない、バランスが勝利した

ヘンリー・ミンツバーグ　*Henry Mintzberg*

カナダ・マギル大学デソーテル経営大学院教授

1939年生まれ。61年カナダのマギル大学卒業、68年米マサチューセッツ工科大学経営大学院で博士号取得（Ph.D.）。組織戦略論の大家。『戦略サファリ』（東洋経済新報社）、『MBAが会社を滅ぼす』（日経BP）などの著書があり、近年は資本主義に対する考察を続けている。英ランカスター大学、カナダ・マギル大学、ブラジル・FGVスクール、インド・バンガロール経営大学と横浜国立大学で、各国の管理職が相互に交流する共通プログラムを始めた。

## ➤ 講義の前に ── 教授の横顔

　カナダ・マギル大学デソーテル経営大学院のヘンリー・ミンツバーグ教授は言わずと知れた、組織戦略論の世界的権威である。経営学のテキスト『戦略サファリ』や、『MBAが会社を滅ぼす』などの著作で日本でもよく知られている。

　そんなミンツバーグ教授は、数理分析重視のMBA（経営学修士）を「役に立たない」と一蹴する。人間的な経営を重視しており、企業の管理職には現場を知り、自ら関わるようにと説く。カナダに暮らし、カナダの自然やアウトドアレジャーを愛する自由人。ビーバーが木をかじったかけらを「ビーバーの彫刻作品」と呼んで収集

するのが趣味である。

ミンツバーグ教授が語る言葉は直截だ。ロジカルな優等生タイプが多い米国の研究者にはあまり見られないのびのびとした、ときに文学的ですらある言葉の選び方には、激しい反骨精神がみなぎり、行き過ぎた株主至上主義の蔓延に対する深い憤りを感じた。そうした率直な姿勢がまた、ミンツバーグ教授の大きな魅力であるように思う。

ポピュリズムが席巻する世界はバランスを欠くとミンツバーグ教授は警鐘を鳴らす。

本講は「日経ビジネス」の東昌樹編集長が聞き手である。その内容は、同誌2019年7月22日号の「編集長インタビュー」に収録されたが、本講は、取材に同席した筆者が、雑誌には未収録の部分などを含めてまとめた。

ミンツバーグ教授とつないでくださったコンサルタントの横田伊左男氏、そして横田氏の母校である横浜国立大学の谷地弘安経営学部長にも深くお礼を申し上げる。

5回以上、来日した親日家と聞いています。昨今の日本をどう見ていますか。

日本は健全な社会です。人々は礼儀正しくて親切。街は清潔で食事も素晴らしい。そして風光明媚。「失われた20年」がしばしば話題になりますが、そうは見えない。日本は全体としてよく機能している国だと思います。

私は「バランスの取れた社会」という考えを最近よく話します。世界はどんどんバランスが悪くなっている。すべてがバラバラでインフラもズタズタな国もある。日本は違います。社会は機能し、極端な貧困もなく、失業者もそれほど多くない。人々は熱意がある。

米国を見てください。何も失っていませんが国としてバラバラになりつつある。現在の米国で失われたのが、まさにバランスです。

米国はなぜバランスが悪くなったのでしょうか。

1989年に共産党政権が崩壊したのは、資本主義が勝利したからではない。資本主義が勝ったのではなく、バランスが勝ったのです。

## ● 米国の問題の本質は、共産党政権と同じ

1989年以前は、米国もバランスの取れた国でした。東欧はとりわけ政府部門側に偏っていました。今や米国は民間部門に偏り過ぎていて、問題の本質は（当時の東欧と）同じです。

セクターは違うけれども、同じ問題を抱えているのです。米国ではかつて、リンドン・ジョンソン大統領がつくった福祉施策がたくさんありました。1960年代は税金が高かったものの、1989年までは経済的・民主的に成長していました。

1989年を迎え、資本主義が勝ったという勘違いが起こり、それからは資本主義が勝ったことになっています。東欧でかつて共産主義が勝ったとされたのと同様、米国でも資本主義が勝ったとされ、国家を破壊したのです。資本主義が悪いわけではないのです。市場においては資本主義は素晴らしいのです。

椅子は1本の脚では座れません。4、5本必要です。1本では椅子になりません。国家も、1つのセクターだけでは成り立ちえないのです。政府部門だけでは駄目なのに、共産主義は民間部門、資本主義を活用しなかった。そして第3の部門にも頼らなかった。重要なのに、無視しています。第3の部門とは「多元部門」です。市民社会が多元部門です。社会全般、共同体とでも言いましょうか。1本脚の椅子には座れない。2本脚の椅子にも座れない。左翼だけでも右翼だけでも駄目で、英仏のように左右行ったり来たりしている国もあります。

多くの国は右往左往しているけれども、これは良くない。（国家には）3本の脚が必要なのです。

バランスの取れた国とは、どのような国ですか。

　多元部門は、生活協同組合のように会員に所有されているか、あるいは誰にも所有されていないような組織です。グリーンピースは所有者がいません。慶応義塾大学も個人に所有されてはいませんね。

　政府にも民間部門にも所有されていません。信託されています。そうした組織や社会活動をまとめ上げたものが多元部門です。ブラジルでは、（ジャイル・）ボルソナロ（大統領）に抗議している人々が多元部門で、共同体による抗議です。

　多元社会は巨大です。米国では、協同組合による会員制組織は人口より増えています。3億5000万人の会員がいます。そしてそれらは曖昧で、人々がそのセクターに気づかないままに、巨大化しています。

　とてもバランスの取れた国もあります。スカンディナビアのデンマークやスウェーデン、そしてカナダ、ニュージーランド、ドイツはその例だと思います。

　自由民主主義をまだ信じている国もあります。英米が代表的です。しかし、「自由」と「民主」には、「コンマ」が必要です。つまり、自由で、かつ民主的である。自由民主主義では決してない。

　自由民主主義は違うものになってしまった──。打ち寄せる自由民主主義の波は、全てのボートを乗せてきました。だがもう、それはない。豪華なヨット、巨大なヨットだけが波に乗り、小さなボートは取り残されます。

　英米のような国は、自由民主主義です。不自由な民主主義の国もあります。ハンガリーの首相は自国を「非自由民主主義」と呼びます。ますますそうなっています。

　中国やサウジアラビアのような独裁政権もあります。多くの国が、バランスが悪く、全く民主的ではありません。

　日本はどこにいるでしょうか。今回来日した理由の一つは、それを確かめたかったからです。自由民主主義なのだろうか、バランスが取れているのだろうか、など。

　2年前、デンマークのコペンハーゲンで多くの管理職とワークショップを

しました。日本人が5人いました。

そこで、先ほど話した政府・民間・多元という考え方を披露して、日本はどうかと尋ねました。日本人たちの答えは、「あまり多元的ではない」。

しかしそれから、政府部門が多元であるし、民間部門も多元だと言うのです。企業が共同体であると。全てではないが、例えばトヨタ自動車がそうだと。多元部門が生きているのです。

今回来日して、とてもバランスの取れた場所だと思いました。物事がうまく回り、人々は熱意がある。うまくいっている。

そして、仮説なのですが、個人主義への妄執がないことが、恐らく答えなのではないかと思いました。西欧、とりわけ米国と英国では、かなり行き過ぎています。過度に個人主義的になっています。日本の場合、過度に非個人主義的というのではなく、バランスを取ることに執念を燃やしています。バランスの取れた社会では、自己、社会、そして共同体のニーズの均衡が保たれるのです。

民間、政府、そして多元部門。自己が民間で、国家が政府で、共同体が多元です。日本は、個人主義の追求に英米ほど過度に執念を燃やしていないので、バランスが取れているのでしょう。


## ● 米国人の寿命は短くなっている

米国は今後、どうなっていくのでしょうか。

寿命がそれを見極める1つの指標ですね。日本では寿命が延びていますが、米国では寿命が短くなっているのですよ。高卒の子供達の人生は、米国では下り坂です。ドナルド・トランプ大統領の選出や、英国の欧州連合（EU）離脱（ブレグジット）をごらんなさい。国民は怒り、どうしてよいか分からず、ただやみくもに（与党に）反対した。

既得権益層への反対票として、トランプに投票しました。EU（欧州連合）やグローバル化への反対票として、ブレグジットに賛成しました。自分で自分の首を絞めているだけなのに、それで問題が解決すると考えている。

　米国の重要指標は下落しています。刑務所入所者は多く肥満も蔓延しています。国家が崩壊しつつある。もちろんきちんとした賢い米国人もたくさんいます。しかし国民の40％はトランプを支持している。

　ドイツ人の13％が極右を支持し、欧米は懸念しました。しかし、13％は世界でも最低の比率です。カナダでもし極右政党があれば、きっと20％ぐらいになるでしょう。ドイツだからたったの13％なのです。米国では、それほど極端な右ではなくとも、人口の40％がトランプを支持している。これが恐ろしい。


## ● ファシズムと改革の二択しかない

　どのような思想の国家を目指すべきでしょうか？


　衝撃的に聞こえるかもしれませんが、我々の選択はファシズムか改革かの二択です。どちらも多元セクターの運動に当たります。ファシズムは共産主義に根差し、埋め込まれています。国家的になっても、地域の組織に根付いています。米国の右翼グループのほとんどが、地域の市民団体です。

　多元部門は必ずしも前向きなことばかりではなく、とても悪い方向にも進み得るのです。ベネズエラを見れば分かりますが、他にも似たことがトルコやハンガリー、フィリピンで起こっています。

　民主主義の危機です。選ばれた独裁者という。選挙で選ばれたものの極めて危険で、彼らが民主主義に反旗を翻すのも容易です。民主主義と全く逆の方向に進んでいる。止めないと、大変なことになります。米国に何とかさせることはもうできません。ハンガリーやベネズエラほど極端ではないにしろ、米国自体が問題の一部だからです。

　改革も多元部門の運動ですが、16世紀の共同体を基盤にスタートしたものです。はじけるように始まりました。

　宗教改革では、ドイツの神学者マルティン・ルターがウィッテンベルクの教会のドアに「95の論題」をくぎを打って掲出し、まもなくカトリック教会の腐敗に反旗を翻す一大ムーブメントが起こったのです。現代は人々が、極

端ではなくとも、自由で社会的になり、何かしたいという心構えができていると思います。

「もうたくさんだ、もうこりごり」と突然宣言するため、ルターがしたように95の論題を掲げる必要はない。しかし、何らかのモデルや枠組みが必要ですね。米国の民主主義は200年間モデルでしたが、もはやそうではなくなりました。米国型民主主義の何が問題なのか、我々は分かっています。米国とは違うモデルが必要なのです。

デンマークなのか、スウェーデンなのか、あるいはニュージーランド、はたまた日本か。バランスの取れた国家が手本です。


## ● ベゾスもザッカーバーグもMBAではない

過去には『MBAが会社を滅ぼす』という書籍も書かれています。MBA（経営学修士）をどうご覧になりますか？

1980年代まで元気だった日本企業の異才や、米国企業の異才を見ると、みな起業家的です。本田宗一郎氏や、松下幸之助氏は、偉大な冒険的起業家でした。米国で現在素晴らしい企業はどこでしょうか。ゴールドマン・サックスではないし、GMでもない。米国の偉大な企業は、アマゾン・ドット・コムやアルファベット（グーグルの親会社）、フェイスブックではないでしょうか。そうした企業が米国に今日の発展をもたらしました。

戦後に日本に現れた、異能のビジネスパーソンと同じです。世代が変わり、キヤノンがまだそのポジションを維持しています。トヨタ自動車はしばらく低迷していましたし、エコノミストたちからの評価もひどかった。ですが、トヨタ自動車はここ数年で創業家に経営が戻り、同族企業に立ち返り復活しました。

私はMBAがあまり好きでないのです。経営を破壊すると思います。MBA教育は金融やマーケティングには向いていますが、マネジメントには向いていません。何しろ、MBAでは経営者教育を現実とつながりのない、冷たいやり方で訓練します。

　アマゾン創業者のジェフ・ベゾス氏のような素晴らしい経営者には、MBA
などありません。フェイスブック創業者のマーク・ザッカーバーグ氏は、米
ハーバード大学を中退しました。グーグルの創業者もMBAで学んだわけでは
ない。本田宗一郎も彼のパートナーも、MBAではない。

　バランスの悪い国の方が、強い企業を生み出せるのでしょうか。

　興味深い質問ですね。インド最大の企業は今でもタタ財閥だと思います。
タタは比較的民主的な国家から、少なくとも中国よりは民主的な国家から生
まれました。そして、タタは株式市場ではなく同族の信託によりコントロー
ルされています。数家族による信託です。デンマークではカールスバーグと
いう大企業があります。レゴも、製薬大手のノボノルディスクもデンマーク
です。

　デンマークのほぼ全主要企業が、株式市場にはコントロールされていませ
ん。もちろん株式公開はしていますが、信託によってコントロールされてい
ます。

　議決権は株式市場に左右されないのです。現代の株式市場は最悪です。ひ
たすらひどい。もし株式市場を停止して変革したら、もっと社会が良くなる
のではないでしょうか。短期の、四半期の利益で経営者に高額の報酬を払う
という思想は、GMのような会社をたった3カ月で変えろ、というわけです。
できるわけがありません。

　日本は民主的ですし、バランスの取れた国で、素晴らしい企業もある。ド
イツにも強くて素晴らしい企業がありますが、ドイツもバランスの取れた国
ですね。フランスは米国よりもっとバランスが取れていて、優れた企業があ
ります。国家のバランスと素晴らしい企業の間の関係については、よく分か
りません。

　中国のアリババが繁栄していますが、中国がバランスが悪く非民主的だか
ら繁栄しているといえるのかどうか、分かりません。そうであっても、より
良い企業を生むため民主主義を犠牲にしたくありません。そんな世界は望み
ませんね。

CSR（企業の社会的責任）について、どう思われますか。

　（CSRで）本当に変わった会社もあります。「企業の社会的無責任」をなくすことは企業にとって本当の変革です。ただCSR活動は、その「無責任」をあがなえるものではありません。「企業の社会的無責任」は本当にひどいです。

　企業の社会的責任という考え方は素晴らしいと思います。広がってほしい。とはいえ、それだけで問題が解決するわけではありません。問題はやはりここでも、バランスの悪さです。何も企業に「我々は最悪だけれど、力を持ちすぎたから、力の一部を政府に戻します」と言ってほしいわけではありません。

　そんなことを誰も言う必要はない。多元部門の人々が、ただ「もうやめてくれ」と言えばいい。銀行の顧客が、「私にきちんと対応してくれる銀行と取引します」と言ってくれればいいだけです。そんな会社が見つかれば、ですが。

　日本企業には、ひと味違う信頼感が、存在します。私の愛車はホンダCR-Vです。私のパートナーはホンダのアコードを運転し、娘はホンダのシビックに乗っています。個人的には、ホンダのことは100％信頼しますが、独フォルクスワーゲンは信用しません。

　日本企業は、欧米企業のガバナンスを取り入れ、効率化しようとしています。

　それは大きな間違いですね。大きな間違い。1980年代と同じである必要はない。欧米モデルは失敗したモデルです。労働者に忌み嫌われ、顧客に忌み嫌われている。トヨタ自動車が自分を見失ったのは、世界ナンバーワンになりたくて、数字ばかりを見る人間を社長に据えたからでした。

　フォルクスワーゲンも同じ理由で、ディーゼルエンジンをめぐる対応で自分を見失いました。数字だけを見る人間が経営したからです。人や製品、顧客を見ずに、数字だけを見た。数字だけを管理したのです。ひどいことです。

破壊的です。

　もちろん、きちんとした会社もたくさんあります。確か数年前まで、モントリオールからボストンまで行こうとすると空路で80分かかりました。ギリギリでチケットを買うと、1800ドルもかかります。航空会社が独占しているからです。この値付けは「お客様を大切にしています」という態度ではありません。独占しているから、できるだけお客からお金を巻き上げてやろうという態度です。

　これを合法的腐敗と呼ぶのです。犯罪ではないけれど、腐っている。このような振る舞いをどうして信頼できるでしょうか？

　会社を所有するのは誰でしょうか。

　所有というのは、例えば「このシャツは私のだ。あなたのではない」と言える「システム」です。あなたがシャツを持っていないなら、私が貸します。お金がなくてシャツが買えないというなら、差し上げます。どうするかは所有している私の選択です。これはあなたのシャツではなくて私のシャツです。これこそが共産主義が失敗した理由です。個人的な所有という感覚がなかったためです。

## ● 我々には所有が必要

　つまり、我々には所有が必要なのです。ただし、社会に溶け込む形で。製薬会社が新薬を開発して、すべて自分たちでやったと言ったらどうでしょう。そうではありませんね。研究は、政府の資金によって賄われたのです。製薬のために、好きなように価格を決めることができるという考え方は、殺人に等しいですね。

　製薬会社のしていることは殺人の一つと言っていい。彼らの主張はこうです。「独占している会社がある、政府は独占を規制すべきなのに規制を拒んでいる、製薬会社にはあなたの命を救う薬がある、しかしあなたにお金がなければ、おしまいだ」。

「政府や保険会社がお金を出さなければ、あるいはあなたにお金がなければ、あなたは死ぬのです」と。

## ● 薬を入手できず死んでいく人々

薬のコストは1ドル程度でしょうが、彼らは5万ドルを請求するかもしれない。いや、請求するでしょう。これは一体、どんな社会なのでしょうか。絶対に受け入れがたい。人殺し社会です。（こんなことをするような人々は）収監されるべきです。それを支持する政治家も投獄されるべきです。患者にとって手ごろな薬価にでき、かつ会社の利益にもなり得る薬が手に入らないために、死んでいくのです。

ところでブラジルには、オズワルドクルズ財団（Fiocruz）と呼ばれる組織があります。ヘルスケア研究で有名です。黄熱病のワクチンを開発し、広く一般に普及させました。ポリオワクチンを開発したジョナス・ソーク氏は、特許を拒んだ。ソーク氏いわく「私は太陽で特許を取れるか？ このワクチンはすべての人のためのものだ」と。

そして人類はポリオを世界中からほぼ一掃しました。コストに見合い、利益にもなる手ごろな価格だからです。今はどうでしょう。病気を治せる新薬ができても、ものすごくお金持ちな人以外は死んでしまう。なんてひどい話だ、と思いませんか。

製薬会社は、あらゆる言い訳をしますが、それなら、別に製薬会社が新しい薬を開発しなくたっていい。私たちに必要なのは優秀な科学者が新薬を作ることです。ブラジルではオズワルドクルズ財団のために何人かが働いていますが、製薬会社のためには働いていません。（製薬会社は）制御不能なのです。

まずは、世の中で何が起こっているのかに気づいてほしいのです。現実に目覚めてほしいと思って発言しています。そして、こうした考え方を本に著して出版し、人々の目覚めを助けるのです。

変わろうと頑張っている人はたくさんいるのです。方向感覚が必要なのです。また、モデルが必要ですが、あります。スカンディナビア半島、ニュー

ジーランド、カナダ、そして日本にモデルがある。日本はより分かりやすい。もちろんどこにでも問題はあります。でも日本人の多くは、少なくともきちんと暮らしている。

## ● コペンハーゲンなら普通に暮らせる

また、コペンハーゲンのマクドナルドは時給25ドルです。米国のマクドナルドでは10ドル程度。コペンハーゲンなら、普通に暮らせます。そしてコペンハーゲンのビッグマックはニューヨークより1ドル高いですが、ニューヨークのビッグマックより大きいです。1ドルは、民主国家にとって大金ではありません。しかし米国では人々をどんどんおとしめ続けている。

トランプ大統領に投票するのも無理はありません。我々にできるのは、15世紀のプロテスタント改革のような改革です。16世紀のドイツのマルティン・ルターの宗教改革が、カトリック教会に激怒して社会を変えたように。ルターが動いたら、変化はとても速かった。ほんの数年で解決しました。

民意がそろえば、事が起きるのはとても速いのです。ルターは既得権者ではなかった。法王ではなかった。つまり変化を起こすのは権力者ではないのです。ルター、あるいは地域の運動が変化を起こすのです。

例えばローザ・パークスは、米アラバマ州モンゴメリーでバスに乗り、公民権運動を起こすきっかけになった女性です。彼女の動きが、変化の始まる矢を放ちました。「時機が来た」と思えば、人は動く。

何が起こっているのかを知りたければ、多元部門のコミュニティーが起こそうとしていることを見ればいいと思います。私たちは、エリートや首相、大統領に注目します。カナダの首相は良いですが、石油パイプラインに有利になるように動いています。石油が欲しい人が多すぎる票を持っているからです。

リーダーを見ていても先を読むことはできません。足元の動きを察知するのです。グレタのように。グレタ・トゥーンベリをご存じですね？

スウェーデンの少女です。新聞にも載っていると思います。彼女は学校ストライキをし、議会の正面で気候変動問題に関して抗議をしました。これは

変化を起こすための行動だったと言えるでしょう。

　日本はどうすべきですか。

　カナダや、スカンディナビア半島の国々や、ドイツといった、ちゃんとした国々と付き合って、そこで「もうたくさんだ」「やめろ」という必要を感じている人たちが集まるのです。世界は地獄に向かっています。それはトランプ大統領に責任があります。そして、あらゆる国々の首相に責任があります。自国民をきちんと守らなければいけません。

　そして、世界の中できちんとした国々が集まり、超大国を阻止しなければいけません。米国はロシアや中国と同じぐらい問題があります。独裁政権を止め、何かを始めなければ。これは国の責任です。

　想像してみてください。警察のいない弱小政府の街を。ギャングが街を乗っ取るでしょう。それが今の世界です。現在、政府が弱体化し、世界の警察もいない。それが世界で今、起こっていることです。皆が目覚めるまで苦しみ続けることになるでしょう。


## ● 欠点が仕事の邪魔にならないマネジャーを選べ

　話は変わりますが、ミンツバーグ教授から見た理想的な管理職像とはどのようなものですか。

　『Simply Managing』(邦訳は『エッセンシャル版 ミンツバーグ マネジャー論』日経BP)という本を書きました。そこに、優れたマネジャーの資質について書いた章があります。

　カナダのトロント大学経営大学院で資質のリストを見つけたのですが、それがとても良いものでした。そのリストいわく、1つには「決断力があること。決断力があり、意思決定できる」。いいと思います。

　ただ、リストには7つのポイントがある中で、知性はなかった。知性については書き忘れたようでした。

　では聞き上手であることは？　私は、マネジャーの重要な資質に、聞き上手であることが挙げられると思います。

　そこで、私は52項目から成る私のリストを作りました。優れたマネジャーたろうとしたら、この52項目すべてを持っている必要がある。

　ただ、人間的とは言えません。なぜなら人間である以上、マネジャーは誰しも欠点がある。言い換えれば、間違える。重要なのは、欠点があってもそれが仕事の邪魔にならないマネジャーを選ぶということです。従って強みを見ると同時に、欠点や間違いにも同じぐらい注目すべきです。

　一方、リストの項目はどれも気を付けなければいけません。

　例えば、（第43代米国大統領の）ジョージ・ブッシュは決断力があったがゆえにイラクに侵攻しましたが、それは良いマネジメントだったでしょうか。本の52項目をざっと見れば、その1つに「背が高い」というのがあります。これはエビデンスに基づくものです。シニアマネジャーはいつも、部下より背が高いことが多い。1920年代の米ハーバード大学の研究で、教育長は校長より背が高かったということです。司教は僧侶より背が高かった。

　私自身も、ある世界的なホテルチェーンの社長に会ったのですが、彼は人が好きで、誰にでも話しかける人だった。これは起業家には向いた資質です。このように、多くの特徴があります。

　マネジャーには何が必要ですか。情熱ですか。

　その通りです。リストにもあります。特に好きな項目はイタリック体にしています。情熱を表現したのです。

　全部持っていたら、それはもう人間ではありません（笑）。

　そして履行能力、賢さ、創造的である必要はないものの創造性をすぐ見抜く力、エネルギー。怠惰なマネジャーはあまりいないですね。

　すべて重要ですが、10～15の項目は特に気に入っています。しかし、仲間がいなくては何もできません。人が嫌いだったら、最悪です。それから当然ながら、事業を熟知していることですね。

事業への理解とは、つまり経験ですね。MBAでは得られませんか。

MBAではエビデンス（科学的根拠）は得られますが、経験は得られません。

1990年代、ハーバード大学が、ハーバード卒で最も有名な19人の米国人CEO（最高経営責任者）のリストを出版しました。2000年に改めてリストを見ると、多くのCEOが衝撃的ともいえる失敗をしていました。複数の航空会社を倒産させたロレンツォ（フランク・ロレンツォ氏／ハーバード経営大学院を経て、1970～80年代にテキサス・エアなどを経営）のように。

## ● MBAを持つCEO19人の悲しい末路

19人のCEOのうち、成功は5人。取締役を解任されたり、合併に失敗したり、倒産したり……。1990年のハーバード卒のトップ層19人のうち、10人が失敗していたのです。4人はやや判断が難しく、5人は成功。19人のうち、成功はたったの5人です。後のMBAによる継続調査で、ハーバードだけでなく、すべてのMBAホルダーのCEOについて調べたものもありました。彼らはMBAのないCEOと比べてうまく経営できていないのに、MBAがないCEOより高い給料をもらっていました。

私の著作にも書いていますのでぜひ読んでください。ブログも書きました。タイトルは「MBAs as CEOs: Some troubling evidence」ですので、検索していただければ読めます。

プロ経営者を雇うことは、経営の役に立ちますか。

うまくいくときもあります。素早い変化が必要なときなど。事業に熟知する必要があります。健全で強い組織には合わない。もちろん、例外はありますが。経営は、実践が大事で「専門職」ではないのです。技であり科学。少しの科学と豊かな創造性、経験が必要です。

科学はエビデンス（証拠）ですが、（経営ではエビデンスは）多くはない。

医療は専門です。科学的なことが多いから。しかしマネジメントはそうではない。

　管理職は何に喜びを見いだすべきですか。

　素晴らしい製品、素晴らしいサービス、熱心な従業員。強い（企業）文化です。1980年代の日本にはあった。しかし創業者が去ったら、ホンダの創業者が亡くなり、パナソニックの創業者が去ったら、それが失われた20年のターニングポイントになって、起業家精神が不十分になったのだという仮説があります。

　この仮説を受け入れますか？　米国は、スターバックスやアマゾン、グーグル、フェイスブック、ツイッターが生まれ、失われませんでした。ゼネラル・モーターズ（GM）やゴールドマン・サックス、バンク・オブ・アメリカがあったからではありません。新たな起業家のおかげです。古い企業も必要ですが、新しい企業も必要なのです。だから米国は成功したのだと思っています。

　立ちゆかなくなった企業経営は、どのように幕を閉じるべきですか。

　そうですね、企業というものは、病気に例えれば、がんで死ぬより心臓発作で死んだ方がいいと思います。言い換えると、会社が衰退し始めたなら、すぐ破産した方が資源をリサイクルできる。

　人的資源のことだけではないですよ。（資金や製品など）本当のリソース。クライスラーなどの企業は、倒産し続け、救済され続けました。これはがんです。つまり突然死ではなく、静かな死です。例えば、シアーズが「死ぬ」まで何十年もかかりました。まずは優しくすべきでない、病んだ企業を救済すべきではないということです。政府がやってきて救済するのはよくないですね。市場が機能すべきです。しかし、元気な競合が現れるのが一番です。猛烈なプレッシャーになりますから。

　企業が年を重ねると、だんだんゲームに興じ始めます。独占的に振る舞

い、市場での力を悪い方向に使ってしまう。これはやめさせるべきです。

　良いCEOはどうあるべきですか。

　良いマネジャーはいかにしてつくられるか。スティーブ・ジョブズは、どの経営者もしなかったようなすべてのことを自分でやりました。スティーブ・ジョブズは毎朝、ラボで製品を開発していました。本来、CEOがすべきではありません。しかし、歴史上どのCEOよりも多くの株主価値を創造したのです。彼がやったことは間違いだらけだったけれど。
　これでは、効果的な最高経営責任者とはどうあるべきかという問いの答えは、毎朝ラボにこもり製品を開発せよということになりますね。でももちろんそんなことはありません。
　答えは、企業にとってあなたがしなければいけない、最も重要なことをしなさいということです。アップルに一番必要だったのは、ジョブズが製品開発のマネジメントをサポートすることでしたし、必要とされてもいたのです。

　リーダーには、目標だけ掲げて放置する人も多いです。

　駄目ですね。細かいことに関わらなければ。すべての面においてマイクロマネジメントをしろということではありません。ただ、現場に触れ、何が起こっているかを知る必要があるのです。企業を、顧客を、製品を、サービスを、肌で感じること。そうしたことは、ハーバードビジネススクールでケーススタディを読んでいても成し遂げられません。

　最後に、働き過ぎの管理職に、メッセージをお願いします。

　そうですね。日本の表現を使いましょう。「急がば回れ」。人々はみな急ぎ過ぎています。もっとペースを落として、気楽にしてください。ジョブズに会ったことはないですが、彼のやり方は衝撃的です。恐らくすごく緊張していたのでしょう、すべてを管理し、すべてを自分でする必要はないのですが。

　管理職がまず休まなければ、誰も休めなくなってしまう。それでは人間的な企業とはいえません。管理職になるのは大変です。本当に厳しい仕事です。でも知っていますか。向いていない人にとっては厳しい仕事ですが、向いている人にとっては、たやすい仕事なのです。

　病院の理事長で、老年科のチーフをしていた知人を観察したことがあります。彼は、ジキル博士とハイド氏のようでした。理事長として事務的な仕事をしているときは、一心不乱にたばこを吸って、次から次へとコーヒーをお代わりしていた。でも、老年科で内科医として働いているときは、とてもリラックスして、患者の家族に電話して、患者さんの娘さんを名前で呼んで話しかけたりしていました。そのときはとてもリラックスしていましたので、本当はマネジャーであるべきではなかったのでしょう。

　活動に一定のペースがあることが好きなら、素晴らしいマネジャーになれます。専門的な仕事がしたい人々です。

　もし私が1つのことに秀でていたとしても、とてもマネジャーにはなれません。私は書くのが好きなのです。いろいろアイデアを考えるのが好きなのです。何年も多くのことを管理しましたし、プロジェクトや講座も担当しましたが、私のスキルは物事を考えて、違った角度から眺めてみることにこそあります。

　管理の仕事を生まれつきできるような人もいるんですよ……。分からないですけれど、まあ私には向いていません。

　こう言わせてください。私は仕事でベストを尽くしますが、それは管理職の仕事にではなく、書くことと、考えることです。そこではベストを尽くします。

　たぶん、管理職もできますが、ベストなのは書くことと考えることなのです。残念なことに、英国では教授でも年を取ると、学部長にならなければいけないのです。ひどいですね。最高の頭脳にマネジメントをさせるなんて。本人が得意でやりたいならいいと思いますが、そうでなければ最高の書き手・最高の研究者には、書かせ、研究させておいた方がいいでしょうね。

# おわりに

　2020年6月の終わりの静かな夜、本書の第1稿をまとめながら、筆者は静かな感慨にふけっていた。

　好奇心のおもむくままアプローチし、一見まとまりがないように思えた連載も、一つのテーマに貫かれていたことに気づいたからである。

　それは、「どうすれば日本人の意識や行動が、環境の変化に合わせて進化していけるのか」である。どの教授に対しても、日本ではこうだが、この現状からどうしたら変われるか、どう変わったら生き残れるか、という質問を、無意識のうちに投げかけていた自分に気づいたのだ。

　では自分は、どのような変化を望んでいるのだろうか。

　とりわけ、コロナ禍に襲われる前までの20年、もっと言えば筆者が大学を卒業して社会人になった1993年以来、日本はひたすら、二度と戻らぬ過去の栄光を夢想し、夢よもう一度、と足踏みし続けていたようにしか思えなかった。

　バブルの残り香が漂う中で学生時代を過ごしたが、就職活動の時期にはバブルは崩壊、女性総合職の採用は前年に比べて大きく絞られた。当時、大手銀行や商社などの総合職に比べれば、女子学生への門戸が比較的広かった報道部門に職を得た筆者も、就職と同時に「君たちはバブルを知らない最初の世代になるんだな」と、先輩たちに哀れまれたものである。今から思えば、それも牧歌的だったかもしれない。

　「君たちが40代になるころには、主力部署の部長が女性になっているだろう」と入社後、当時の管理職が話していたが、広く世の中を見渡すと、力のある女性が本当に力を発揮できている社会になった様子はあまり見られない。むしろ、年月が経てば経つほど、自分よりはるかに優秀な同世代の女性の仲間たちが、次々と失望して、あるいは見限って、日本の組織で働くことから撤退していった寂しさが思い出される。

同学年が200万人近くいるベビーブーマー世代の先駆けで、現在よりはるかに少ない選択肢から、苛烈な競争を勝ち抜いて社会に出た女性たちが、である。これも変化できなかった日本の1つの断面だろう。

　取材を通して痛感したのは、思考停止して変化を拒んで受け入れず、変わらないでいることの方が、後々、はるかに辛い、ということである。
　変革のための理論を切り拓いた「ダイナミック・ケーパビリティ」にしても、「両利きの経営」にしても、現状を外的な力で劇的に変えるものではない。変化を感じ取りつつ、小さな取り組みから始め、全体としては巧みに大きく変わっていくためのプロセスをテーマにしている。人の行動に、元に戻ろうとする慣性がいかほど働くものかを示しているようだ。なかなか変われないのは、日本企業に限った話ではない。いずれの理論も、その慣性の力に、少しずつでも根気強く抗い、時代の変化に沿う形にずらしていこう、という組織変革の実践的なアプローチであると筆者は理解している。
　変化に合わせて少しずつでも変わらなければ、ある日突然の嵐にさらされるリスクがあることは、新型コロナウイルスの感染拡大により、多くの人が実感されたところだと思う。
　ツールとしての理論は、経営戦略からマーケティング、リーダーシップ系のケーススタディなど、ごまんと「輸入」されてきた。しかし、辛抱強く変革を促す組織行動論の最先端の知見が分かりやすい日本語となり、広まることはあまりなかったように感じる。筆者より上の世代には「ジャパン・アズ・ナンバーワン」が刷り込まれ、海外に学ぶことを軽視する風潮も一部あったように思う。だが欧米やアジアの識者や経営者は、世界中の最先端の知見から学びを得て、進化を続けてきている。その姿勢の差は、失われた20年などという自虐的な認識を超えて、はるかに深刻で、圧倒的だ。

　世界最高峰の知見を得ようと「点」でアクセスしていたテーマが、変化を実現するための思考実験を続けるという1つの線になっていった。そのプロセスには、大変さと同時に楽しさが伴った。走りながら考えて、考えながら寄り道もしつつ走り続けた結果、拙いながらも個性的なシリーズに仕上がっ

たのではないかと思う。プロの研究者からみたら、荒削りで足りない部分も多々あろうかと思うが、本書をきっかけとして読者の好奇心が刺激されるのならば、これ以上に嬉しいことはない。ほぼ手当たり次第にテーマを探して書き続けた筆者にとって、記者冥利につきるというものである。

　本書をまとめるにあたっては、大変多くの方にお世話になった。

　序文を執筆いただいた旧知の仕事仲間である早稲田大学大学院、早稲田大学ビジネススクールの入山章栄教授は、本書の特徴をすぱっと分析して価値を見出してくださり、筆者自身の中で、いわば暗黙知になっていて言語化しきれていなかった部分までを、分かりやすく提示してくれた。
　また、一橋大学の野中郁次郎名誉教授、立命館アジア太平洋大学の出口治明学長、プリンストン留学以来の友人でもある大阪大学の安田洋祐准教授には、お忙しいのを承知でお願いした査読を快くお引き受けいただき、大変有意義なご指摘をいただいた。

　さらに、どうしても書いておきたいのは、「日経ビジネス」での連載を毎週、デスクとして査読してもらった先輩であり、同僚である、鈴木信行編集委員のことである。15万部突破のベストセラーとなった『宝くじで1億円当たった人の末路』（日経BP）の著者で、雑誌でも斬新な切り口のヒット企画を連打する、日経ビジネス編集部が誇る名物記者であり、編集者である。
　筆者が、日々の業務に追われながら、週1回のペースで書き上げる第1稿は、難解すぎたり、生煮えだったりすることがままあった。それらを鈴木デスクは、さらっと一読するだけで、面白く的確な見せ方を提示してくれた。「それそれ、そう言いたかったのよ！」「そうか、そういう言い方もできるか」と、度々気づかされた。この連載は、内心苦しんでいたときほど、鋭く返してくれた鈴木デスクの査読なしでは、続かなかったと思う。また、1年半以上にわたり毎週2ページを好きなように使わせてくれ、「面白い！」と励ましてくれた、東昌樹日経ビジネス編集長にも深く感謝している。

日経ビジネス編集部に専従してくださっているデザイン会社「エステム」のデザイナーの皆様についても、ぜひご紹介したい。とりわけ図表のデザインが秀逸で、教授陣の中には、筆者の記事はともかく「図が分かりやすくて面白い」と言ってくる方もいたほどだ。本書は、打てば響くような呼吸で図表をつくってくださったエステムの皆様との共同作品でもある。

　そして最後に、英語で言えばLast but not leastであるが、本書の発行を力強く実現してくださった、編集者の小野田鶴さん、クロスメディア編集部長の山崎良兵さんに、改めて深く感謝したい。

# ［事項索引］

# ［人名索引］

# ［大学・研究機関索引］

広野彩子　ひろの・あやこ
日経ビジネス副編集長

1993年早稲田大学政治経済学部卒業、朝日新聞記者を経て2001年から日経ビジネス記者。2005年、米プリンストン大学大学院修士課程修了。2013年から日経ビジネス副編集長。2016年から日本経済新聞社の英文媒体Nikkei Asian Reviewにて英文記事の編集・執筆に携わり、エディターとして企画・編集した特集 "Overworked"（働き過ぎ）が2017年、アジアの優れた英文報道を顕彰するアジア出版者協会賞（SOPA）で最優秀賞（Award for Excellence）を受賞。書籍などの編集も手掛け、担当作に『ビジネススクールでは学べない 世界最先端の経営学』（入山章栄著）、『日経ビジネス 日本経済入門』（日経ビジネス編）、『ビジネスに効く最強の「読書」一本当の教養が身につく108冊』（出口治明著）、「（日経BPムック）新しい経済の教科書」などがある（いずれも日経BP）。著書に『100歳、ずっと必要とされる人―現役100歳サラリーマンの幸せな生き方』（福井福太郎と共著／日経BP）。

# 世界最高峰の経営教室

---

2020年10月19日　初版第1刷発行

| | |
|---|---|
| 著者 | 広野彩子 |
| 発行者 | 伊藤暢人 |
| 発行 | 日経BP |
| 発売 | 日経BPマーケティング |
| | 〒105−8308 |
| | 東京都港区虎ノ門4−3−12 |

| | |
|---|---|
| 装丁・本文デザイン | ビーワークス（廣谷 汐） |
| 本文DTP | ビーワークス（浅沼了一） |
| 校閲 | 円水社 |
| 編集協力（索引） | 隅田 一 |
| 編集 | 小野田鶴 |
| 印刷・製本 | 大日本印刷 |

---